STRATÈGE

SUN TZU – LES TR
SE MA YANG KIN – PRINCIPI
OU TSE – L'AR
MIYAMOTO MUSASHI – LE LIVRE DES CINQ ANNEAUX

Présenté par Didier HALLÉPÉE

les écrivains de **FONDCOMBE**

Collection Stratégie

STRATÈGES D'ASIE

SUN TZU – LES TREIZE ARTICLES
SE MA YANG KIN – PRINCIPES SUR L'ART MILITAIRE
OU TSE – L'ART MILITAIRE
MIYAMOTO MUSASHI – LE LIVRE DES CINQ ANNEAUX

Présenté par Didier HALLÉPÉE

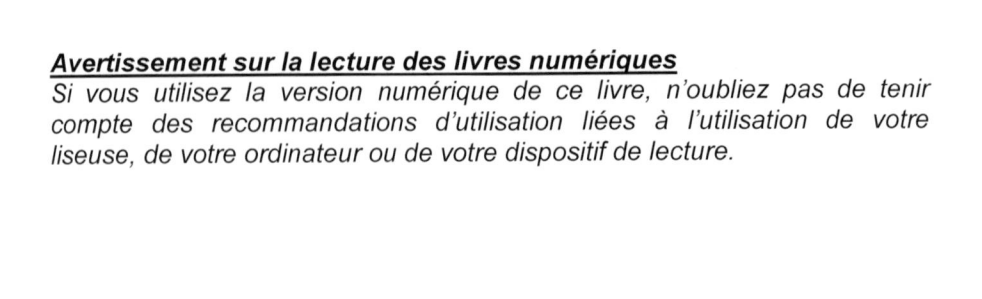

Avertissement sur la lecture des livres numériques
Si vous utilisez la version numérique de ce livre, n'oubliez pas de tenir compte des recommandations d'utilisation liées à l'utilisation de votre liseuse, de votre ordinateur ou de votre dispositif de lecture.

La loi du 11 mars 1957 n'autorisant, aux termes des alinéas 2 et 3 de l'article 41, d'une part, que les « copies ou reproductions strictement réservées à l'usage privé du copiste et non destinées à une utilisation collective » et d'autre part, que les analyses et les courtes citations dans un but d'exemple et d'illustration, « toute représentation ou reproduction intégrale, ou partielle, faites sans le consentement de l'auteur ou de ses ayants droit ou ayants cause est illicite » (alinéa 1° de l'article 40). Cette reproduction ou représentation, par quelque procédé que ce soit, constituerait donc une contrefaçon sanctionnée par les articles 425 et suivants du code pénal.

Copyright Didier Hallépée
2012

Du même auteur, chez le même éditeur

"Le chat mau égyptien", 2009
"Citations et proverbes chats et chiens", 2009
"Mot à mau, les pensées du chat mau", 2010
"Pensées Royales Canines, les pensées du King Charles", 2010
"Mon chat m'a dit, mon chien m'a dit", 2012
"Les enfants du chat mau – histoire du chat de race", 2012

"Mon opérateur télécom me vole-t-il ? ", 2012

"L'univers de la monétique", 2009
"Le Sepa, l'espace des paiements en euro", 2009
"Qualité et sécurité informatique, les méthodes CMPI et CMSI", 2009
"La sécurité NFC", 2011
"La sécurité des systèmes embarqués", 2011
"La sécurité du smartphone", 2012
"Par carte ? oui merci – la carte de paiement acceptée sans peine", 2012

Du même auteur, chez le même éditeur, en anglais

"The Egyptian Mau cat", 2011
"My cat told me, my dog told me", 2012
"The Egyptian Mau children – story of the breed cat", 2012
"Mau Mews (photo-comic)", 2012
"King Barks (photo-comic)", 2012

Du même auteur, chez le même éditeur, en italien

"I figli del gatto mau – storia del gatto di razza", 2011

Egalement disponibles chez Carrefour du Net

Collection animaux
Didier Hallépée – Le chat mau égyptien
Didier Hallépée – Citations et proverbes chats et chiens
Didier Hallépée – Mot à mau, les pensées du chat mau
Didier Hallépée – Pensées Royales Canines, les pensées du King Charles
Didier Hallépée – Mon chat m'a dit, mon chien m'a dit
Didier Hallépée – Les enfants du chat mau – histoire du chat de race

Collection romans
Claude-Aimé Motongane — Le coffret des savoirs
Bérénice Béréniccia – Le destin de l'héritière Emmienne
Bérénice Béréniccia – Le sang des messagers

Collection faits de société
Didier Hallépée – Mon opérateur télécom me vole-t-il ?
Dragonera — Octopus – la conspiration des banksters

Collection stratégie
Général de Brack — avant-postes de cavalerie
Jules César — La guerre des Gaules
Jules César — La guerre civile
Jules César — La guerre de pacification
Jules César — La guerre des Gaules — La guerre civile — La guerre de pacification

Collection classiques
Saint-Simon — Mémoires — volume 1 — 1691-1699
Saint-Simon — Mémoires — volume 2 — 1700-1703
Saint-Simon — Mémoires — volume 3 — 1704-1707
Saint-Simon — Mémoires — volume 4 — 1708-1709
Saint-Simon — Mémoires — volume 5 — 1710-1711
Saint-Simon — Mémoires — volume 6 — 1712-1714
Saint-Simon — Mémoires — volume 7 — 1715
Saint-Simon — Mémoires — volume 8 — 1716-1717
Saint-Simon — Mémoires — volume 9 — 1718
Saint-Simon — Mémoires — volume 10 — 1719-1721
Saint-Simon — Mémoires — volume 11 — 1722-1723

Collections informatique et finances
Didier Hallépée – L'univers de la monétique
Didier Hallépée – Le Sepa, l'espace des paiements en euro
Didier Hallépée – Qualité et sécurité informatique, les méthodes CMPI et CMSI
Didier Hallépée – La sécurité NFC
Didier Hallépée – La sécurité des systèmes embarqués
Didier Hallépée – La sécurité du smartphone

En langue anglaise
Didier Hallépée – The Egyptian Mau cat
Didier Hallépée – My cat told me, my dog told me
Didier Hallépée – The Egyptian Mau children – story of the breed cat
Didier Hallépée – Mau Mews (photo-comic)
Didier Hallépée – King Barks (photo-comic)

En langue italienne
Didier Hallépée – I figli del gatto mau – storia del gatto di razza

Egalement disponibles en ebooks

Collection essais
D. Hallépée — A ma fille

Collection faits de société
D. Hallépée — Mon opérateur Télécom me vole-t-il ?

Collection animaux
D. Hallépée — The Egyptian Mau cat
D. Hallépée — Mot à mau, les pensées du chat mau
D. Hallépée — Mau mews (photo-comic)
D. Hallépée — Pensées royales canines, les pensées du king Charles
D. Hallépée — King barks (photo-comic)
D. Hallépée — Les secrets de Bastet — précis de génétique féline
D. Hallépée — Les enfants du chat mau — histoire du chat de race
D. Hallépée — The children of the Mau cat — history of the breed cat
D. Hallépée — I figli del gatto mau — storia des gatto di razza
D. Hallépée — Secrets de chat — citations félines
D. Hallépée — Cat secrets — cat quotes
D. Hallépée — Secrets de chien — citations canines
D. Hallépée — Dog secrets — dog quotes
D. Hallépée — Mon chat m'a conté
D. Hallépée — Mon chien m'a conté
D. Hallépée — Mon coq m'a conté
Fables de La Fontaine
Fables d'Esope
Fables d'Esope & Fables de La Fontaine
Le roman de Renart

Collection contes
D. Hallépée — Mon chat m'a conté
D. Hallépée — Mon chien m'a conté
D. Hallépée — Mon coq m'a conté
Contes d'Andersen
Contes de Grimm
Contes de Perrault
Contes de madame d'Aulnoye
Fables de La Fontaine
Fables d'Esope
Fables d'Esope & Fables de La Fontaine

Collection jeux
D. Hallépée — Le jeu de go
D. Hallépée — Sudoku-neko — vol 1 (Bilangue)
D. Hallépée — Sudoku-neko — vol 2 (Bilangue)
D. Hallépée — Sudoku-neko — vol 3 (Bilangue)
D. Hallépée — Djambi, l'échiquier de Machiavel

Collection stratégie
Général de Brack — avant-postes de cavalerie
Flavius Josèphe — La guerre des Juifs
Jules César — La guerre des Gaules
Jules César — La guerre civile
Jules César — La guerre de pacification
Jules César — La guerre des Gaules — La guerre civile — La guerre de pacification
Machiavel — Le prince
Miyamoto Musashi : Le livre des cinq anneaux
Sun Tzu : Les treize articles
Trois stratèges (Sun Tzu – Miyamoto Musashi – Machiavel)

Collection lettres latines
Jules César — La guerre des Gaules
Jules César — La guerre civile
Jules César — La guerre de pacification
Jules César — La guerre des Gaules — La guerre civile — La guerre de pacification
Lucrèce — De natura rerum (de la nature des choses)
Suétone — Vie des douze Césars
Virgile — L'énéïde
Tite-Live — Histoire de Rome — volume 1 — 753-292
Tite-Live — Histoire de Rome — volume 2 — 218-202
Tite-Live — Histoire de Rome — volume 3 — 201-179
Tite-Live — Histoire de Rome — volume 4 — 178-167

Collection classiques
Lewis Carroll – Alice au Pays de Merveilles
Lewis Carroll – De l'autre côté du miroir
Lewis Carroll – Alice au Pays de Merveilles – De l'autre côté du miroir
Cardinal de Retz — Mémoires
Brantôme — Vies des femme galantes
Saint-Simon — Mémoires — volume 1 — 1691-1699
Saint-Simon — Mémoires — volume 2 — 1700-1703
Saint-Simon — Mémoires — volume 3 — 1704-1707
Saint-Simon — Mémoires — volume 4 — 1708-1709
Saint-Simon — Mémoires — volume 5 — 1710-1711
Saint-Simon — Mémoires — volume 6 — 1712-1714
Saint-Simon — Mémoires — volume 7 — 1715
Saint-Simon — Mémoires — volume 8 — 1716-1717
Saint-Simon — Mémoires — volume 9 — 1718
Saint-Simon — Mémoires — volume 10 — 1719-1721
Saint-Simon — Mémoires — volume 11 — 1722-1723
Dante Alighieri — La divine comédie — volume 1 — L'enfer
Dante Alighieri — La divine comédie — volume 2 — Le purgatoire
Dante Alighieri — La divine comédie — volume 3 — Le paradis
Dante Alighieri — La divine comédie — L'enfer — Le purgatoire — Le paradis
Boccace — Decameron
Miguel de Cervantès Saavedra — Don Quichotte — volume 1
Miguel de Cervantès Saavedra — Don Quichotte — volume 2
Miguel de Cervantès Saavedra — Don Quichotte — intégrale
Lewis Carroll — Alice au pays des merveilles
Lewis Carroll — Alice de l'autre côté du miroir
Cholderos de Laclos — Les liaisons dangereuses
Louis Pergaud — La guerre des boutons
Louis Pergaud — La guerre des boutons – Le roman de Miraut – Les rustiques
Sophie Rostopchine, comtesse de Ségur – Œuvres complètes – Volume 1
Sophie Rostopchine, comtesse de Ségur – Œuvres complètes – Volume 2
Sophie Rostopchine, comtesse de Ségur – Œuvres complètes – Volume 3
Sophie Rostopchine, comtesse de Ségur – Œuvres complètes – Volume 4
Sophie Rostopchine, comtesse de Ségur – Œuvres complètes – Volume 5
Le procès de Jeanne d'Arc
Victor Hugo – Les Misérables – 1 – Fantine
Victor Hugo – Les Misérables – 2 – Cosette
Victor Hugo – Les Misérables – 3 – Marius
Victor Hugo – Les Misérables – 4 – Gavroche
Victor Hugo – Les Misérables – 5 – Jean Valjean
Victor Hugo – Notre Dame de Paris
Alphonse Daudet – Lettres de mon moulin – Contes du lundi
Alphonse Daudet – Tartarin de Tarascon – Tartarin dans les Alpes – Port Tarascon

PRÉFACE

Didier Hallépée

L'impensé radical

L'esprit de Soixante-huit soufflait encore sur Paris lorsque Luc Thanassecos ouvrit rue de Médicis, face au Sénat une petite boutique fort confidentielle, l'Impensé Radical. C'est là qu'il allait régner pendant vingt ans comme éditeur spécialisé dans les œuvres de stratégie et les jeux de stratégie.

Plus d'un sénateur poussa la porte en voisin et c'est là que nombre d'entre eux découvrit les trésors des meilleurs stratèges de tous les temps, notamment les 13 articles de Sun Tzu (Sun Tse, comme l'on écrivait encore à l'époque) et les cinq anneaux de Musashi Miyamoto. Ces livres eurent un grand succès parmi les joueurs de go qui justement hantaient cette boutique où le premier club de go de France avait été créé en juillet 1969. Ils eurent aussi un grand succès auprès des assidus du palais du Luxembourg qui pouvaient constater que la stratégie militaire et l'art de gouverner avaient beaucoup en commun ainsi que l'écrivit un jour Clausewitz (*la guerre est la continuation de la politique par d'autres moyens*). Plus d'un homme politique plus tard, tel Charles Hernu, citerait Sun Tzu parmi ses livres de chevet, souvenir de ses fréquentations de l'Impensé Radical.

Luc Thanassecos accueillait toujours avec un large sourire tous ceux qui poussaient la porte de sa boutique. Mais les curieux ou ceux qui n'avaient pas l'air dignes d'œuvres aussi précieuses étaient rapidement aiguillés vers des librairies plus classiques… Au terme d'une longue discussion, les passionnés qui en étaient jugés dignes avaient accès à l'arrière-boutique où l'on pouvait trouver des trésors gardés bien à l'abri des convoitises du vulgus pecus parisianensis. C'est là qu'un jour le découvris l'Arthashastra de Kautilya, l'autre grand classique asiatique de la stratégie et de l'art de gouverner.

C'est en souvenir de cette époque que j'ai voulu promouvoir les incontournables classiques de la stratégie, et notamment : *les 13 articles* de **Sun Tzu**, *l'Arthashastra* de **Kautilya** et *les cinq anneaux* de **Musashi Miyamoto**.

La pensée asiatique

Il y a environ quatre mille ans commençait en Egypte la grande aventure de la domestication du chat. A peu près au moment en Chine était inventé le jeu de Go.

Le jeu de Go, le jeu d'échec et l'awari (ou awélé) sont les 3 grands jeux fondateurs. D'une manière ou d'une autre, tous les jeux de tactique et de stratégie trouvent leur origine dans l'un de ces jeux. Chacun d'entre eux est représentatif d'un mode de pensée typique de ses origines.
- ➢ Les échecs et la pensée cartésienne
- ➢ Le go et la pensée asiatique
- ➢ L'awari et la pensée africaine

La pensée cartésienne se concentre sur le but à atteindre. Je veux aller là-bas, par où dois-je passer ? La fin justifie les moyens. Ainsi aux échecs, le but est de tuer le roi adverse. C'est ainsi qu'une approche des échecs est d'analyser l'ensemble des possibilités pour réaliser ce but.

La pensée asiatique est plus pragmatique. Elle est basée sur l'utilisation des possibles. Par où sais-je aller ? Où cela me mène-t-il ? Ainsi au go, le joueur essaie d'exploiter au mieux une situation donnée. L'analyse de l'ensemble des possibilités est hors de portée des ordinateurs les plus puissants, aussi étudie-t-on les positions auxquelles mènes les meilleurs coups afin de choisir celui qui est le plus prometteur.

La pensée Africaine s'exprime dans le moment présent. Voilà où je suis, comment en tirer le meilleur parti ? L'avenir est moins important que le présent. Ainsi, l'awari est un jeu où dans chaque position on peut trouver le meilleur coup.

Ces approches différentes se retrouvent dans les grandes œuvres de la pensée stratégique. Ainsi peut-on distinguer les œuvres des grands écrivains stratèges occidentaux comme Jomini, Clausewitz ou Machiavel des œuvres classiques de la stratégie orientale comme Sun Tzu, Kautilya ou Musashi Miyamoto. Les stratèges asiatiques insistent sur le fait qu'il ne faut pas oublier que la victoire est l'objectif de la guerre tandis que les stratèges occidentaux insistent sur la mise en œuvre de ces moyens pour atteindre le but recherché. Ainsi, ces deux modes de pensées se complètent et convergent vers des principes comparables. Rien d'étonnant que la redécouverte de ces grands classiques ait un tel succès.

Les sept traités (Wu shu qi ching)

Pour les chinois, l'art de la guerre est entièrement décrit dans les sept traités :
1. Sun Tzu – Les treize articles
2. Wu Zi – Le Traité militaire
3. Se Ma Yang Kin – Le Se Ma Fa
4. Wei Laozi – L'Art du Commandement
5. Huang Shi Gong – Les Trois Ordres stratégiques
6. Jiang Ziya – Les Six Arcanes stratégiques
7. Li Wei Gong – Questions de l'empereur des T'ang.

Sun Tzu

Sun Tzu est un général chinois du VIe siècle avant notre ère (544–496 av. JC).

Grand théoricien, il prouva au roi de Ou qu'il était aussi à même d'appliquer ses théories. C'est ainsi que Sun Tzu vainquit le roi de Tchou pour le compte du roi de Ou.

Les treize articles

Les treize articles de Sun Tzu sont le manuel le plus réputé de la stratégie asiatique. Cette œuvre échappa à la grande destruction des livres ordonnée par l'empereur Chehouangti des T'sin en 293 ap. JC et resta longtemps la grande référence des généraux chinois. Elle fut en particulier la doctrine de l'ensemble des généraux des royaumes combattants à l'époque des guerres des Trois Royaumes.

L'idée fondamentale des treize articles est que l'objectif de la guerre est de contraindre l'ennemi à abandonner la lutte, y compris sans combat, grâce à la ruse, l'espionnage, une grande mobilité et une bonne utilisation des différentes ressources : il s'agit donc de s'adapter à la stratégie de l'adversaire, pour s'assurer la victoire à moindre coût.

Se Ma Yang Kin – Se ma fa, principes sur l'art militaire

Dans ses œuvres, Se Ma Yang Kin (le grand Maréchal Yang Kin)) parle des trois premières dynasties impériales (Sia ; Chang et Tcheou) et ne dit rien des dynasties qui ont suivi (Tsrinn, 221 avant J.C. et Rann, 202 avant J.C). On pense donc que Se Ma Yang Kin a vécu au IVème siècle avent notre ère.

Les deux premiers articles du traité semblent avoir été ajoutés à l'œuvre de Yang Kin pour donner la force de la tradition aux principes qui y sont développés.

Les trois articles suivants ont été altérés par les transcriptions et les traductions successives, et nous sont parvenus dans une version parfois incomplète, parfois obscure. Le père Amiot en a fait la meilleure traduction possible compte tenu de la qualité de ses sources.

Ou Tse – L'art militaire

Au troisième siècle avant notre ère, le royaume de Tsinn (dans la région du Chan-si) disparaissait, déchiré par des dissensions internes. Sur ses débris, Huen Hou fonda le royaume d'Oe.

Après avoir vécu longtemps à l'écart de la cour OuTse dirigea les armées d'Oe puis tomba en disgrâce. Il fut rappelé par le roi Huen Hou pour combattre l'invasion des Tsrinn (247 avant JC). Il remporta la victoire et ses exploits militaires ont laissé de nombreuses traces dans les chroniques chinoises. Mais finalement Ou Tse tomba de nouveau en disgrâce et mourut oublié de tous.

S'appuyant sur les travaux de Sun Tse, Ou Tse rédigea son traité d'art militaire. Celui-ci disparut probablement lors de la grande destruction des livres ordonnée par l'empereur Chehouangti des T'sin en 293 ap. JC et seuls six articles nous sont parvenus.

Ces articles étaient très réputés auprès des lettrés chinois et mandchous et ils furent l'objet de nombreux commentaires.

La grande muraille

Les traités d'art militaire des grands stratèges chinois sont le fruit des expériences acquises durant les guerres des royaumes combattants et l'unification de l'empire.

Ils sont restés à la base des stratégies des généraux chinois durant de nombreuses siècles.

Mais déjà durant les guerres des royaumes combattants, certains royaumes ont choisi de s'abriter derrière des murailles plutôt que de confier leur sécurité au sort des armes et au talents des stratèges.

Après l'unification de l'empire, la volonté de protéger les régions fraichement conquises se conjugue à la peur des barbares venus du nord et les empereurs de Chine bâtissent progressivement une gigantesque muraille.

Le coût gigantesque de cet ouvrage démesuré en provoquera maintes fois l'arrêt, et l'histoire impériale chinoise oscillera entre la volonté de se protéger derrière une muraille infranchissable et celle de refouler les envahisseurs grâce à la maîtrise des sept traités.

Musashi Miyamoto

Musashi Miyamoto (1584-1645) est le samouraï le plus célèbre du Japon. Il vécut à l'époque de l'unification du Japon qui donna naissance au shogunat des Tokugawa.

Dans une époque aussi troublée, le rônin, samouraï sans attaches, allait à l'aventure et vivait de son sabre. Musashi Miyamoto se distingue par un nombre impressionnant de victoires en combat singulier. Ses aventures ont été racontées par Eiji Yoshikawa dans « la pierre et le sabre ».

A la fin de sa vie, Musashi Miyamoto fonda une école pour enseigner l'art du combat et mit ses enseignements par écrit.

Les cinq anneaux

« Les cinq anneaux » est le manuel le plus célèbre du bushido, la Voie du Guerrier.

Il décrit l'accomplissement du samouraï à travers la pratique du sabre long, le tashi.

Mais la pratique du sabre long n'est pas seulement une question de dextérité, mais plus un état d'esprit, une volonté tendue vers le but à atteindre : la victoire sur l'adversaire, et à travers cela, la maîtrise de soi-même et la maîtrise du monde. Pour cela, la dextérité est certes utile, mais la compréhension des forces de l'adversaire, le changement de méthode lorsque l'adversaire est coriace, l'adaptation au terrain et aux circonstances : tout cela font du guerrier un stratège.

Cette stratégie s'applique au combat singulier. Mais c'est la même stratégie qui fait du samouraï un Officier capable de mener ses troupes et d'arracher la victoire dans un combat entre armées.

Les principes que l'on trouve dans ce livre sont encore utilisés de nos jours par de grandes firmes japonaises dans le cadre des affrontements économiques que celles-ci doivent livrer au quotidien.

SUN TZU

LES TREIZE ARTICLES

D'après la version établie en 1772 par le Révèrent Père Joseph-Marie AMIOT de la Compagnie de Jésus

Préface

Didier Hallépée

Les sept traités (Wu shu qi ching)

Pour les chinois, l'art de la guerre est entièrement décrit dans les sept traités :
1. Sun Tzu – Les treize articles
2. Wu Zi – Le Traité militaire
3. Se Ma Yang Kin – Le Se Ma Fa
4. Wei Laozi – L'Art du Commandement
5. Huang Shi Gong – Les Trois Ordres stratégiques
6. Jiang Ziya – Les Six Arcanes stratégiques
7. Li Wei Gong – Questions de l'empereur des T'ang.

Sun Tzu

Sun Tzu est un général chinois du VIe siècle avant notre ère (544–496 av. JC).

Grand théoricien, il prouva au roi de Ou qu'il était aussi à même d'appliquer ses théories. C'est ainsi que Sun Tzu vainquit le roi de Tchou pour le compte du roi de Ou.

Les treize articles

Les treize articles de Sun Tzu sont le manuel le plus réputé de la stratégie asiatique. Cette œuvre échappa à la grande destruction des livres ordonnée par l'empereur Chehouangti des T'sin en 293 ap. JC et resta longtemps la grande référence des généraux chinois. Elle fut en particulier la doctrine de l'ensemble des généraux des royaumes combattants à l'époque des guerres des Trois Royaumes.

L'idée fondamentale des treize articles est que l'objectif de la guerre est de contraindre l'ennemi à abandonner la lutte, y compris sans combat, grâce à la ruse, l'espionnage, une grande mobilité et une bonne utilisation des différentes ressources : il s'agit donc de s'adapter à la stratégie de l'adversaire, pour s'assurer la victoire à moindre coût.

Article premier

De l'évaluation

Sun Tzu dit : la guerre est d'une importance vitale pour l'Etat. C'est le domaine de la vie et de la mort : la conservation ou la perte de l'Empire en dépendent ; il est impérieux de le bien régler. Ne pas faire de sérieuses réflexions sur ce qui le concerne, c'est faire preuve d'une coupable indifférence pour la conservation ou pour la perte de ce qu'on a de plus cher, et c'est ce qu'on ne doit pas trouver parmi nous.

Cinq choses principales doivent faire l'objet de nos continuelles méditations et de tous nos soins, comme le font ces grands artistes qui, lorsqu'ils entreprennent quelque chef-d'œuvre, ont toujours présent à l'esprit le but qu'ils se proposent, mettent à profit tout ce qu'ils voient, tout ce qu'ils entendent, ne négligent rien pour acquérir de nouvelles connaissances et tous les secours qui peuvent les conduire heureusement à leur fin.

Si nous voulons que la gloire et les succès accompagnent nos armes, nous ne devons jamais perdre de vue : la *Doctrine*, le *Temps*, l'*Espace*, le *Commandement*, la *Discipline*.

La *Doctrine* fait naître l'unité de pensée ; elle nous inspire une même manière de vivre et de mourir, et nous rend intrépides et inébranlables dans les malheurs et dans la mort.

Si nous connaissons bien le *Temps* nous n'ignorerons point ces deux grands principes *Yin* et *Yang* par lesquels toutes les choses naturelles sont formées et par lesquels les éléments reçoivent leurs différentes modifications ; nous saurons le temps de leur union et de leur mutuel concours pour la production du froid, du chaud, de la sérénité ou de l'intempérie de l'air.

L'*Espace* n'est pas moins digne de notre attention que le *Temps* ; étudions-le bien et nous aurons la connaissance du haut et du bas, du loin comme du près, du large et de l'étroit, de ce qui demeure et de ce qui ne fait que passer.

J'entends par *Commandement*, l'équité, l'amour pour ceux en particulier qui nous sont soumis et pour tous les hommes en général ; la science des ressources, le courage et la valeur, la rigueur, telles sont les qualités qui doivent caractériser celui qui est revêtu de la dignité de Général ; vertus nécessaires pour l'acquisition desquelles nous ne devons rien négliger : seules elles peuvent nous mettre en état de marcher dignement à la tête des autres.

Aux connaissances dont je viens de parler, il faut ajouter celle de la *Discipline*. Posséder l'art de ranger les troupes ; n'ignorer aucune des lois de la subordination et les faire observer avec rigueur ; être instruit des devoirs particuliers de chacun de nos subalternes ; savoir connaître les différents chemins par où on peut arriver à un même terme ; ne pas dédaigner d'entrer dans un détail exact de toutes les choses qui peuvent servir, et se mettre au fait de chacune d'elle en particulier. Tout cela ensemble forme un corps de discipline dont la connaissance pratique ne doit pas échapper à la sagacité ni aux attentions d'un Général.

Vous donc, que le choix du Prince a placé à la tête des armées, jetez les fondements de votre science militaire sur les cinq principes que je viens d'établir ; la victoire suivra partout vos pas : vous n'éprouverez au contraire que les plus honteuses défaites, si, par ignorance ou par présomption, vous venez à les omettre ou à les rejeter.

Les connaissances que je viens d'indiquer vous permettront de discerner, parmi les Princes qui gouvernent le monde, celui qui a le plus de doctrine et de vertus ; vous connaîtrez les grands Généraux qui peuvent se trouver dans les différents Royaumes, de sorte que vous pourrez conjecturer assez sûrement quel est celui des deux antagonistes qui doit l'emporter ; et si vous devez vous-même entrer en lice, vous pourrez raisonnablement vous flatter de devenir victorieux.

Ces même s connaissances vous feront prévoir les moments les plus favorables, le *Temps* et l'*Espace* étant conjugués, pour ordonner le mouvement des troupes et les itinéraires qu'elles devront suivre, et dont vous règlerez à propos toutes les marches ; vous ne commencerez ni ne terminerez jamais la campagne hors de saison ; vous connaîtrez le fort et le faible, tant de ceux qu'on aura confiés à vos soins, que des ennemis que vous aurez à combattre ; vous saurez en quelle quantité et en quel état se trouveront les munitions de guerre et de bouche des deux armées, vous distribuerez les récompenses avec libéralité, mais avec choix, et vous n'épargnerez pas les châtiments quand il en sera besoin.

Admirateurs de vos vertus et de vos capacités, les officiers généraux placés sous votre autorité vous serviront autant par plaisir que par devoir. Ils entreront dans toutes vos vues, et leur exemple entraînera infailliblement celui des subalternes, et les simples soldats concourront eux-mêmes de toutes leurs forces à vous assurer les plus glorieux succès.

Estimé, respecté, chéri des vôtres, les peuples voisins viendront avec joie se ranger sous les étendards du Prince que vous servez, ou pour vivre sous ses lois, ou pour obtenir simplement sa protection.

Egalement instruit de ce que vous pourrez et de ce que vous ne pourrez pas, vous ne formerez aucune entreprise qui ne puisse être menée à bonne fin. Vous verrez, avec la même pénétration, ce qui sera loin de vous comme ce qui se passera sous vos yeux, et ce qui se passera sous vos yeux comme ce qui en est le plus éloigné.

Vous profiterez de la dissension qui surgit chez vos ennemis pour attirer les mécontents dans votre parti en ne leur ménageant ni les promesses, ni les dons, ni les récompenses.

Si vos ennemis sont plus puissants et plus forts que vous, vous ne les attaquerez point, vous éviterez avec un grand soin ce qui peut conduire à un engagement général ; vous cacherez toujours avec une extrême attention l'état où vous vous trouverez.

Il y aura des occasions où vous vous abaisserez, et d'autres où vous affecterez d'avoir peur. Vous feindrez quelquefois d'être faible afin que vos ennemis, ouvrant la porte à la présomption et à l'orgueil, viennent ou vous attaquer mal à propos, ou se laissent surprendre eux-mêmes et tailler en pièces honteusement. Vous ferez en sorte que ceux qui vous sont inférieurs ne puissent jamais pénétrer vos desseins. Vous tiendrez vos troupes toujours alertes, toujours en mouvement et dans l'occupation, pour empêcher qu'elles ne se laissent amollir par un honteux repos.

Si vous prêtez quelque intérêt aux avantages de mes plans, faites en sorte de créer des situations qui contribuent à leur accomplissement.

J'entends par situation, que le général agisse à bon escient, en harmonie avec ce qui est avantageux, et, par là-même, dispose de la maîtrise de l'équilibre.

Toute campagne guerrière doit être réglée sur le semblant ; feignez le désordre, ne manquez jamais d'offrir un appât à l'ennemi pour le leurrer, simulez l'infériorité pour encourager son arrogance, sachez attiser son courroux pour mieux le plonger dans la confusion : sa convoitise le lancera sur vous pour s'y briser.

Hâtez vos préparatifs lorsque vos adversaires se concentrent ;là où ils sont puissants, évitez-les.

Plongez l'adversaire dans d'inextricables épreuves et prolongez son épuisement en vous tenant à distance ; veillez à fortifier vos alliances au dehors, et affermir vos positions au-dedans par une politique de soldats-paysans.

Quel regret que de tout risquer en un seul combat, en négligeant la stratégie victorieuse, et faire dépendre le sort de vos armes d'une unique bataille !

Lorsque l'ennemi est uni, divisez-le ; et attaquez là où il n'est pas préparé, en surgissant lorsqu'il ne vous attend point. Telles sont les clés stratégiques de la victoire mais prenez garde de ne point les engager par avance.

Que chacun se représente les évaluations faites dans le Temple, avant les hostilités, comme des mesures : elles disent la victoire lorsqu'elles démontrent que votre force est supérieure à celle de l'ennemi ; elles indiquent la défaite lorsqu'elles démontrent qu'il est inférieur en force.

Considérez qu'avec de nombreux calculs on peut remporter la victoire, redoutez leur insuffisance. Combien celui qui n'en fait point a peu de chances de gagner !

C'est grâce à cette méthode que j'examine la situation, et l'issue apparaîtra clairement.

Article deuxième

De l'engagement

Sun Tzu dit : je suppose que vous commencez la campagne avec une armée de cent mille hommes, que vous êtes suffisamment pourvu de munitions de guerre et de bouche, que vous avez deux mille chariots, dont mille sont pour la course, et les autres uniquement pour le transport ; que jusqu'à cent lieus de vous, il y aura partout des vivres pour l'entretien de votre armée ; que vous faites transporter avec soin tout ce qui peut servir au raccommodage des armes et des chariots ; que les artisans et les autres qui ne sont pas du corps des soldats, vous ont déjà précédé ou marchent séparément à votre suite ; que toutes les choses qui servent pour des usages étrangers, comme celles qui sont purement pour la guerre, sont toujours à couvert des injures de l'air et à l'abri des incidents fâcheux qui peuvent arriver.

Je suppose encore que vous avez mille onces d'argent à distribuer aux troupes chaque jour, et que leur solde est toujours payée à temps et dans la plus rigoureuse exactitude ; dans ce cas, vous pouvez aller droit à l'ennemi ; l'attaquer et le vaincre seront pour vous une même chose.

Je dis plus : ne différez pas de livrer le combat, n'attendez pas que vos armes contractent la rouille, ni que le tranchant de vos épées s'émousse. La victoire est le principal objectif de la guerre.

S'il s'agit de prendre une ville, hâtez-vous d'en faire le siège ; ne pensez qu'à cela, dirigez là toutes vos forces ; il faut ici tout brusquer ; si vous y manquez, vos troupes courent le risque de tenir longtemps la campagne ; ce qui sera une source de funestes malheurs.

Les coffres du Prince que vous servez s'épuiseront, vos armes perdues par la rouille ne pourront plus vous servir, l'ardeur de vos soldats se ralentira, leur courage et leurs forces s'évanouiront, les provisions se consumeront, et peut-être même vous trouverez vous réduit aux plus fâcheuses extrémités.

Instruits du pitoyable état où vous serez alors, vos ennemis sortiront tout frais, fondront sur vous, et vous tailleront en pièces. Quoique jusqu'à ce jour vous ayez joui d'une grande réputation, désormais vous aurez perdu la face. En vain dans d'autres occasions aurez-vous donné des marques éclatantes de votre valeur, toute la gloire que vous aurez acquise sera effacée par ce dernier trait.

Le le répète ; on ne saurait tenir les troupes longtemps en campagne, sans porter un très grand préjudice à l'Etat et sans donner une atteinte mortelle à sa propre réputation.

Ceux qui possèdent les vrais principes de l'Art Militaire ne s'y prennent pas à deux fois. Dès la première campagne, tout est fini ; ils ne consomment pas pendant trois années de suite des vivres inutilement. Ils trouvent le moyen de faire subsister leurs armées aux dépends de l'ennemi, et épargnent à l'Etat les frais immenses qu'il est obligé de faire, lorsqu'il faut transporter bien loin toutes les provisions.

Ils n'ignorent point, et vous devez le savoir aussi, que rien n'épuise tant un Royaume que les dépenses de cette nature ; car soit que l'armée soit aux frontières, ou qu'elle soit dans les pays éloignés, le peuple en souffre toujours ; toutes les choses nécessaires à la vie augmentent de prix, elles deviennent rares, et ceux même qui, dans les temps ordinaires, sont le plus à leur aise n'ont bientôt plus de quoi les acheter.

Le Prince perçoit en hâte le tribut des denrées que chaque famille lui doit ; et la misère se répandant du sein des villes jusque dans les campagnes, des dix parties du nécessaire on est obligé d'en retrancher sept. Il n'est pas jusqu'au Souverain qui ne ressente sa part des malheurs communs. Ses cuirasses, ses casques, ses flèches, ses arcs, ses boucliers, ses chars, ses lances, ses javelots, tout cela se détruira. Les chevaux, les bœufs même qui labourent les terres du Domaine, dépériront, et, des dix parties de sa dépense ordinaire, il se verra contraint d'en retrancher six.

C'est pour prévenir tous ces désastres qu'un habile Général n'oublie rien pour abréger les campagnes, et pour pouvoir vivre aux dépens de l'ennemi, ou tout au moins pour consommer les denrées étrangères, à prix d'argent, s'il le faut.

Si l'armée ennemie a une mesure de grain dans son camp, ayez-en vingt dans le vôtre ; si votre ennemi a cent vingt livres de fourrage pour ses chevaux, ayez-en deux mille quatre cents pour les vôtres. Ne laissez échapper aucune occasion de l'incommoder, faites-le périr en détail, trouvez les moyens de l'irriter pour le faire tomber dans quelque piège ; diminuez ses forces le plus que vous pourrez, en lui faisant faire des diversions, en lui tuant de temps en temps quelque parti, en lui enlevant de ses convois, de ses équipages, et d'autres choses qui pourront vous être de quelque utilité.

Lorsque vos gens auront pris sur l'ennemi au delà de dix chars, commencez par récompenser libéralement tant ceux qui auront conduit l'entreprise, que ceux qui l'auront exécutée. Employez ces chars aux mêmes usages que vous employez les vôtres, mais auparavant ôtez-en les marques distinctives qui pourront s'y trouver.

Traitez bien les prisonniers, nourrissez-les comme vos propres soldats ; faites en sorte, s'il se peut, qu'il se trouvent mieux chez vous qu'ils ne le seraient dans leur propre camp, ou dans le sein même de leur patrie. Ne les laissez jamais oisifs, tirez parti de leurs services avec les défiances convenables, et pour le dire en deux mots, conduisez-vous à leur égard comme s'ils étaient des troupes qui se fussent enrôlées librement sous vos étendards. Voilà ce que j'appelle gagner une bataille et devenir plus fort.

Si vous faites exactement ce que je viens de vous indiquer, les succès accompagneront tous vos pas, partout vous serez vainqueur, vous ménagerez la vie de vos soldats, vous affermirez votre pays dans ses anciennes possessions, vous lui en procurerez de nouvelles, vous augmenterez la splendeur et la gloire de l'Etat, et le Prince ainsi que ses sujets vous seront redevables de la douce tranquillité dans laquelle ils couleront désormais leurs jours.

L'essentiel est dans la victoire et non dans les opérations prolongées.

Le Général, qui s'entend dans l'art de la guerre, est le Ministre du destin du peuple et l'arbitre de la destinée de la victoire.

Quels objets peuvent être plus dignes de votre attention et de tous vos efforts !

Article troisième

Des propositions de la victoire et de la défaite

Sun Tzu dit : voici quelques maximes dont vous devez être pénétré avant que de vouloir forces des villes ou gagner des batailles.

Conserver les possessions et tous les droits du Prince que vous servez, voilà quel doit être le premier de vos soins ; les agrandir en empiétant sur les ennemis, c'est ce que vous ne devez faire que lorsque vous y serez forcé.

Veiller au repos des villes de votre propre pays, voila ce qui doit principalement vous occuper ; troubler celui des villes ennemies, ce ne doit être que votre pis-aller.

Mettre à couvert de toute insulte les villages amis, voila ce à quoi vous devez penser ; faire des irruptions sur les villages ennemis, c'est ce à quoi la nécessité seule doit vous engager.

Empêcher que les hameaux et les chaumières des paysans ne souffrent le plus petit dommage, c'est ce qui mérite également votre attention ; porter le ravage et dévaster les installations agricoles de votre ennemi, c'est ce qu'une disette de tout doit seule vous faire entreprendre.

Conserver les positions des ennemis, est ce que vous devez faire en premier lieu, comme ce qu'il y a de plus parfait ; les détruire, doit être l'effet de la nécessité. Si un Général agit ainsi, sa conduite ne différera pas de celle des plus vertueux personnages ; elle s'accordera avec le Ciel et la Terre, dont les opérations tendent à la production et à la conservation des choses plutôt qu'à leur destruction.

Ces maximes une fois bien gravées dans votre cœur, je suis garant du succès.
Je dis plus : la meilleure politique guerrière et de prendre un Etat intact ; une politique inférieure à celle-ci consisterait à le ruiner.

Il vous mieux que l'armée de l'ennemi soit faite prisonnière plutôt que détruite ; il importe davantage de prendre un bataillon intact, que l'anéantir.

Eussiez-vous cent combats à livrer, cent victoires en seraient le fruit.

Cependant ne cherchez pas à dompter vos ennemis au prix des combats et des victoires ; car, s'il y a des cas où ce qui est au-dessus du bon n'est pas bon lui-même, c'en est ici un où plus on s'élève au-dessus du bon, plus on s'approche du pernicieux et du mauvais.

Il faut plutôt subjuguer l'ennemi sans donner bataille : ce sera là le cas où plus vous vous élèverez au-dessus du bon, plus vous approcherez de l'incomparable et de l'excellent.

Les grands Généraux en viennent à bout en découvrant tous les artifices de l'ennemi, en faisant avorter tous ces projets, en semant la discorde parmi ses partisans, en les tenant toujours en haleine, en empêchant les secours étrangers qu'il pourrait recevoir, et en lui ôtant toutes les facilités qu'il pourrait avoir de se déterminer à quelque chose d'avantageux pour lui.

Sun Tzu dit : il est d'une importance suprême dans la guerre d'attaquer la stratégie de l'ennemi.

Celui qui excelle à résoudre les difficultés le fait avant qu'elle ne surviennent.

Celui qui arrache le trophée, avant que les craintes de son ennemi ne prennent forme, excelle dans la conquête.

Attaquez le plan de l'adversaire au moment où il est ; puis rompez ses alliances ; puis attaquez son armée.

La pire des politiques consiste à attaquer les cités ; ni consentez que si aucune autre solution ne puisse être mise à exécution.

Il faut au moins trois mois pour préparer les chariots parés pour le combat, les armes nécessaires et l'équipement, et encore trois mois pour construire des talus longs des murs.

Si vous êtes contraint de faire le siège d'une place et de la réduire, disposés de telle sorte que vos chars, vos boucliers et toutes les machines nécessaires pour monter à l'assaut, que tout soit en bon état lorsqu'il sera temps de l'employé.

Fait en sorte surtout que la reddition de la place ne soit pas prolongée au-delà de trois mois. Si, ce terme expiré, vous n'êtes pas encore venus à bout de vos fins, sûrement il y aura eu quelques fautes de votre part ; n'oubliez rien pour les réparer. À la tête de vos troupes, redoubler vos efforts ; en allant à l'assaut imitez la vigilance, l'activité, l'ardeur et l'opiniâtreté des fourmis.

Je suppose que vous aurez fait auparavant les retranchements et les autres ouvrages nécessaires, que vous aurez élevé des redoutes pour découvrir ce qui se passe chez les assiégés, et que vous aurez paré à tous les inconvénients que votre prudence vous aura fait prévoir. Si, avec toutes ces précautions, il arrive que de trois parties de vos soldats vous ayez eu le malheur d'en perdre une, sans pouvoir être victorieux, soyez convaincu que vous n'avez pas bien attaqué.

Un habile Général ne se trouve jamais réduit à de telles extrémités ; sans donner des batailles, il sait l'art d'humilier ses amis ; sans répandre une goutte de sang, sans tirer même l'épée, il vient à bout de prendre les villes ; sans mettre les pieds dans les Royaumes étrangers, il trouve le moyen de les conquérir sans opérations prolongées ; et sans perdre un temps considérable à la tête de ses troupes, il procure une gloire immortelle au Prince qu'il sert, il assure le bonheur de ses compatriotes, il fait que l'Univers lui est redevable du repos et de la paix : tel est le but auquel tous ceux qui commandent les armées doivent tendre sans cesse et sans jamais se décourager.

Votre but d'honneur de vous saisir de l'Empire alors qu'il est intact ; ainsi vos troupes ne seront pas épuisées et vos gains seront complets. Tel est l'art de la stratégie victorieuse.

Il y a une infinité de situations différentes dans lesquelles vous pouvez vous trouver par rapport à l'ennemi. On ne saurait les prévoir toutes ; c'est pourquoi je n'entre pas dans un plus grand détail. Vos lumières et votre expérience vous suggéreront ce que vous aurez à faire, à mesure que les circonstances présenteront ; néanmoins je vais vous donner quelques conseils généraux dont vous pourrez faire usage dans l'occasion.

Si vous êtes dix fois plus fort en nombre que n'est l'ennemi, environnez-le de toutes parts ; ne lui laissez aucun passage libre ; faites en sorte qu'il ne puisse ni s'évader pour aller camper ailleurs ni recevoir le moindre secours.

Si vous avez cinq fois plus de monde que lui, disposez tellement votre armée, qu'elle puisse attaquer par quatre côtés à la fois, lorsqu'il en sera temps.

Si l'ennemi est une fois moins fort que vous, contentez-vous de partager votre armée en deux.

Mais si de part et d'autre il y a une même quantité de monde, tout ce que vous pouvez faire c'est de hasarder le combat.

Si au contraire vous êtes moins fort que lui, soyez continuellement sur vos gardes, la plus petite faute serait de la dernière conséquence pour vous. Tâchez de vous mettre à l'abri, et éviter autant que vous le pourrez que vous le pourrez d'en venir aux mains avec lui ; la prudence et la fermeté d'un petit nombre de gens peuvent venir à bout de lasser et de dompter même une nombreuse armée. Ainsi vous êtes à la fois capable de vous protéger et de remporter une victoire complète

celui qui est à la tête des armées peut se regarder comme le soutien de l'État, et il est en effet. S'il est tel qu'il doit être, le Royaume sera dans la prospérité ; si au contraire il n'a pas les qualités nécessaires pour remplir dignement le poste qu'il occupe, le Royaume en souffrira infailliblement et se trouvera peut-être réduit à deux doigts de sa perte.

Un Général ne peut bien servir l'État que d'une façon ; mais il peut lui porter un très grand préjudice de bien des manières différentes.

Il faut beaucoup d'efforts et une conduite que la bravoure et la prudence accompagnent constamment pour pouvoir réussir : il ne faut qu'une faute pour tout perdre ; et, parmi les fautes et qu'il peut faire, de combien de sortes n'y en a-t-il pas ? S'il lève des troupes hors de saison, s'il les fait sortir lorsqu'il ne faut pas qu'elles sortent, s'il n'a pas une connaissance exacte des lieux où il doit les conduire, s'il leur fait faire des campements désavantageux, s'il les fatigue hors de propos, s'ils les fait revenir sans nécessité, s'il ignore les besoins de ceux qui composent son armée, s'il ne sait pas le genre d'occupation auquel chacun d'eux s'exerçait auparavant, afin d'en tirer parti suivant leurs talents ; s'il ne connaît pas le fort et le faible de ces gens, s'il n'a pas lieu de compter sur leur fidélité, s'il ne fait pas observer la discipline dans toute la rigueur, s'il manque du talent de bien gouverner, s'il est irrésolu et s'il chancelle dans les occasions où il faut prendre tout à coup son parti, s'il ne fait pas dédommager à propos ses soldats lorsqu'ils auront eu à souffrir, s'il permet qu'ils soient vexés sans raison par leurs Officiers, s'il ne sait pas empêcher des dissensions qui pourraient naître parmi les Chefs ; un Général qui tomberait dans ces fautes rendrait l'armée boiteuse et épuiserait d'hommes et de vivres le Royaume, et deviendrait lui-même la honteuse victime de son incapacité

Sun Tzu dit : dans le gouvernement des Armées il y a sept maux :

I	Imposer des ordres pris en cour selon le bon plaisir du Prince ;
II	Rendre les Officiers perplexes en dépêchant des émissaires ignorant les affaires militaires ;
III	Mêler les règlements propres à l'ordre civil et à l'ordre militaire ;
IV	Confondre la rigueur nécessaire au gouvernement de l'État, et la flexibilité que requiert le commandement des troupes ;
V	Partager la responsabilité aux armées ;
VI	Faire naître la suspicion, qui engendre le trouble : une armée confuse conduit à la victoire de l'autre ;
VII	Attendre les ordres en toutes circonstances, c'est comme informer un supérieur que vous voulez éteindre le feu : avant que l'ordre ne vous parvienne, les cendres sont déjà froides ; pourtant il est dit dans le code que l'on doit en référer à l'Inspecteur en ces matières ! Comme si, en bâtissant une maison sur le bord de la route, on prenait conseil de ceux qui passent ; le travail ne serait pas encore achevé !

Tel est mon enseignement :

Nommer appartient au domaine réservé au Souverain ; décider de la bataille à celui du Général.

Un Prince de caractère doit choisir l'homme qui convient, le revêtir de responsabilités et attendre les résultats.

Pour être victorieux de ses ennemis, cinq circonstances sont nécessaires.

I   Savoir quand il est à propos de combattre, et quand il convient de se retirer ;
II   Savoir employer le peu et le beaucoup suivant les circonstances ;
III   Assortir habilement ses rangs ;
Mensius dit : « la saison appropriée n'est pas aussi importante que les avantages du sol ; et tout cela n'est pas aussi important que l'harmonie des relations humaines ».
IV   Celui qui, prudent, se prépare à affronter l'ennemi qui n'est pas encore ; celui-là même sera victorieux. Un Tirer prétexte de sa rusticité et ne pas prévoir, est le plus grand des crimes ; être prêt en dehors de toute contingence est la plus grande des vertus ;
V   Etre à abri des ingérences du souverain dans tout ce que l'on peut tenter pour son service et la gloire de ses armes ;

c'est dans ces cinq matières que se trouve la voie de la victoire.

Connais ton ennemi et connais-toi toi-même ; eussiez-vous cent uerres à soutenir, cent fois vous serez victorieux.

Si tu ignores ton ennemi et que tu te connais toi-même, les chances de perdre et de gagner seront égales.

Si tu ignores à la fois ton ennemi et toi-même, tu ne compteras tes combats que par tes défaites.

Article quatrième

De la mesure dans la disposition des moyens

Sun Tzu dit : anciennement ceux qui étaient expérimentés dans l'art des combats se rendaient invincibles, attendaient que l'ennemi soit vulnérable et ne s'engageaient jamais dans des guerres qu'ils prévoyaient ne devoir pas finir avec avantage.

Avant que de les entreprendre, ils étaient comme sûrs du succès. Si l'occasion d'aller contre l'ennemi n'était pas favorable, ils attendaient des temps plus heureux.

Ils avaient pour principe que l'on ne pouvait être vaincu que par sa propre faute, et qu'on était jamais victorieux que par la faute des ennemis.

Se rendre invincible dépend de soi, rendre à coup sûr l'ennemi vulnérable, dépend de lui-même.

Être instruit des moyens qui assurent la victoire n'est pas encore la remporter.

Ainsi, les habiles Généraux savaient d'abord ce qu'ils devaient craindre ou ce qu'ils avaient à espérer, et ils avançaient ou reculaient la campagne, il donnaient bataille ou ils se retranchaient, suivant les lumières qu'ils avaient, tant sur l'état de leurs propres troupes que sur celui des troupes de l'ennemi. S'il se croyaient plus forts, ils ne craignaient pas d'aller au combat et d'attaquer les premiers. S'ils voyaient au contraire qu'ils fussent plus faibles, ils se retranchaient et se tenaient sur la défensive.

L'invincibilité se trouve dans la défense, la possibilité de victoire dans l'attaque.

Celui qui se défend montre que sa force est inadéquate, celui qui attaque, qu'elle est abondante.

L'art de se tenir à propos sur la défensive ne le cède point à celui de combattre avec succès.

Les experts dans la défense doivent s'enfoncer jusqu'au centre de la terre. Ceux au contraire qui veulent briller dans l'attaque doivent s'élever jusqu'au neuvième ciel. Pour se mettre en défense contre l'ennemi, il faut être caché dans le sein de la terre, comme ces veines d'eau dont on ne sait pas la source, et dont on ne saurait trouver les sentiers. C'est ainsi que vous cacherez toutes vos démarches, et que vous serez impénétrable. Ceux qui combattent, doivent s'élever jusqu'au neuvième ciel ; c'est-à-dire, il faut qu'ils combattent de telle sorte que l'Univers entier retentisse du bruit de leur gloire.

Sa propre compte conservation est le but principal qu'on doit se proposer dans ces deux cas. Savoir l'art de vaincre comme ceux qui ont fourni cette même carrière avec honneur, c'est précisément où vous devez tendre ; vouloir l'emporter sur tous, et chercher à raffiner dans les choses militaires, c'est risquer de ne pas égaler les grands maîtres, c'est s'exposer à rester même infiniment au-dessous d'eux ; car c'est ici où ce qui est au-dessus du bon, n'est pas bon lui-même.

Remporter des victoires par le moyen des combats a été regardé de tout temps par l'Univers entier comme quelque chose de bon ; mais j'ose vous le dire c'est encore ici où ce qui est au-dessus du bon est souvent pire que le mauvais. Prédire une victoire que l'homme ordinaire peut prévoir, et être appelé universellement *Expert*, n'est pas le faîte de l'habileté guerrière. Car soulever le duvet des lapins en automne ne demande pas grande force ; il ne faut pas avoir les yeux bien pénétrants pour découvrir le soleil et la lune ; il ne faut pas avoir l'oreille bien délicate pour entendre le tonnerre lorsqu'il gronde avec fracas ; rien de plus naturel, rien de plus aisé, rien de plus simple que tout cela

Les habiles guerriers ne trouvent pas plus de difficultés dans les combats ; ils font en sorte de remporter la bataille après avoir créé les conditions appropriées.

Ils ont tout prévu ; ils ont paré de leur part à toutes les éventualités. Ils savent la situation des ennemis, ils connaissent leurs forces, et n'ignorent point ce qu'il peuvent faire et jusqu'où ils peuvent aller ; la victoire est une suite naturelle de leur savoir.

Aussi les victoires remportées par un maître dans l'art de la guerre ne lui rapportaient ni la réputation de sage, ni le mérite d'homme de valeur.

Qu'une victoire soit obtenue avant que la situation ne soit cristallisée, voilà ce que le commun ne comprend pas.

C'est pourquoi l'auteur de la prise n'est pas revêtu de quelque réputation de sagacité. Avant que la lame de son glaive ne soit recouverte de sang, l'État ennemi s'est déjà soumis. Si vous subjuguez votre ennemi sans livrer combat, ne vous estimez pas homme de valeur.

Telles étaient nos Anciens : rien ne leur était plus aisé que de vaincre ; aussi ne croyaient-ils pas que les vains titres de vaillants, de héros, d'invincibles, fussent un tribut d'éloges qu'ils eussent mérité. Ils n'attribuaient leur succès qu'aux soin extrême qu'ils avaient eu d'éviter jusqu'à la plus petite faute.

Éviter jusqu'à la plus petite faute veut dire que, quoi qu'il fasse, il s'assure la victoire ; il conquiert un ennemi qui a déjà subi la défaite ; dans les plans jamais un déplacement inutile, dans la stratégie jamais un pas de fait en vain ;. Le commandant habile prend une position telle qu'il ne peut subir une défaite ; il ne manque aucune circonstance propre à lui garantir la maîtrise de son ennemi.

Une armée victorieuse remporte l'avantage, avant d'avoir cherché la bataille ; une armée vouée à la défaite, combat dans l'espoir de gagner.

Ceux qui sont zélés dans l'art de la guerre cultivent le Tao et préservent les régulations ; ils sont donc capables de formuler des politiques de victoire.

Avant que d'en venir au combat, ils tâchaient d'humilier leurs ennemis, ils les mortifiaient, ils les fatiguaient de mille manières. Leurs propres camps étaient des lieux toujours à l'abri de toute insulte, des lieux toujours à couvert de toute surprise, des lieux toujours impénétrables. Ces Généraux croyaient que, pour vaincre, il fallait que les troupes demandassent le combat avec ardeur ; et ils étaient persuadés que, lorsque ces mêmes troupes demandaient la victoire avec empressement, il arrivait ordinairement qu'elles étaient vaincues.

Ils ne veulent point dans les troupes une confiance trop aveugle, une confiance qui dégénère en présomption. Les troupes qui demandent la victoire sont des troupes ou amollies par la paresse, ou timides, ou présomptueuses. Des troupes au contraire qui, sans penser à la victoire, demandent le combat sont des troupes endurcies au travail, des troupes vraiment aguerris, des troupes toujours sûres de vaincre.

C'est ainsi que d'un ton assuré ils osaient prévoir les triomphes ou les défaites, avant même que d'avoir fait un pas pour s'assurer des uns ou pour se préserver des autres.

Maintenant voici les cinq éléments de l'art de la guerre :

I   La mesure de l'Espace ;
II   L'estimation des Quantités ;
III   Les règles de Calcul ;
IV   Les Comparaisons ;
V   Les chances de Victoire.

Les mesures de l'espace sont dérivées du terrain ; les quantités dérivent de la mesure ; les chiffres émanent des quantités ; les comparaisons découlent des chiffres ; et la victoire est le fruit des comparaisons.

C'est par la disposition des forces qu'un Général victorieux est capable de mener son peuple au combat, telles les eaux contenues qui, soudain relâchées, plongent dans un abîme sans fond.

Vous donc, qui est à la tête des armées, n'oubliez rien pour vous rendre digne de l'emploi que vous exercez. Jetez les yeux sur les mesures qui contiennent des quantités, et sur celles qui déterminent les dimensions : rappelez-vous les règles de Calcul ; considérez les effets de la balance ; la victoire n'est que le fruit d'une supputation exacte.

Les considérations sur les différentes mesures vous conduiront à la connaissance de ce que la terre peut offrir d'utile pour vous ; vous saurez ce qu'elle produit et vous profiterez toujours de ses dons ; vous n'ignorerez point les différentes routes qu'il faudra tenir pour arriver sûrement au terme que vous vous serez proposé.

Par le Calcul, estimez si l'ennemi peut être attaqué, et c'est seulement après cela que la population doit être mobilisée et les troupes levées ; apprenez à distribuer toujours à propos les munitions de guerre et de bouche, à ne jamais donner dans les excès du trop ou du trop peu.

Enfin, si vous rappelez dans votre esprit les victoires qui ont été remportées en différents temps, et toutes les circonstances qui les ont accompagnées, vous n'ignorerez point les différents usages qu'on en aura fait, et vous saurez quels sont les avantages qu'elles ont procurés, ou quels sont les préjudices qu'elles auront portés aux vainqueurs eux-mêmes.

Un Y surpasse un Tchou. Dans les plateaux d'une balance le Y emporte le Tchou. Voyez à vos ennemis ce que le Y est au Tchou.

Après un premier avantage, n'allez pas vous endormir ou vouloir donner à vos troupes un repos hors de saison. Poussez votre pointe avec la même rapidité qu'un torrent qui se précipiterait de mille toises de haut. Que votre ennemi n'ait pas le temps de se reconnaître, et ne pensez à recueillir les fruits de votre victoire que lorsque sa défaite entière vous aura mis en état de le faire sûrement, avec loisir et tranquillité.

Article cinquième

De la contenance

Sun Tzu dit : généralement, le commandement du grand nombre est le même que pour le petit nombre ; ce n'est qu'une question d'organisation. Contrôler le grand et le petit nombre n'est qu'une seule et même chose ; ce n'est qu'une question de formation et de transmission des signaux.

Ayez les noms de tous les Officiers tant généraux que subalternes ; inscrivez-les dans un catalogue à part, avec la note des talents et de la capacité de chacun d'eux, afin de pouvoir les employer avec avantage lorsque l'occasion en sera venue. Faites en sorte que tous ceux que vous devez commander soient persuadés que votre principale attention est de les préserver de tout dommage.

Les troupes que vous ferez avancer contre l'ennemi doivent être comme des pierres que vous lanceriez contre des œufs. De vous à l'ennemi, il ne doit y avoir d'autre différence que celle du fort au faible, du vide au plein.

La certitude de subir l'attaque de l'ennemi sans subir une défaite est fonction de la combinaison entre l'utilisation *directe* et *indirecte* des forces.

Usez généralement des forces directes pour engager la bataille, et des forces indirectes pour emporter la décision. Les ressources de ceux qui sont habiles dans l'utilisation des forces indirectes sont aussi infinies que celles des Cieux et de la Terre, et aussi inépuisables que le cours des grandes rivières.

Attaquez à découvert, mais soyez vainqueur en secret. Voilà en peu de mots en quoi consiste l'habileté et toute la perfection même du gouvernement des troupes. Le grand jour et les ténèbres, l'apparent et le secret ; voilà tout l'art. Ceux qui le possèdent sont comparables au Ciel et à la Terre, dont les mouvements ne sont jamais sans effet : ils ressemblent aux fleuves et aux mers dont les eaux ne sauraient tarir. Fussent-ils plongés dans les ténèbres de la mort, ils peuvent revenir à la vie ; comme le soleil et la lune, ils ont le temps où il faut se montrer, et celui où il faut disparaître : comme les quatre saisons, ils ont les variétés qui leur conviennent ; comme les cinq tons de la musique, comme les cinq couleurs, comme les cinq goûts, ils peuvent aller à l'infini. Car qui a jamais entendu tous les airs qui peuvent résulter de la différente combinaison des tons ? Qui a jamais vu tout ce que peuvent présenter les couleurs différemment nuancées ? Qui a jamais savouré tout ce que les goûts différemment tempérés peuvent offrir d'agréable ou de piquant ? On n'assigne cependant que cinq couleurs et cinq sortes de goûts.

Dans l'art militaire, et dans le bon gouvernement des troupes, il n'y a certes que deux sortes de forces ; leurs combinaisons étant sans limites, personne ne peut toutes les comprendre. Ces forces sont mutuellement productives et agissent entre elles. Ce serait dans la pratique une chaîne d'opérations dont on ne saurait voir le bout, tels ces anneaux multiples et entremêlés qu'il faut assembler pour former un annulaire, c'est comme une roue en mouvement qui n'a ni commencement ni fin.

Dans l'art militaire, chaque opération particulière a des parties qui demandent le grand jour, et des parties qui veulent les ténèbres du secret. Vouloir les assigner, cela ne se peut ; les circonstances peuvent seules les faire connaître et les déterminer. On oppose les plus grands quartiers de rochers à des eaux rapides dont on veut resserrer le lit : on n'emploie que des filets faibles et déliés pour prendre les petits oiseaux. Cependant, le fleuve rompt quelquefois ses digues après les avoir minées peu à peu, et les oiseaux viennent à bout de briser les chaînes qui les retiennent, à force de se débattre.

C'est par son élan que l'eau des torrents se heurte contre les rochers ; c'est sur la mesure de la distance que se règle le faucon pour briser le corps de sa proie.

Ceux-là possèdent véritablement l'art de bien gouverner les troupes, qui ont su et qui savent rendre leur puissance formidable, qui ont acquis une autorité sans borne, qui ne se laissent abattre par aucun événement, quelque fâcheux qu'il puisse être ; qui ne font rien avec précipitation ; qui se conduisent, lors même qu'ils sont surpris, avec le sang-froid qu'ils ont ordinairement dans les actions méditées et dans les cas prévus longtemps auparavant, et qui agissent toujours dans tout ce qu'ils font avec cette promptitude qui n'est guère que le fruit de l'habileté, jointe à une longue expérience. Ainsi l'élan de celui qui est habile dans l'art de la guerre est irrésistible, et son attaque est réglée avec précision.

Le potentiel de ces sortes de guerriers est comme celui de ces grands arcs totalement bandés, tout plie sous leurs coups, tout est renversé. Tels un globe qui présente une égalité parfaite entre tous les points de sa surface, ils sont également forts partout ; partout leur résistance est la même. Dans le fort de la mêlée et d'un désordre apparent, ils savent garder un ordre que rien ne saurait interrompre, ils font naître la force du sein même de la faiblesse, ils font sortir le courage et la valeur du milieu de la poltronnerie et de la pusillanimité.

Mais savoir garder un ordre merveilleux au milieu même du désordre, cela ne se peut sans avoir fait auparavant de profondes réflexions sur tous les événements qui peuvent arriver.

Faire naître la force du sein même de la faiblesse, cela n'appartient qu'à ceux qui ont une puissance absolue et une autorité sans bornes (par le mot de puissance il ne faut pas entendre ici domination, mais cette faculté qui fait qu'on peut réduire en acte tout ce qu'on se propose). Savoir faire sortir le courage et la valeur du milieu de la poltronnerie et de la pusillanimité, c'est être héros soi-même, c'est être plus que héros, c'est être au-dessus des plus intrépides.

Un commandant habile recherche la victoire dans la situation et ne l'exige pas de ses subordonnés.

Quelque grand, quelque merveilleux que tout cela paraisse, j'exige cependant quelque chose de plus encore de ceux qui gouvernent les troupes : c'est l'art de faire mouvoir à son gré les ennemis. Ceux qui le possèdent, cet art admirable, disposent de la contenance de leurs gens et de l'armée qu'ils commandent, de telle sorte qu'ils font venir l'ennemi toutes les fois qu'ils le jugent à propos ; ils savent faire des libéralités quand il convient, ils en font même à ceux qu'ils veulent vaincre : ils donnent à l'ennemi et l'ennemi reçoit, ils lui abandonnent et il vient prendre. Ils sont prêts à tout ; ils profitent de toutes les circonstances ; toujours méfiants ils font surveiller les subordonnés qu'ils emploient et, se méfiant d'eux-mêmes, ils ne négligent aucun moyen qui puisse leur être utile.

Ils regardent les hommes contre lesquels ils doivent combattre, comme des pierres ou des pièces de bois qu'ils seraient chargés de faire rouler de haut en bas.

La pierre et le bois n'ont aucun mouvement de leur nature ; s'ils sont une fois en repos, ils n'en sortent pas d'eux-mêmes, mais ils suivent le mouvement qu'on leur imprime ; s'ils sont carrés, ils s'arrêtent d'abord ; s'ils sont ronds, ils roulent jusqu'à ce qu'ils trouvent une résistance plus forte que la force qui leur était imprimée.

Faites en sorte que l'ennemi soit entre vos mains comme une pierre de figure ronde, que vous auriez à faire rouler d'une montagne qui aurait mille toises de haut ; la force qui lui est imprimée est minime, les résultats sont énormes. C'est en cela qu'on reconnaîtra que vous avez de la puissance et de l'autorité.

Article sixième

Du plein et du vide

Sun Tzu dit : une des choses les plus essentielles que vous ayez à faire avant le combat, c'est de bien choisir le lieu de votre campement. Pour cela il faut user de diligence, il ne faut pas se laisser prévenir par l'ennemi, il faut être campé avant qu'il ait eu le temps de vous reconnaître, avant même qu'il ait pu être instruit de votre marche. La moindre négligence en ce genre peut être pour vous de la dernière conséquence. En général, il n'y a que du désavantage à camper après les autres.

Celui qui est capable de faire venir l'ennemi de sa propre initiative le fait en lui offrant quelque avantage ; et celui qui est désireux de l'en empêcher le fait en le blessant.

Celui qui est chargé de la conduite d'une armée, ne doit point se fier à d'autres pour un choix de cette importance ; il doit faire quelque chose de plus encore. S'il est véritablement habile, il pourra disposer à son gré du campement même et de toutes les marches de son ennemi. Un grand Général n'attend pas qu'on le fasse aller, il sait faire venir. Si vous faites en sorte que l'ennemi cherche à se rendre de son plein gré dans les lieux où vous souhaitez précisément qu'il aille, faites en sorte aussi de lui aplanir toutes les difficultés et de lever tous les obstacles qu'il pourrait rencontrer ; de crainte qu'alarmé par les impossibilités qu'il suppute, où les inconvénients trop manifestes qu'il découvre, il renonce à son dessein. Vous en serez pour votre travail et pour vos peines, peut-être même pour quelque chose de plus.

La grande science est de lui faire vouloir tout ce que vous voulez qu'il fasse, et de lui fournir, sans qu'il s'en aperçoive, tous les moyens de vous seconder.

Après que vous aurez ainsi disposé du lieu de votre campement et de celui de l'ennemi lui-même, attendez tranquillement que votre adversaire fasse les premières démarches ; mais en attendant, tâchez de l'affamer au milieu de l'abondance, de lui procurer du tracas au sein du repos, et de lui susciter mille terreurs dans le temps même de sa plus grande sécurité.

Si, après avoir longtemps attendu, vous ne voyez pas que l'ennemi se dispose à sortir de son camp, sortez vous-même du vôtre ; par votre mouvement provoquez le sien, donnez-lui de fréquentes alarmes, faites-lui naître l'occasion de faire quelque imprudence dont vous puissiez tirer du profit.

S'il s'agit de garder, gardez avec force : ne vous endormez point. S'il s'agit d'aller, allez promptement, allez sûrement par des chemins qui ne soient connus que de vous.

Rendez-vous dans des lieux où l'ennemi ne puisse pas soupçonner que vous ayez dessein d'aller. Sortez tout à coup d'où il ne vous attend pas, et tombez sur lui lorsqu'il y pensera le moins.

Pour être certain de prendre ce que vous attaquez, il faut donner l'assaut là où il ne se protège pas ; pour être certain de garder ce que vous défendez, il faut défendre un endroit que l'ennemi n'attaque pas.

Si après avoir marché assez longtemps, si par vos marches et contre-marches vous avez parcouru l'espace de mille lieues sans que vous ayez reçu encore aucun dommage, sans même que vous ayez été arrêté, concluez, ou que l'ennemi ignore vos desseins, ou qu'il a peur de vous, ou qu'il ne fait pas garder les postes qui peuvent être de conséquence pour lui. Évitez de tomber dans un pareil défaut.

Le grand art d'un Général est de faire en sorte que l'ennemi ignore toujours le lieu où il aura à combattre, et de lui dérober avec soin la connaissance des postes qu'il fait garder. S'il en vient à bout, et qu'il puisse cacher de même jusqu'aux moindres de ses démarches, ce n'est pas seulement un habile Général, c'est un homme extraordinaire, c'est un prodige. Sans être vu, il voit ; il entend, sans être entendu ; il agit sans bruit et dispose comme il lui plaît du sort de ses ennemis.

De plus, si, les armées étant déployées, vous n'apercevez pas qu'il y ait un certain vide qui puisse vous favoriser, ne tentez pas d'enfoncer les bataillons ennemis. Si, lorsqu'ils prennent la fuite, ou qu'ils retournent sur leurs pas, ils usent d'une extrême diligence et marchent en bon ordre, ne tentez pas de les poursuivre ; ou, si vous les poursuivez, que ce ne soit jamais ni trop loin, ni dans les pays inconnus. Si, lorsque vous avez dessein de livrer la bataille, les ennemis restent dans leurs retranchements, n'allez pas les y attaquer, surtout s'ils sont bien retranchés, s'ils ont de larges fossés et des murailles élevées qui les couvrent. Si, au contraire, croyant qu'il n'est pas à propos de livrer le combat, vous voulez l'éviter, tenez-vous dans vos retranchements, et disposez-vous à soutenir l'attaque et à faire quelques sorties utiles.

Laissez fatiguer les ennemis, attendez qu'ils soient ou en désordre ou dans une très grande sécurité ; vous pourrez sortir alors et fondre sur eux avec avantage.

Ayez constamment une extrême attention à ne jamais séparer les différents corps de vos armées. Faites qu'ils puissent toujours se soutenir aisément les uns les autres ; au contraire, faites faire à l'ennemi le plus de diversion qu'il se pourra. S'il se partage en dix corps, attaquez chacun d'eux séparément avec votre armée toute entière ; c'est le véritable moyen de combattre toujours avec avantage. De cette sorte, quelque petite que soit votre armée, le grand nombre sera toujours de votre côté.

Que l'ennemi ne sache jamais comment vous avez l'intention de le combattre, ni la manière dont vous vous disposez à l'attaquer, ou à vous défendre. Car, s'il se prépare au front, ses arrières seront faibles ; s'il se prépare à l'arrière, son front sera fragile ; s'il se prépare à sa gauche, sa droite sera vulnérable ; s'il se prépare à sa droite, sa gauche sera affaiblie ; et s'il se prépare en tous lieux, il sera partout en défaut. S'il l'ignore absolument, il fera de grands préparatifs, il tâchera de se rendre fort de tous les côtés, il divisera ses forces, et c'est justement ce qui fera sa perte.

Pour vous, n'en faites pas de même : que vos principales forces soient toutes du même côté ; si vous voulez attaquer de front, faites choix d'un secteur, et mettez à la tête de vos troupes tout ce que vous avez de meilleur. On résiste rarement à un premier effort, comme, au contraire, on se relève difficilement quand on d'abord le dessous. L'exemple des braves suffit pour encourager les plus lâches. Ceux-ci suivent sans peine le chemin qu'on leur montre, mais ils ne sauraient eux-mêmes le frayer. Si vous voulez faire donner l'aile gauche, tournez tous vos préparatifs de ce côté-là, et mettez à l'aile droite ce que vous avez de plus faible ; mais si vous voulez vaincre par l'aile droite, que ce soit à l'aile droite aussi que soient vos meilleures troupes et toute votre attention.

Celui qui dispose de peu d'hommes doit se préparer contre l'ennemi, celui qui en a beaucoup doit faire en sorte que l'ennemi se prépare contre lui.

Ce n'est pas tout. Comme il est essentiel que vous connaissiez à fond le lieu où vous devez combattre, il n'est pas moins important que vous soyez instruit du jour, de l'heure, du moment même du combat ; c'est une affaire de Calcul sur laquelle il ne faut pas vous négliger. Si l'ennemi est loin de vous, sachez, jour par jour, le chemin qu'il fait, suivez-le pas à pas, quoique en apparence vous restiez immobile dans votre camp ; voyez tout ce qu'il fait, quoique vos yeux ne puissent pas aller jusqu'à lui ; écoutez tous les discours, quoique vous soyez hors de portée de l'entendre ; soyez témoin de toute sa conduite, entrez même dans le fond de son cœur pour y lire ses craintes ou ses espérances.

Pleinement instruit de tous ses desseins, de toutes ses marches, de toutes ses actions, vous le ferez venir chaque jour précisément où vous voulez qu'il arrive. En ce cas, vous l'obligerez à camper de manière que le front de son armée ne puisse pas recevoir du secours de ceux qui sont à la queue, que l'aile droite ne puisse pas aider l'aile gauche, et vous le combattrez ainsi dans le lieu et au temps qui vous conviendront le plus.

Avant le jour déterminé pour le combat, ne soyez ni trop loin ni trop près de l'ennemi. L'espace de quelques lieues seulement est le terme qui doit vous en approcher le plus, et dix lieues entières sont le plus grand espace que vous deviez laisser entre votre armée et la sienne.

Ne cherchez pas à avoir une armée trop nombreuse, la trop grande quantité de monde est souvent plus nuisible qu'elle n'est utile. Une petite armée bien disciplinée est invincible sous un bon Général. À quoi servaient au roi d'Yue les belles et nombreuses cohortes qu'il avait sur pied, lorsqu'il était en guerre contre le roi de Ou ? Celui-ci, avec peu de troupes, avec une poignée de monde, le vainquit, le dompta, et ne lui laissa, de tous ses États, qu'un souvenir amer, et la honte éternelle de les avoir si mal gouvernés.

Je dis que la victoire peut être créée ; même si l'ennemi est en nombre, je peux l'empêcher d'engager le combat ; car, s'il ignore ma situation militaire, je peux faire en sorte qu'il se préoccupe de sa propre préparation : ainsi je lui ôte le loisir d'établir les plans pour me battre.

I. Détermine les plans de l'ennemi et tu sauras quelle stratégie sera couronnée de succès et celle qui ne le sera pas.
II. Perturbe-le et fais-lui dévoiler son ordre de bataille.
III. Détermine ses dispositions et fais-lui découvrir son champ de bataille.
IV. Mets-le à l'épreuve et apprends où sa force est abondante et où elle est déficiente.
V. La suprême tactique consiste à disposer ses troupes sans forme apparente ; alors les espions les plus pénétrants ne peuvent fureter et les sages ne peuvent établir des plans contre vous.
VI. C'est selon les formes que j'établis des plans pour la victoire, mais la multitude ne le comprend guère. Bien que tous puissent voir les aspects extérieurs, personne ne peut comprendre la voie selon laquelle j'ai créé la victoire.
VII. Et quand j'ai remporté une bataille, je ne répète pas ma tactique, mais je réponds aux circonstances selon une variété infinie de voies.

Cependant si vous n'aviez qu'une petite armée, n'allez pas mal à propos vouloir vous mesurer avec une armée nombreuse ; vous avez bien des précautions à prendre avant que d'en venir là. Quand on a les connaissances dont j'ai parlé plus haut, on sait s'il faut attaquer, ou se tenir simplement sur la défensive ; on sait quand il faut rester tranquille, et quand il est temps de se mettre en mouvement ; et si l'on est forcé de combattre, on sait si l'on sera vainqueur ou vaincu : à voir simplement la contenance des ennemis, on peut conclure sa victoire ou sa défaite, sa perte ou son salut. Encore une fois, si vous voulez attaquer le premier, ne le faites pas avant d'avoir examiné si vous avez tout ce qu'il faut pour réussir.

Au moment de déclencher votre action, lisez dans les premiers regards de vos soldats ; soyez attentif à leurs premiers mouvements ; et par leur ardeur ou leur nonchalance, par leur crainte ou leur intrépidité, concluez au succès ou à la défaite. Ce n'est point un présage trompeur que celui de la première contenance d'une armée prête à livrer le combat. Il en est telle qui ayant remporté la plus signalée victoire aurait été entièrement défaite si la bataille s'était livrée un jour plus tôt, ou quelques heures plus tard.

Il en doit être des troupes à peu près comme d'une eau courante. De même que l'eau qui coule évite les hauteurs et se hâte vers le pays plat, de même une armée évite la force et frappe la faiblesse.

Si la source est élevée, la rivière ou le ruisseau coulent rapidement. Si la source est presque de niveau, on s'aperçoit à peine de quelque mouvement : s'il se trouve quelque vide, l'eau le remplit d'elle-même dès qu'elle trouve la moindre issue qui la favorise ; s'il y a des endroits trop pleins, l'eau cherche naturellement à se décharger ailleurs.

Pour vous, si, en parcourant les rangs de votre armée, vous voyez qu'il y a du vide, il faut le remplir ; si vous trouvez du surabondant, il faut le diminuer ; si vous apercevez du trop haut, il faut l'abaisser ; s'il y du trop bas, il faut le relever.

L'eau, dans son cours, suit la situation du terrain dans lequel elle coule ; de même, votre armée doit s'adapter au terrain sur lequel elle se meut. L'eau qui n'a point de pente ne saurait couler ; des troupes qui ne sont pas bien conduites ne sauraient vaincre. Le Général habile tirera parti des circonstances même les plus dangereuses et les plus critiques. Il saura faire prendre la forme qu'il voudra, non seulement à l'armée qu'il commande mais encore à celle des ennemis.

Les troupes, quelles qu'elles puissent être, n'ont pas des qualités constantes qui les rendent invincibles ; les plus mauvais soldats peuvent changer en bien et devenir d'excellents guerriers.

Conduisez-vous conformément à ce principe ; ne laissez échapper aucune occasion, lorsque vous la trouverez favorable. Les cinq éléments ne sont pas partout ni toujours également purs ; les quatre saisons ne se succèdent pas de la même manière chaque année ; le lever et le coucher du soleil ne sont pas constamment au même point de l'horizon. Parmi les jours, certains sont longs, d'autres courts. La lune croît et décroît et n'est pas toujours également brillante. Une armée bien conduite et bien disciplinée imite à propos toutes ces variétés.

Article septième

De l'affrontement direct et indirect

Sun Tzu dit : après que le Général aura reçu du Souverain l'ordre de tenir la campagne, il rassemble les troupes et mobilise le peuple ; il fait de l'armée un ensemble harmonieux. Maintenant il doit mettre son attention à leur procurer des campements avantageux, car c'est de là principalement que dépend la réussite de ses projets et de toutes ses entreprises. Cette affaire n'est pas d'une exécution aussi facile qu'on pourrait bien se l'imaginer ; les difficultés s'y rencontrent souvent sans nombre, et de toutes espèces ; il ne faut rien oublier pour les aplanir et pour les vaincre.

Les troupes une fois campées, il faut tourner ses vues du côté du près et du loin, des avantages et des pertes, du travail et du repos, de la diligence et de la lenteur ; c'est-à-dire qu'il faut rendre près ce qui est loin, tirer profit de ses pertes même, substituer un utile travail à un honteux repos, convertir la lenteur en diligence ; il faut que vous soyez près lorsque l'ennemi vous croit bien loin ; que vous ayez un avantage réel lorsque l'ennemi croit vous avoir occasionné quelques pertes ; que vous soyez occupé de quelque utile travail lorsqu'il vous croit enseveli dans le repos, et que vous usiez de toute sorte de diligence lorsqu'il ne croit apercevoir dans vous que de la lenteur : c'est ainsi qu'en lui donnant le change, vous l'endormirez lui-même pour pouvoir l'attaquer lorsqu'il y pensera le moins, et sans qu'il ait le temps de se reconnaître.

L'art de profiter du près et du loin consiste à tenir l'ennemi éloigné du lieu que vous aurez choisi pour votre campement, et de tous les postes qui vous paraîtront de quelque conséquence : il consiste à éloigner de l'ennemi tout ce qui pourrait lui être avantageux, et à rapprocher de vous tout ce dont vous pourrez tirer quelque avantage ; il consiste ensuite à vous tenir continuellement sur vos gardes pour n'être pas surpris, et à veiller sans cesse pour épier le moment de surprendre votre adversaire.

Ainsi prenez une voie indirecte et divertissez l'ennemi en lui présentant le leurre ; de cette façon vous pouvez vous mettre en route après lui, et arriver avant lui. Celui qui est capable de faire cela comprend l'approche directe et indirecte.

De plus : ne vous engagez jamais dans de petites actions que vous ne soyez sûr qu'elles tourneront à votre avantage, et encore ne le faites point si vous n'y êtes comme forcé : mais surtout gardez-vous bien de vous engager à une action générale si vous n'êtes comme assuré d'une victoire complète. Il est très dangereux d'avoir de la précipitation dans des cas semblables ; une bataille risquée mal à propos peut vous perdre entièrement : le moins qu'il puisse vous arriver, si l'événement en est douteux, ou que vous ne réussissiez qu'à demi, c'est de vous voir frustré de la plus grande partie de vos espérances, et de ne pouvoir parvenir à vos fins.

Avant que d'en venir à un combat définitif, il faut que vous l'ayez prévu, et que vous y soyez préparé depuis longtemps ; ne comptez jamais sur le hasard dans tout ce que vous ferez en ce genre : après que vous aurez résolu de livrer la bataille, et que les préparatifs en seront déjà faits, laissez en lieu de sûreté tout le bagage inutile, faites dépouiller vos gens de tout ce qui pourrait les embarrasser ou les surcharger ; de leurs armes mêmes, ne leur laissez que celles qu'ils peuvent porter aisément.

Veillez, lorsque vous abandonnez votre camp dans l'espoir d'un avantage probable, à ce que celui-ci soit supérieur aux approvisionnements que vous abandonnez sûrement.

Si vous devez aller un peu loin, marchez jour et nuit ; faites le double du chemin ordinaire ; que l'élite de vos troupes soit à la tête ; mettez les plus faibles à la queue. Prévoyez tout, disposez tout, et fondez sur l'ennemi lorsqu'il vous croit encore à cent lieues d'éloignement : dans ce cas, je vous annonce la victoire.

Mais si ayant à faire cent lieues de chemin avant que de pouvoir l'atteindre, vous n'en faites de votre côté que cinquante, et que l'ennemi s'étant avancé en fait autant ; de dix parties, il y en a cinq que vous serez vaincu, comme de trois parties il y en a deux que vous serez vainqueur. Si l'ennemi n'apprend que vous allez à lui que lorsqu'il ne vous reste plus que trente lieues à faire pour pouvoir le joindre, il est difficile que, dans le peu de temps qui lui reste, il puisse pourvoir à tout et se préparer à vous recevoir.

Sous prétexte de faire reposer vos gens, gardez-vous bien de manquer l'attaque, dès que vous serez arrivé. Un ennemi surpris est à demi vaincu ; il n'en est pas de même s'il a le temps de se reconnaître ; bientôt, il peut trouver des ressources pour vous échapper, et peut-être même pour vous perdre.

Ne négligez rien de tout ce qui peut contribuer au bon ordre, à la santé, à la sûreté de vos gens tant qu'ils seront sous votre conduite ; ayez grand soin que les armes de vos soldats soient toujours en bon état. Faites en sorte que les vivres soient sains, et ne leur manquent jamais ; ayez attention à ce que les provisions soient abondantes, et rassemblées à temps, car si vos troupes sont mal armées, s'il y a disette de vivres dans le camp, et si vous n'avez pas d'avance toutes les provisions nécessaires, il est difficile que vous puissiez réussir.

N'oubliez pas d'entretenir des intelligences secrètes avec les Ministres étrangers, et soyez toujours instruit des desseins que peuvent avoir les Princes alliés ou tributaires, des intentions bonnes ou mauvaises de ceux qui peuvent influer sur la conduite du maître que vous servez, et vous attirer vos ordres ou des défenses qui pourraient traverser vos projets et rendre par là tous vos soins inutiles.

Votre prudence et votre valeur ne sauraient tenir longtemps contre leurs cabales ou leurs mauvais conseils. Pour obvier à cet inconvénient, consultez-les dans certaines occasions, comme si vous aviez besoin de leurs lumières : que tous leurs amis soient les vôtres ; ne soyez jamais divisé d'intérêt avec eux, cédez-leur dans les petites choses, en un mot entretenez l'union la plus étroite qu'il vous sera possible.

Ayez une connaissance exacte et de détail de tout ce qui vous environne ; sachez où il y a une forêt, un petit bois, une rivière, un ruisseau, un terrain aride et pierreux, un lieu marécageux et malsain, une montagne, une colline, une petite élévation, un vallon, un précipice, un défilé, un champ ouvert, enfin tout ce qui peut servir ou nuire aux troupes que vous commandez. S'il arrive que vous soyez hors d'état de pouvoir être instruit par vous-même de l'avantage ou du désavantage du terrain, ayez des guides locaux sur lesquels vous puissiez compter sûrement.

La force militaire est réglée sur sa relation au semblant.

Déplacez-vous quand vous êtes à votre avantage, et créez des changements de situation en dispersant et concentrant les forces.

Dans les occasions où il s'agira d'être tranquille, qu'il règne dans votre camp une tranquillité semblable à celle qui règne au milieu des plus épaisses forêts. Lorsque, au contraire, il s'agira de faire des mouvements et du bruit, imitez le fracas du tonnerre ; s'il faut être ferme dans votre poste, soyez-y immobile comme une montagne ; s'il faut sortir pour aller au pillage, ayez l'activité du feu ; s'il faut éblouir l'ennemi, soyez comme un éclair ; s'il faut cacher vos desseins, soyez obscur comme les ténèbres. Gardez-vous sur toutes choses de faire jamais aucune sortie en vain. Lorsque vous ferez tant que d'envoyer quelque détachement, que ce soit toujours dans l'espérance, ou, pour mieux dire, dans la certitude d'un avantage réel : pour éviter les mécontentements, faites toujours une exacte et juste répartition de tout ce que vous aurez enlevé à l'ennemi.

Celui qui connaît l'art de l'approche directe et indirecte sera victorieux. Voilà l'art de l'affrontement.

À tout ce que je viens de dire, il faut ajouter la manière de donner vos ordres et de les faire exécuter. Il est des occasions et des campements où la plupart de vos gens ne sauraient ni vous voir ni vous entendre ; les tambours, les étendards et les drapeaux peuvent suppléer à votre voix et à votre présence. Instruisez vos troupes de tous les signaux que vous pouvez employer. Si vous avez à faire des évolutions pendant la nuit, faites exécuter des ordres au bruit d'un grand nombre de tambours. Si, au contraire, c'est pendant le jour qu'il faut que vous agissiez, employez les drapeaux et les étendards pour faire savoir vos volontés. Le fracas d'un grand nombre de tambours servira pendant la nuit autant à jeter l'épouvante parmi vos ennemis qu'à ranimer le courage de vos soldats : l'éclat d'un grand nombre d'étendards, la multitude de leurs évolutions, la diversité de leurs couleurs, et la bizarrerie de leur assemblage, en instruisant vos gens, les tiendront toujours en haleine pendant le jour, les occuperont et leur réjouiront le cœur, en jetant le trouble et la perplexité dans celui de vos ennemis.

Ainsi, outre l'avantage que vous aurez de faire savoir promptement toutes vos volontés à votre armée entière dans le même moment, vous aurez encore celui de lasser votre ennemi, en le rendant attentif à tout ce qu'il croit que vous voulez entreprendre, de lui faire naître des doutes continuels sur la conduite que vous devez tenir, et de lui inspirer d'éternelles frayeurs.

Si quelque brave veut sortir seul hors des rangs pour aller provoquer l'ennemi, ne le permettez point ; il arrive rarement qu'un tel homme puisse revenir. Il périt pour l'ordinaire, ou par la trahison, ou accablé par le grand nombre.

Lorsque vous verrez vos troupes bien disposées, ne manquez pas de profiter de leur ardeur : c'est à l'habileté du Général à faire naître les occasions et à distinguer lorsqu'elles sont favorables ; mais il ne doit pas négliger pour cela de prendre l'avis des Officiers Généraux, ni de profiter de leurs lumières, surtout si elles ont le bien commun pour objet.

On peut voler à une armée son esprit et lui dérober son adresse, de même que le courage de son commandant.

Au petit matin, les esprits sont pénétrants ; durant la journée, ils s'alanguissent, et le soir, ils rentrent à la maison.

Mei Yao-tchen dit que matin, journée et soir représentent les phases d'une longue campagne.

Lors donc que vous voudrez attaquer l'ennemi, choisissez, pour le faire avec avantage, le temps où les soldats sont censés devoir être faibles ou fatigués. Vous aurez pris auparavant vos précautions, et vos troupes reposées et fraîches auront de leur côté l'avantage de la force et de la vigueur. Tel est le contrôle du *facteur moral*.

Si vous voyez que l'ordre règne dans les rangs ennemis, attendez qu'il soit interrompu, et que vous aperceviez quelque désordre. Si leur trop grande proximité vous offusque ou vous gêne, éloignez-vous afin de vous placer dans des dispositions plus sereines. Tel est le contrôle du *facteur mental*.

Si vous voyez qu'ils ont de l'ardeur, attendez qu'elle se ralentisse et qu'ils soient accablés sous le poids de l'ennui ou de la fatigue. Tel est le contrôle du *facteur physique*.

S'ils se sauvent sur des lieux élevés, ne les y poursuivez point ; si vous êtes vous-même dans des lieux peu favorables, ne soyez pas longtemps sans changer de situation. N'engagez pas le combat lorsque l'ennemi déploie ses bannières bien rangées et de formations en rang impressionnant ; voilà le contrôle des *facteurs de changement des circonstances*.

Si, réduits au désespoir, ils viennent pour vaincre ou pour périr, évitez leur rencontre.

À un ennemi encerclé vous devez laisser une voie de sortie.

Si les ennemis réduits à l'extrémité abandonnent leur camp et veulent se frayer un chemin pour aller camper ailleurs, ne les arrêtez pas.

S'ils sont agiles et lestes, ne courez pas après eux ; s'ils manquent de tout, prévenez leur désespoir.

Ne vous acharnez pas sur un ennemi aux abois.

Voilà à peu près ce que j'avais à vous dire sur les différents avantages que vous devez tâcher de vous procurer lorsque à la tête d'une armée vous aurez à vous mesurer avec des ennemis qui, peut-être aussi prudents et aussi vaillants que vous, ne pourraient être vaincus, si vous n'usez de votre part des petits stratagèmes dont je viens de parler.

Article huitième

Des neuf changements

Sun Tzu dit : ordinairement l'emploi des armées relève du Commandant en chef, après que le Souverain l'ait mandaté pour mobiliser le peuple et assembler l'armée.

I. Si vous êtes dans des lieux marécageux, dans les lieux où il y a à craindre les inondations, dans les lieux couverts d'épaisses forêts ou de montagnes escarpées, dans des lieux déserts et arides, dans des lieux où il n'y a que des rivières et des ruisseaux, dans des lieux enfin d'où vous ne puissiez aisément tirer du secours, et où vous ne seriez appuyé d'aucune façon, tâchez d'en sortir le plus promptement qu'il vous sera possible. Allez chercher quelque endroit spacieux et vaste où vos troupes puissent s'étendre, d'où elles puissent sortir aisément, et où vos Alliés puissent sans peine vous porter les secours dont vous pourriez avoir besoin.

II. Évitez, avec une extrême attention, de camper dans des lieux isolés ; ou si la nécessité vous y force, n'y restez qu'autant de temps qu'il en faut pour en sortir. Prenez sur-le-champ des mesures efficaces pour le faire en sûreté et en bon ordre.

III. Si vous vous trouvez dans des lieux éloignés des sources, des ruisseaux et des puits, où vous ne trouviez pas aisément des vivres et du fourrage, ne tardez pas de vous en tirer. Avant que de décamper, voyez si le lieu que vous choisissez est à l'abri par quelque montagne au moyen de laquelle vous soyez à couvert des surprises de l'ennemi, si vous pouvez en sortir aisément, et si vous y avez les commodités nécessaires pour vous procurer les vivres et les autres provisions ; s'il est tel, n'hésitez point à vous en emparer.

IV. Si vous êtes dans un lieu de mort, cherchez l'occasion de combattre. J'appelle lieu de mort ces sortes d'endroits où l'on a aucune ressource, où l'on dépérit insensiblement par l'intempérie de l'air, où les provisions se consument peu à peu sans espérance d'en pouvoir faire de nouvelles ; où les maladies, commençant à se mettre dans l'armée, semblent devoir y faire bientôt de grands ravages. Si vous vous trouvez dans de telles circonstances, hâtez-vous de livrer quelque combat. Je vous réponds que vos troupes n'oublieront rien pour bien se battre. Mourir de la main des ennemis leur paraîtra quelque chose de bien doux au prix de tous les maux qu'ils voient prêts à fondre sur eux et à les accabler.

V. Si, par hasard ou par votre faute, votre armée se rencontrait dans des lieux plein de défilés, où l'on pourrait aisément vous tendre des embûches, d'où il ne serait pas aisé de vous sauver en cas de poursuite, où l'on pourrait vous couper les vivres et les chemins, gardez-vous bien d'y attaquer l'ennemi ; mais si l'ennemi vous y attaque, combattez jusqu'à la mort. Ne vous contentez pas de quelque petit avantage ou d'une demi victoire ; ce pourrait être une amorce pour vous défaire entièrement. Soyez même sur vos gardes, après que vous aurez eu toutes les apparences d'une victoire complète.

VI. Quand vous saurez qu'une ville, quelque petite qu'elle soit, est bien fortifiée et abondamment pourvue de munitions de guerre et de bouche, gardez-vous bien d'en aller faire le siège ; et si vous n'êtes instruit de l'état où elle se trouve qu'après que le siège en aura été ouvert, ne vous obstinez pas à vouloir le continuer, vous courriez le risque de voir toutes vos forces échouer contre cette place, que vous seriez enfin contraint d'abandonner honteusement.

VII. Ne négligez pas de courir après un petit avantage lorsque vous pourrez vous le procurer sûrement et sans aucune perte de votre part. Plusieurs de ces petits avantages qu'on pourrait acquérir et qu'on néglige occasionnent souvent de grandes pertes et des dommages irréparables.

VIII. Avant de songer à vous procurer quelque avantage, comparez-le avec le travail, la peine, les dépenses et les pertes d'hommes et de munitions qu'il pourra vous occasionner. Sachez à peu près si vous pourrez le conserver aisément ; après cela, vous

vous déterminerez à le prendre ou à le laisser suivant les lois d'une saine prudence.

IX. Dans les occasions où il faudra prendre promptement son parti, n'allez pas vouloir attendre les ordres du Prince. S'il est des cas où il faille agir contre des ordres reçus, n'hésitez pas, agissez sans crainte. La première et principale intention de celui qui vous met à la tête de ses troupes est que vous soyez vainqueur des ennemis. S'il avait prévu la circonstance où vous vous trouvez, il vous aurait dicté lui-même la conduite que vous voulez tenir.

Voilà ce que j'appelle les neuf changements ou les neuf circonstances principales qui doivent vous engager à changer la contenance ou la position de votre armée, à changer de situation, à aller ou à revenir, à attaquer ou à vous défendre, à agir ou à vous tenir en repos. Un bon Général ne doit jamais dire : *Quoi qu'il arrive, je ferai telle chose, j'irai là, j'attaquerai l'ennemi, j'assiégerai telle place.* La circonstance seule doit le déterminer ; il ne doit pas s'en tenir à un système général, ni à une manière unique de gouverner. Chaque jour, chaque occasion, chaque circonstance demandent une application particulière des mêmes principes. Les principes sont bons en eux-mêmes ; mais l'application qu'on en fait les rend souvent mauvais.

Un grand Général doit savoir l'art des changements. S'il s'en tient à une connaissance vague de certains principes, à une application routinière des règles de l'art ; si ses méthodes de commandement sont dépourvues de souplesse, s'il examine les situations conformément à quelques schémas, s'il prend ses résolutions d'une manière mécanique, il ne mérite pas de commander.

Un Général est un homme qui, par le rang qu'il occupe, se trouve au-dessus d'une multitude d'autres hommes ; il faut par conséquent qu'il sache gouverner les hommes ; il faut qu'il sache les conduire ; il faut qu'il soit véritablement au-dessus d'eux, non pas seulement par sa dignité, mais par son esprit, par son savoir, par sa capacité, par sa conduite, par sa fermeté, par son courage et par ses vertus. Il faut qu'il sache distinguer les vrais d'avec les faux avantages, les véritables pertes d'avec ce qui n'en a que l'apparence ; qu'il sache compenser l'un par l'autre et tirer parti de tout. Il faut qu'il sache employer à propos certains artifices pour tromper l'ennemi, et qu'il se tienne sans cesse sur ses gardes pour n'être pas trompé lui-même. Il ne doit ignorer aucun des pièges qu'on peut lui tendre, il doit pénétrer tous les artifices de l'ennemi, de quelque nature qu'ils puissent être, mais il ne doit pas pour cela vouloir deviner. Tenez-vous sur vos gardes, voyez-le venir, éclairez ses démarches et toute sa conduite, et concluez. Vous courriez autrement le risque de vous tromper et d'être la dupe ou la triste victime de vos conjectures précipitées.

Si vous voulez n'être jamais effrayé par la multitude de vos travaux et de vos peines, attendez-vous toujours à tout ce qu'il y aura de plus dur et de plus pénible. Travaillez sans cesse à susciter des peines à l'ennemi. Vous pourrez le faire de plus d'une façon, mais voici ce qu'il y a d'essentiel en ce genre.

N'oubliez rien pour lui débaucher ce qu'il y aura de mieux dans son parti : offres, présents, caresses, que rien ne soit omis ; trompez même s'il le faut : engagez les gens d'honneur qui sont chez lui à des actions honteuses et indignes de leur réputation, à des actions dont ils aient lieu de rougir quand elles seront sues, et ne manquez pas de les faire divulguer.

Entretenez des liaisons secrètes avec ce qu'il y a de plus vicieux chez les ennemis ; servez-vous-en pour aller à vos fins, en leur joignant d'autres vicieux.

Traversez leur gouvernement, semez la dissension parmi leurs Chefs, fournissez des sujets de colère aux uns contre les autres, faites-les murmurer contre leurs Officiers, ameutez les Officiers subalternes contre leurs supérieurs, faites en sorte qu'ils manquent de vivres et de munitions, répandez parmi eux quelques airs d'une musique voluptueuse qui leur amollisse le cœur, envoyez-leur des femmes pour achever de les corrompre, tâchez qu'ils sortent lorsqu'il faudra qu'ils soient dans leur camp, et qu'ils soient tranquilles dans leur camp lorsqu'il faudrait qu'ils tinssent la campagne ; faites leur donner sans cesse de fausses alarmes et de faux avis ; engagez dans vos intérêts les Gouverneurs de leurs Provinces ; voilà à peu près ce que vous devez faire, si vous voulez tromper par l'adresse et par la ruse.

Ceux des Généraux qui brillaient parmi nos Anciens étaient des hommes sages, prévoyants, intrépides et durs au travail. Ils avaient toujours leurs sabres pendus à leurs côtés ; ils ne présumaient jamais que l'ennemi ne viendrait pas, ils étaient toujours prêts à tout événement : ils se rendaient invincibles et, s'ils rencontraient l'ennemi, ils n'avaient pas besoin d'attendre du secours pour se mesurer avec lui. Les troupes qu'ils commandaient étaient bien disciplinées, et toujours disposées à faire un coup de main au premier signal qu'ils leur en donnaient.

Chez eux la lecture et l'étude précédaient la guerre et les y préparaient. Ils gardaient avec soin leurs frontières, et ne manquaient pas de bien fortifier leurs villes. Ils n'allaient pas contre l'ennemi, lorsqu'ils étaient instruits qu'il avait fait tous ses préparatifs pour les bien recevoir ; ils l'attaquaient par ses endroits faibles, et dans le temps de sa paresse et de son oisiveté.

Avant que de finir cet article, je dois vous prévenir contre cinq sortes de dangers, d'autant plus à redouter qu'ils paraissent moins à craindre, écueils funestes contre lesquels la prudence et la bravoure ont échoué plus d'une fois.

I. Le premier est une trop grande ardeur à affronter la mort ; ardeur téméraire qu'on honore souvent des beaux noms de courage, d'intrépidité et de valeur, mais qui, au fond, ne mérite guère que celui de lâcheté. Un Général qui s'expose sans nécessité, comme le ferait un simple soldat, qui semble chercher les dangers et la mort, qui combat et qui fait combattre jusqu'à la dernière extrémité, est un homme qui mérite de mourir. C'est un homme sans tête, qui ne saurait trouver aucune ressource pour se tirer d'un mauvais pas ; c'est un lâche qui ne saurait souffrir le moindre échec sans en être consterné, et qui se croit perdu si tout ne lui réussit.

II. Le deuxième est une trop grande attention à conserver ses jours. On se croit nécessaire à l'armée entière ; on n'aurait garde de s'exposer ; on n'oserait pour cette raison se pourvoir de vivres chez l'ennemi ; tout fait ombrage, tout fait peur ; on est toujours en suspens, on ne se détermine à rien, on attend une occasion plus favorable, on perd celle qui se présente, on ne fait aucun mouvement ; mais l'ennemi, qui est toujours attentif, profite de tout, et fait bientôt perdre toute espérance à un Général ainsi prudent. Il l'enveloppera, il lui coupera les vivres et le fera périr par le trop grand amour qu'il avait de conserver sa vie.

III. Le troisième est une colère précipitée. Un Général qui ne sait pas se modérer, qui n'est pas maître de lui-même, et qui se laisse aller aux premiers mouvements d'indignation ou de colère, ne saurait manquer d'être la dupe des ennemis. Ils le provoqueront, ils lui tendront mille pièges que sa fureur l'empêchera de reconnaître, et dans lesquels il donnera infailliblement.

IV. Le quatrième est un point d'honneur mal entendu. Un Général ne doit pas se piquer mal à propos, ni hors de raison ; il doit savoir dissimuler ; il ne doit point se décourager après quelque mauvais succès, ni croire que tout est perdu parce qu'il aura fait quelque faute ou qu'il aura reçu quelque échec. Pour vouloir réparer son honneur légèrement blessé, on le perd quelquefois sans ressources.

V. Le cinquième, enfin, est une trop grande complaisance ou une compassion trop tendre pour le soldat. Un Général qui n'ose punir, qui ferme les yeux sur le désordre, qui craint que les siens ne soient toujours accablés sous le poids du travail, et qui n'oserait pour cette raison leur en imposer, est un Général propre à tout perdre. Ceux d'un rang inférieur doivent avoir des peines ; il faut toujours avoir quelque occupation à leur donner ; il faut qu'ils aient toujours quelque chose à souffrir. Si vous voulez tirer parti de leur service, faites en sorte qu'ils ne soient jamais oisifs. Punissez avec sévérité, mais sans trop de rigueur. Procurez des peines et du travail, mais jusqu'à un certain point.

Un Général doit se prémunir contre tous ces dangers. Sans trop chercher à vivre ou à mourir, il doit se conduire avec valeur et avec prudence, suivant que les circonstances l'exigent.

S'il a de justes raisons de se mettre en colère, qu'il le fasse, mais que ce ne soit pas en tigre qui ne connaît aucun frein.

S'il croit que son honneur est blessé, et qu'il veuille le réparer, que ce soit en suivant les règles de la sagesse, et non pas les caprices d'une mauvaise honte.

Qu'il aime ses soldats, qu'il les ménage, mais que ce soit avec discrétion.

S'il livre des batailles, s'il fait des mouvements dans son camp, s'il assiège des villes, s'il fait des excursions, qu'il joigne la ruse à la valeur, la sagesse à la force des armes ; qu'il répare tranquillement ses fautes lorsqu'il aura eu le malheur d'en faire ; qu'il profite de toutes celles de son ennemi, et qu'il le mette souvent dans l'occasion d'en faire de nouvelles.

Article neuvième

De la distribution des moyens

Sun Tzu dit : avant que de faire camper vos troupes, sachez dans quelle position sont les ennemis, mettez-vous au fait du terrain et choisissez ce qu'il y aura de plus avantageux pour vous. On peut réduire à quatre points principaux ces différentes situations.

I. Si vous êtes dans le voisinage de quelque montagne, gardez-vous bien de vous emparer de la partie qui regarde le nord ; occupez au contraire le côté du midi : cet avantage n'est pas d'une petite conséquence. Depuis le penchant de la montagne, étendez-vous en sûreté jusque bien avant dans les vallons ; vous y trouverez de l'eau et du fourrage en abondance ; vous y serez égayé par la vue du soleil, réchauffé par ses rayons, et l'air que vous y respirerez sera tout autrement salubre que celui que vous respireriez de l'autre côté. Si les ennemis viennent par derrière la montagne dans le dessein de vous surprendre, instruit par ceux que vous aurez placé sur la cime, vous vous retirerez à loisir, si vous ne vous croyez pas en état de leur faire tête ; ou vous les attendrez de pied ferme pour les combattre si vous jugez que vous puissiez être vainqueur sans trop risquer : cependant ne combattez sur les hauteurs que lorsque la nécessité vous y engagera ; surtout n'y allez jamais chercher l'ennemi.

II. Si vous êtes auprès de quelque rivière, approchez-vous le plus que vous pourrez de sa source ; tâchez d'en connaître tous les bas-fonds et tous les endroits qu'on peut passer à gué. Si vous avez à la passer, ne le faites jamais en présence de l'ennemi ; mais si les ennemis, plus hardis, ou moins prudents que vous, veulent en hasarder le passage, ne les attaquez point que la moitié de leurs gens ne soit de l'autre côté ; vous combattrez alors avec tout l'avantage de deux contre un. Près des rivières mêmes tenez toujours les hauteurs, afin de pouvoir découvrir au loin ; n'attendez pas l'ennemi près des bords, n'allez pas au-devant de lui ; soyez toujours sur vos gardes de peur qu'étant surpris vous n'ayez pas un lieu pour vous retirer en cas de malheur.

III. Si vous êtes dans des lieux glissants, humides, marécageux et malsains, sortez-en le plus vite que vous pourrez ; vous ne sauriez vous y arrêter sans être exposé aux plus grands inconvénients ; la disette des vivres et les maladies viendraient bientôt vous y assiéger. Si vous êtes contraint d'y rester, tâchez d'en occuper les bords ; gardez-vous bien d'aller trop avant. S'il y a des forêts aux environs, laissez-les derrière vous.

IV. Si vous êtes en plaine dans des lieux unis et secs, ayez toujours votre gauche à découvert ; ménagez derrière vous quelque élévation d'où vos gens puissent découvrir au loin. Quand le devant de votre camp ne vous présentera que des objets de mort, ayez soin que les lieux qui sont derrière puissent vous offrir des secours contre l'extrême nécessité.

Tels sont les avantages des différents campements ; avantages précieux, d'où dépend la plus grande partie des succès militaires. C'est en particulier parce qu'il possédait à fond l'art des campements que l'Empereur Jaune triompha de ses ennemis et soumit à ses lois tous les princes voisins de ses États.

Il faut conclure de tout ce que je viens de dire que les hauteurs sont en général plus salutaires aux troupes que les lieux bas et profonds. Dans les lieux élevés mêmes, il y a un choix à faire : c'est de camper toujours du côté du midi, parce que c'est là qu'on trouve l'abondance et la fertilité. Un campement de cette nature est un avant-coureur de la victoire. Le contentement et la santé, qui sont la suite ordinaire d'une bonne nourriture prise sous un ciel pur, donnent du courage et de la force au soldat, tandis que la tristesse, le mécontentement et les maladies l'épuisent, l'énervent, le rendent pusillanime et le découragent entièrement.

Il faut conclure encore que les campements près des rivières ont leurs avantages qu'il ne faut pas négliger, et leurs inconvénients qu'il faut tâcher d'éviter avec un grand soin. Je ne saurais trop vous le répéter, tenez le haut de la rivière, laissez-en le courant aux ennemis. Outre que les gués sont beaucoup plus fréquents vers la source, les eaux en sont plus pures et plus salubres.

Lorsque les pluies auront formé quelque torrent, ou qu'elles auront grossi le fleuve ou la rivière dont vous occupez les bords, attendez quelque temps avant que de vous mettre en marche ; surtout ne vous hasardez pas à passer de l'autre côté, attendez pour le faire que les eaux aient repris la tranquillité de leur cours ordinaire. Vous en aurez des preuves certaines si vous n'entendez plus un certain bruit sourd, qui tient plus du frémissement que du murmure, si vous ne voyez plus d'écume surnager, et si la terre ou le sable ne coulent plus avec l'eau.

Pour ce qui est des défilés et des lieux entrecoupés par des précipices et par des rochers, des lieux marécageux et glissants, des lieux étroits et couverts, lorsque la nécessité ou le hasard vous y aura conduit, tirez-vous-en le plus tôt qu'il vous sera possible, éloignez-vous-en le plus tôt que vous pourrez. Si vous en êtes loin, l'ennemi en sera près. Si vous fuyez, l'ennemi poursuivra et tombera peut-être dans les dangers que vous venez d'éviter.

Vous devez encore être extrêmement en garde contre une autre espèce de terrain. Il est des lieux couverts de broussailles ou de petits bois ; il en est qui sont pleins de hauts et de bas, où l'on est sans cesse ou sur des collines ou dans des vallons, défiez-vous-en ; soyez dans une attention continuelle. Ces sortes de lieux peuvent être pleins d'embuscades ; l'ennemi peut sortir à chaque instant vous surprendre, tomber sur vous et vous tailler en pièces. Si vous en êtes loin, n'en approchez pas ; si vous en êtes près, ne vous mettez pas en mouvement que vous n'ayez fait reconnaître tous les environs. Si l'ennemi vient vous y attaquer, faites en sorte qu'il ait tout le désavantage du terrain de son côté. Pour vous, ne l'attaquez que lorsque vous le verrez à découvert.

Enfin, quel que soit le lieu de votre campement, bon ou mauvais, il faut que vous en tiriez parti ; n'y soyez jamais oisif, ni sans faire quelque tentative ; éclairez toutes les démarches des ennemis ; ayez des espions de distance en distance, jusqu'au milieu de leur camp, jusque sous la tente de leur Général. Ne négligez rien de tout ce qu'on pourra vous rapporter, faites attention à tout.

Si ceux de vos gens que vous avez envoyés à la découverte vous font dire que les arbres sont en mouvement, quoique par un temps calme, concluez que l'ennemi est en marche. Il peut se faire qu'il veuille venir à vous ; disposez toutes choses, préparez-vous à le bien recevoir, allez même au-devant de lui.

Si l'on vous rapporte que les champs sont couverts d'herbes, et que ces herbes sont fort hautes, tenez-vous sans cesse sur vos gardes ; veillez continuellement, de peur de quelque surprise.

Si l'on vous dit qu'on a vu des oiseaux attroupés voler par bandes sans s'arrêter, soyez en défiance ; on vient vous espionner ou vous tendre des pièges ; mais si, outre les oiseaux, on voit encore un grand nombre de quadrupèdes courir la campagne, comme s'ils n'avaient point de gîte, c'est une marque que les ennemis sont aux aguets.

Si l'on vous rapporte qu'on aperçoit au loin des tourbillons de poussière s'élever dans les airs, concluez que les ennemis sont en marche. Dans les endroits où la poussière est basse et épaisse sont les gens de pied ; dans les endroits où elle est moins épaisse et plus élevée sont la Cavalerie et les chars.

Si l'on vous avertit que les ennemis sont dispersés et ne marchent que par pelotons, c'est une marque qu'ils ont eu à traverser quelque bois, qu'ils ont fait des abattis, et qu'ils sont fatigués ; ils cherchent alors à se rassembler.

Si vous apprenez qu'on aperçoit dans les campagnes des gens de pied et des hommes à cheval aller et venir, dispersés çà et là par petites bandes, ne doutez pas que les ennemis ne soient campés.

Tels sont les indices généraux dont vous devez tâcher de profiter, tant pour savoir la position de ceux avec lesquels vous devez vous mesurer que pour faire avorter leurs projets, et vous mettre à couvert de toute surprise de leur part. En voici quelques autres auxquels vous devez une plus particulière attention.

Lorsque ceux de vos espions qui sont près du camp des ennemis vous feront savoir qu'on y parle bas et d'une manière mystérieuse, que ces ennemis sont modestes dans leur façon d'agir et retenus dans tous leurs discours, concluez qu'ils pensent à une action générale, et qu'ils en font déjà les préparatifs : allez à eux sans perdre de temps. Ils veulent vous surprendre, surprenez-les vous-même.

Si vous apprenez au contraire qu'ils sont bruyants, fiers et hautains dans leurs discours, soyez certain qu'ils pensent à la retraite et qu'ils n'ont nullement envie d'en venir aux mains.

Lorsqu'on vous fera savoir qu'on a vu quantité de chars vides précéder leur armée, préparez-vous à combattre, car les ennemis viennent à vous en ordre de bataille.

Gardez-vous bien d'écouter alors les propositions de paix ou d'alliance qu'ils pourraient vous faire, ce ne serait qu'un artifice de leur part.

S'ils font des marches forcées, c'est qu'ils croient courir à la victoire ; s'ils vont et viennent, s'ils avancent en partie et qu'ils reculent autant, c'est qu'ils veulent vous attirer au combat ; si, la plupart du temps, debout et sans rien faire, ils s'appuient sur leurs armes comme sur des bâtons, c'est qu'ils sont aux expédients, qu'ils meurent presque de faim, et qu'ils pensent à se procurer de quoi vivre ; si passant près de quelque rivière, ils courent tous en désordre pour se désaltérer, c'est qu'ils ont souffert de la soif ; si leur ayant présenté l'appât de quelque chose d'utile pour eux, sans cependant qu'ils aient su ou voulu en profiter, c'est qu'ils se défient ou qu'ils ont peur ; s'ils n'ont pas le courage d'avancer, quoiqu'ils soient dans les circonstances où il faille le faire, c'est qu'ils sont dans l'embarras, dans les inquiétudes et les soucis.

Outre ce que je viens de dire, attachez-vous en particulier à savoir tous leurs différents campements. Vous pourrez les connaître au moyen des oiseaux que vous verrez attroupés dans certains endroits. Et si leurs campements ont été fréquents, vous pourrez conclure qu'ils ont peu d'habileté dans la connaissance des lieux. Le vol des oiseaux ou les cris de ceux-ci peuvent vous indiquer la présence d'embuscades invisibles.

Si vous apprenez que, dans le camp des ennemis, il y a des festins continuels, qu'on y boit et qu'on y mange avec fracas, soyez-en bien aise ; c'est une preuve infaillible que leurs Généraux n'ont point d'autorité.

Si leurs étendards changent souvent de place, c'est une preuve qu'ils ne savent à quoi se déterminer, et que le désordre règne parmi eux. Si les soldats se groupent continuellement, et chuchotent entre eux, c'est que le Général a perdu la confiance de son armée.

L'excès de récompenses et de punitions montre que le commandement est au bout de ses ressources, et dans une grande détresse ; si l'armée va même jusqu'à se saborder et briser ses marmites, c'est la preuve qu'elle est aux abois et qu'elle se battra jusqu'à la mort.

Si leurs Officiers subalternes sont inquiets, mécontents et qu'ils se fâchent pour la moindre chose, c'est une preuve qu'ils sont ennuyés ou accablés sous le poids d'une fatigue inutile.

Si dans différents quartiers de leur camp on tue furtivement des chevaux, dont on permette ensuite de manger la chair, c'est une preuve que leurs provisions sont sur la fin.

Telles sont les attentions que vous devez à toutes les démarches que peuvent faire les ennemis. Une telle minutie dans les détails peut vous paraître superflue, mais mon dessein est de vous prévenir sur tout, et de vous convaincre que rien de tout ce qui peut contribuer à vous faire triompher n'est petit. L'expérience me l'a appris, elle vous l'apprendra de même ; je souhaite que ce ne soit pas à vos dépens.

Encore une fois, éclairez toutes les démarches de l'ennemi, quelles qu'elles puissent être ; mais veillez aussi sur vos propres troupes, ayez l'œil à tout, sachez tout ; empêchez les vols et les brigandages, la débauche et l'ivrognerie, les mécontentements et les cabales, la paresse et l'oisiveté ; sans qu'il soit nécessaire qu'on vous en instruise, vous pourrez connaître par vous-même ceux de vos gens qui seront dans le cas ; et voici comment.

Si quelques-uns de vos soldats, lorsqu'ils changent de poste ou de quartier, ont laissé tomber quelque chose, quoique de petite valeur, et qu'ils n'aient pas voulu se donner la peine de la ramasser ; s'ils ont oublié quelque ustensile dans leur première station, et qu'ils ne le réclament point, concluez que ce sont des voleurs, punissez-les comme tels.

Si dans votre armée on a des entretiens secrets, si l'on y parle souvent à l'oreille ou à voix basse, s'il y a des choses qu'on n'ose dire qu'à demi-mot, concluez que la peur s'est glissée parmi vos gens, que le mécontentement va suivre, et que les cabales ne tarderont pas à se former : hâtez-vous d'y mettre ordre.

Si vos troupes paraissent pauvres, et qu'elles manquent quelquefois d'un certain petit nécessaire ; outre la solde ordinaire, faites-leur distribuer quelque somme d'argent : mais gardez-vous bien d'être trop libéral, l'abondance d'argent est souvent plus funeste qu'elle n'est avantageuse, et plus préjudiciable qu'utile ; par l'abus qu'on en fait, elle est la source de la corruption des cœurs et la mère de tous les vices.

Si vos soldats, d'audacieux qu'ils étaient auparavant, deviennent timides et craintifs, si chez eux la faiblesse a pris la place de la force, la bassesse, celle de la magnanimité, soyez sûr que leur cœur est gâté ; cherchez la cause de leur dépravation et tranchez-la jusqu'à la racine.

Si, sous divers prétextes, quelques-uns vous demandent leur congé, c'est qu'ils n'ont pas envie de combattre, ne les refusez pas tous ; mais, en l'accordant à plusieurs, que ce soit à des conditions honteuses.

S'ils viennent en troupe vous demander justice d'un ton mutin et colère, écoutez leurs raisons, ayez-y égard ; mais, en leur donnant satisfaction d'un côté, punissez-les très sévèrement de l'autre.

Si, lorsque vous aurez fait appeler quelqu'un, il n'obéit pas promptement, s'il est longtemps à se rendre à vos ordres, et si, après que vous aurez fini de lui signifier vos volontés, il ne se retire pas, défiez-vous, soyez sur vos gardes.

En un mot, la conduite des troupes demande des attentions continuelles de la part d'un Général. Sans quitter de vue l'armée des ennemis, il faut sans cesse éclairer la vôtre ; sachez lorsque le nombre des ennemis augmentera, soyez informé de la mort ou de la désertion du moindre de vos soldats.

Si l'armée ennemie est inférieure à la vôtre, et si elle n'ose pour cette raison se mesurer à vous, allez l'attaquer sans délai, ne lui donnez pas le temps de se renforcer ; une seule bataille est décisive dans ces occasions. Mais si, sans être au fait de la situation actuelle des ennemis, et sans avoir mis ordre à tout, vous vous avisez de les harceler pour les engager à un combat, vous courez le risque de tomber dans ses pièges, de vous faire battre, et de vous perdre sans ressource.

Si vous ne maintenez une exacte discipline dans votre armée, si vous ne punissez pas exactement jusqu'à la moindre faute, vous ne serez bientôt plus respecté, votre autorité même en souffrira, et les châtiments que vous pourrez employer dans la suite, bien loin d'arrêter les fautes, ne serviront qu'à augmenter le nombre des coupables. Or si vous n'êtes ni craint ni respecté, si vous n'avez qu'une autorité faible, et dont vous ne sauriez vous servir sans danger, comment pourrez-vous être avec honneur à la tête d'une armée ? Comment pourrez-vous vous opposer aux ennemis de État ?

Quand vous aurez à punir, faites-le de bonne heure et à mesure que les fautes l'exigent. Quand vous aurez des ordres à donner, ne les donnez point que vous ne soyez sûr que vous serez exactement obéi : Instruisez vos troupes, mais instruisez-les à propos ; ne les ennuyez point, ne les fatiguez point sans nécessité ; tout ce qu'elles peuvent faire de bon ou de mauvais, de bien ou de mal, est entre vos mains.

Dans la guerre, le grand nombre seul ne confère pas l'avantage ; n'avancez pas en comptant sur la seule puissance militaire. Une armée composée des mêmes hommes peut être très méprisable, quand elle sera commandée par tel Général, tandis qu'elle sera invincible commandée par tel autre.

Article dixième

De la topologie

Sun Tzu dit : sur la surface de la terre tous les lieux ne sont pas équivalents ; il y en a que vous devez fuir, et d'autres qui doivent être l'objet de vos recherches ; tous doivent vous être parfaitement connus.

Dans les premiers sont à ranger ceux qui n'offrent que d'étroits passages, qui sont bordés de rochers ou de précipices, qui n'ont pas d'accès facile avec les espaces libres desquels vous pouvez attendre du secours. Si vous êtes le premier à occuper ce terrain, bloquez les passages et attendez l'ennemi ; si l'ennemi est sur place avant vous, ne l'y suivez pas, à moins qu'il n'ait pas fermé complètement les défilés. Ayez-en une connaissance exacte pour ne pas y engager votre armée mal à propos.

Recherchez au contraire un lieu dans lequel il y aurait une montagne assez haute pour vous défendre de toute surprise, où l'on pourrait arriver et d'où l'on pourrait sortir par plusieurs chemins qui vous seraient parfaitement connus, où les vivres seraient en abondance, où les eaux ne sauraient manquer, où l'air serait salubre et le terrain assez uni ; un tel lieu doit faire l'objet de vos plus ardentes recherches. Mais soit que vous vouliez vous emparer de quelque campement avantageux, soit que vous cherchiez à éviter des lieux dangereux ou peu commodes, usez d'une extrême diligence, persuadé que l'ennemi a le même objet que vous.

Si le lieu que vous avez dessein de choisir est autant à la portée des ennemis qu'à la vôtre, si les ennemis peuvent s'y rendre aussi aisément que vous, il s'agit de les devancer. Pour cela, faites des marches pendant la nuit ; mais arrêtez-vous au lever du soleil, et, s'il se peut, que ce soit toujours sur quelque éminence, afin de pouvoir découvrir au loin ; attendez alors que vos provisions et tout votre bagage soient arrivés ; si l'ennemi vient à vous, vous l'attendrez de pied ferme, et vous pourrez le combattre avec avantage.

Ne vous engagez jamais dans ces sortes de lieu où l'on peut aller très aisément, mais d'où l'on ne peut sortir qu'avec beaucoup de peine et une extrême difficulté ; si l'ennemi laisse un pareil camp entièrement libre, c'est qu'il cherche à vous leurrer ; gardez-vous bien d'avancer, mais trompez-le en pliant bagage. S'il est assez imprudent pour vous suivre, il sera obligé de traverser ce terrain scabreux. Lorsqu'il y aura engagé la moitié de ses troupes, allez à lui, il ne saurait vous échapper, frappez-le avantageusement et vous le vaincrez sans beaucoup de travail.

Quand une fois vous serez campé avec tout l'avantage du terrain, attendez tranquillement que l'ennemi fasse les premières démarches et qu'il se mette en mouvement. S'il vient à vous en ordre de bataille, n'allez au-devant de lui que lorsque vous verrez qu'il lui sera difficile de retourner sur ses pas.

Un ennemi bien préparé pour le combat, et contre qui votre attaque a échoué, est dangereux : ne revenez pas à une seconde charge, retirez-vous dans votre camp, si vous le pouvez, et n'en sortez pas que vous ne voyiez clairement que vous le pouvez sans danger. Vous devez vous attendre que l'ennemi fera jouer bien des ressorts pour vous attirer : rendez inutiles tous les artifices qu'il pourrait employer.

Si votre rival vous a prévenu, et qu'il ait pris son camp dans le lieu où vous auriez dû prendre le vôtre, c'est-à-dire dans le lieu le plus avantageux, ne vous amusez point à vouloir l'en déloger en employant les stratagèmes communs ; vous travailleriez inutilement.

Si la distance entre vous et lui est assez considérable et que les deux armées sont à peu près égales, il ne tombera pas aisément dans les pièges que vous lui tendrez pour l'attirer au combat : ne perdez pas votre temps inutilement, vous réussirez mieux d'un autre côté.

Ayez pour principe que votre ennemi cherche ses avantages avec autant d'empressement que vous pouvez chercher les vôtres : employez toute votre industrie à lui donner le change de ce côté-là ; mais surtout ne le prenez pas vous-même. Pour cela, n'oubliez jamais qu'on peut tromper ou être trompé de bien des façons. Je ne vous en rappellerai que six principales, parce qu'elles sont les sources d'où dérivent toutes les autres.

La première consiste dans la marche des troupes.
La deuxième, dans leurs différents arrangements.
La troisième, dans leur position dans des lieux bourbeux.
La quatrième, dans leur désordre.
La cinquième, dans leur dépérissement.
Et la sixième, dans leur fuite.

Un Général qui recevrait quelque échec, faute de ces connaissances, aurait tort d'accuser le Ciel de son malheur ; il doit se l'attribuer tout entier.

Si celui qui est à la tête des armées néglige de s'instruire à fond de tout ce qui a rapport aux troupes qu'il doit mener au combat et à celles qu'il doit combattre ; s'il ne connaît pas exactement le terrain où il est actuellement, celui où il doit se rendre, celui où l'on peut se retirer en cas de malheur, celui où l'on peut feindre d'aller sans avoir d'autre envie que celle d'y attirer l'ennemi, et celui où il peut être forcé de s'arrêter, lorsqu'il n'aura pas lieu de s'y attendre ; s'il fait mouvoir son armée hors de propos ; s'il n'est pas instruit de tous les mouvements de l'armée ennemie et des desseins qu'elle peut avoir dans la conduite qu'elle tient ; s'il divise ses troupes sans nécessité, ou sans y être comme forcé par la nature du lieu où il se trouve, ou sans avoir prévu tous les inconvénients qui pourraient en résulter, ou sans une certitude de quelque avantage réel de cette dispersion ; s'il souffre que le désordre s'insinue peu à peu dans son armée, ou si, sur des indices incertains, il se persuade trop aisément que le désordre règne dans l'armée ennemie, et qu'il agisse en conséquence ; si son armée dépérit insensiblement, sans qu'il se mette en devoir d'y apporter un prompt remède ; un tel Général ne peut être que la dupe des ennemis, qui lui donneront le change par des fuites étudiées, par des marches feintes, et par un ensemble de conduites dont il ne saurait manquer d'être la victime.

Les maximes suivantes doivent vous servir de règles pour toutes vos actions.

Si votre armée et celle de l'ennemi sont à peu près en nombre égal et d'égale force, il faut que des dix parties des avantages du terrain vous en ayez neuf pour vous ; mettez toute votre application, employez tous vos efforts et toute votre industrie pour vous les procurer. Si vous les possédez, votre ennemi se trouvera réduit à n'oser se montrer devant vous et à prendre la fuite dès que vous paraîtrez ; ou s'il est assez imprudent pour vouloir en venir à un combat, vous le combattrez avec l'avantage de dix contre un. Le contraire arrivera si, par négligence ou faute d'habileté, vous lui avez laissé le temps et les occasions de se procurer ce que vous n'avez pas.

Dans quelque position que vous puissiez être, si pendant que vos soldats sont forts et pleins de valeur, vos Officiers sont faibles et lâches, votre armée ne saurait manquer d'avoir le dessous ; si, au contraire, la force et la valeur se trouvent uniquement renfermées dans les Officiers, tandis que la faiblesse et la lâcheté domineront dans le cœur des soldats, votre armée sera bientôt en déroute ; car les soldats pleins de courage et de valeur ne voudront pas se déshonorer ; ils ne voudront jamais que ce que des Officiers lâches et timides ne sauraient leur accorder, de même des Officiers vaillants et intrépides seront à coup sûr mal obéis par des soldats timides et poltrons.

Si les Officiers Généraux sont faciles à s'enflammer, et s'ils ne savent ni dissimuler ni mettre un frein à leur colère, quel qu'en puisse être le sujet, ils s'engageront d'eux-mêmes dans des actions ou de petits combats dont ils ne se tireront pas avec honneur, parce qu'ils les auront commencés avec précipitation, et qu'ils n'en auront pas prévu les inconvénients et toutes les suites ; il arrivera même qu'ils agiront contre l'intention expresse du Général, sous divers prétextes qu'ils tâcheront de rendre plausibles ; et d'une action particulière commencée étourdiment et contre toutes les règles, on en viendra à un combat général, dont tout l'avantage sera du côté de l'ennemi. Veillez sur de tels Officiers, ne les éloignez jamais de vos côtés ; quelques grandes qualités qu'ils puissent avoir d'ailleurs, ils vous causeraient de grands préjudices, peut-être même la perte de votre armée entière.

Si un Général est pusillanime, il n'aura pas les sentiments d'honneur qui conviennent à une personne de son rang, il manquera du talent essentiel de donner de l'ardeur aux troupes ; il ralentira leur courage dans le temps qu'il faudrait le ranimer ; il ne saura ni les instruire ni les dresser à propos ; il ne croira jamais devoir compter sur les lumières, la valeur et l'habileté des Officiers qui lui sont soumis, les

Officiers eux-mêmes ne sauront à quoi s'en tenir ; il fera faire mille fausses démarches à ses troupes, qu'il voudra disposer tantôt d'une façon et tantôt d'une autre, sans suivre aucun système, sans aucune méthode ; il hésitera sur tout, il ne se décidera sur rien, partout il ne verra que des sujets de crainte ; et alors le désordre, et un désordre général, régnera dans son armée.

Si un Général ignore le fort et le faible de l'ennemi contre lequel il a à combattre, s'il n'est pas instruit à fond, tant des lieux qu'il occupe actuellement que de ceux qu'il peut occuper suivant les différents événements, il lui arrivera d'opposer à ce qu'il y a de plus fort dans l'armée ennemie ce qu'il y a de plus faible dans la sienne, à envoyer ses troupes faibles et aguerries contre les troupes fortes, ou contre celles qui n'ont aucune considération chez l'ennemi, à ne pas choisir des troupes d'élite pour son avant-garde, à faire attaquer par où il ne faudrait pas le faire, à laisser périr, faute de secours, ceux des siens qui se trouveraient hors d'état de résister, à se défendre mal à propos dans un mauvais poste, à céder légèrement un poste de la dernière importance ; dans ces sortes d'occasions il comptera sur quelque avantage imaginaire qui ne sera qu'un effet de la politique de l'ennemi, ou bien il perdra courage après un échec qui ne devrait être compté pour rien. Il se trouvera poursuivi sans s'y être attendu, il se trouvera enveloppé, on le combattra vivement, heureux alors s'il peut trouver son salut dans la fuite : c'est pourquoi, pour en revenir au sujet qui fait la matière de cet article, un bon Général doit connaître tous les lieux qui sont ou qui peuvent être le théâtre de la guerre, aussi distinctement qu'il connaît tous les coins et recoins des cours et des jardins de sa propre maison.

J'ajoute dans cet article qu'une connaissance exacte du terrain est ce qu'il y a de plus essentiel parmi les matériaux qu'on peut employer pour un édifice aussi important à la tranquillité et à la gloire de État Ainsi un homme, que la naissance où les événements semblent destiner à la dignité de Général, doit employer tous ses soins et faire tous ses efforts pour se rendre habile dans cette partie de l'art des Guerriers.

Avec une connaissance exacte du terrain, un Général peut se tirer d'affaire dans les circonstances les plus critiques. Il peut se procurer les secours qui lui manquent, il peut empêcher ceux qu'on envoie à l'ennemi ; il peut avancer, reculer et régler toutes ses démarches comme il le jugera à propos ; il peut disposer des marches de son ennemi et faire son gré qu'il avance ou qu'il recule ; il peut le harceler sans crainte à d'être surpris lui-même ; il peut l'incommoder de mille manières, et parer de son côté à tous les dommages qu'on voudrait lui causer ; calculer les distances et les degrés de difficulté du terrain, c'est contrôler la victoire. Celui qui combat avec la pleine connaissance de ces facteurs est certain de gagner ; il peut enfin finir ou prolonger la campagne, selon qu'il le jugera plus expédient pour sa gloire ou pour ses intérêts.

Vous pouvez compter sur une victoire certaine si vous connaissez tous les tours et tous les détours, tous les hauts et les bas, tous les allants et les aboutissants de tous les lieux que les deux armées peuvent occuper, depuis les plus près jusqu'à ceux qui sont les plus éloignés, parce qu'avec cette connaissance vous saurez quelle forme il sera plus à propos de donner aux différents corps de vos troupes, vous saurez sûrement quand il sera à propos de combattre ou lorsqu'il faudra différer la bataille, vous saurez interpréter la volonté du Souverain suivant les circonstances, quels que puissent être les ordres que vous en aurez reçus ; vous le servirez véritablement en suivant vos lumières présentes, vous ne contracterez aucune tache qui puisse souiller votre réputation, et vous ne serez point exposé à périr ignominieusement pour avoir obéi.

Un Général malheureux est toujours un Général coupable.

Servir votre Prince, faire l'avantage de État et le bonheur des peuples, c'est ce que vous devez avoir en vue ; remplissez ce triple objet, vous avez atteint le but.

Dans quelque espèce de terrain que vous soyez, vous devez regarder vos troupes comme des enfants qui ignorent tout et qui ne sauraient faire un pas ; il faut qu'elles soient conduites ; vous devez les regarder, dis-je, comme vos propres enfants ; il faut les conduire vous-même : ainsi, s'il s'agit d'affronter les hasards, que vos gens ne les affrontent pas seuls, et qu'ils ne les affrontent qu'à votre suite : s'il s'agit de mourir, qu'ils meurent, mais mourez avec eux.

Je dis que vous devez aimer tous ceux qui sont sous votre conduite comme vous aimeriez vos propres enfants : il ne faut pas cependant en faire des enfants gâtés ; ils seraient tels, si vous ne les corrigiez pas lorsqu'ils méritent de l'être, si, quoique plein d'attention, d'égards et de tendresse pour eux, vous ne pouviez pas les gouverner, ils se montreraient insoumis et peu empressés à répondre à vos désirs.

Dans quelque espèce de terrain que vous soyez, si vous êtes au fait de tout ce qui le concerne, si vous savez même par quel endroit il faut attaquer l'ennemi, mais si vous ignorez s'il est actuellement en état de défense ou non, s'il est disposé à vous bien recevoir, et s'il a fait les préparatifs nécessaires à tout événement, vos chances de victoire sont réduites de moitié.

Quoique vous ayez une pleine connaissance de tous les lieux, que vous sachiez même que les ennemis peuvent être attaqués, et par quel côté ils doivent l'être, si vous n'avez pas des indices certains que vos propres troupes peuvent attaquer avec avantage, j'ose vous le dire, vos chances de victoire sont réduites de moitié.

Si vous êtes au fait de l'état actuel des deux armées, si vous savez en même temps que vos troupes sont en état d'attaquer avec avantage, et que celles de l'ennemi leur sont inférieures en force et en nombre, mais si vous ne connaissez pas tous les coins et recoins des lieux circonvoisins, vous ne saurez s'il est invulnérable à l'attaque ; je vous l'assure, vos chances de victoire sont réduites de moitié.

Ceux qui sont véritablement habiles dans l'art militaire font toutes leurs marches sans désavantage, tous leurs mouvements sans désordre, toutes leurs attaques à coup sûr, toutes leurs défenses sans surprise, leurs campements avec choix, leurs retraites par système et avec méthode ; ils connaissent leurs propres forces, ils savent quelles sont celles de l'ennemi, ils sont instruits de tout ce qui concerne les lieux.

Donc je dis : *Connais-toi toi-même, connais ton ennemi, ta victoire ne sera jamais mise en danger. Connais le terrain, connais ton temps, ta victoire sera alors totale.*

Article onzième

Des neuf sortes de terrain

Sun Tzu dit : Il y a neuf sortes de lieux qui peuvent être à l'avantage ou au détriment de l'une ou de l'autre armée.

1°   Des lieux de division ou de dispersion ;
2°   Des lieux légers ;
3°   Des lieux qui peuvent être disputés ;
4°   Des lieux de réunion ;
5°   Des lieux pleins et unis ;
6°   Des lieux à plusieurs issues ;
7°   Des lieux graves et importants ;
8°   Des lieux gâtés ou détruits ;
9°   Des lieux de mort.

I. J'appelle *lieux de division ou de dispersion* ceux qui sont près des frontières dans nos possessions. Des troupes qui se tiendraient longtemps sans nécessité au voisinage de leurs foyers sont composées d'hommes qui ont plus envie de perpétuer leur race que de s'exposer à la mort. À la première nouvelle qui se répandra de l'approche des ennemis, ou de quelque prochaine bataille, le Général ne saura quel parti prendre, ni à quoi se déterminer, quand il verra ce grand appareil militaire se dissiper et s'évanouir comme un nuage poussé par les vents.

II. J'appelle *lieux légers ou de légèreté* ceux qui sont près des frontières, mais pénètrent par une brèche sur les terres des ennemis. Ces sortes de lieux n'ont rien qui puisse fixer. On peut regarder sans cesse derrière soi, et le retour étant trop aisé, il fait naître le désir de l'entreprendre à la première occasion : l'inconstance et le caprice trouvent infailliblement de quoi se contenter.

III. Les lieux qui sont à la bienséance des deux armées, où l'ennemi peut trouver son avantage aussi bien que nous pouvons trouver le nôtre, où l'on peut faire un campement dont la position, indépendamment de son utilité propre, peut nuire au parti opposé, et traverser quelques-unes de ses vues ; ces sortes de lieux peuvent être *disputés*, ils doivent même l'être. Ce sont là des terrains clés.

IV. Par les *lieux de réunion*, j'entends ceux où nous ne pouvons guère manquer de nous rendre et dans lesquels l'ennemi ne saurait presque manquer de se rendre aussi, ceux encore où l'ennemi, aussi à portée de ses frontières que vous l'êtes des vôtres, trouverait, ainsi que vous, sa sûreté en cas de malheur, ou les occasions de suivre sa bonne fortune, s'il avait d'abord du succès. Ce sont là des lieux qui permettent d'entrer en communication avec l'armée ennemie, ainsi que les zones de repli.

V. Les lieux que j'appelle simplement *pleins et unis* sont ceux qui, par leur configuration et leurs dimensions, permettent leur utilisation par les deux armées, mais, parce qu'ils sont au plus profond du territoire ennemi, ne doivent pas vous inciter à livrer bataille, à moins que la nécessité ne vous y contraigne, ou que vous n'y soyez forcé par l'ennemi, qui ne vous laisserait aucun moyen de pouvoir l'éviter.

VI. Les *lieux à plusieurs issues*, dont je veux parler ici, sont ceux en particulier qui permettent la jonction entre les différents États qui les entourent. Ces lieux forment le nœud des différents secours que peuvent apporter les Princes voisins à celle des deux parties qu'il leur plaira de favoriser.

VII. Les lieux que je nomme *graves et importants* sont ceux qui, placés dans les États ennemis, présentent de tous côtés des villes, des forteresses, des montagnes, des défilés, des eaux, des ponts à passer, des campagnes arides à traverser, ou telle autre chose de cette nature.

VIII. Les lieux où tout serait à l'étroit, où une partie de l'armée ne serait pas à portée de voir l'autre ni de la secourir, où il y aurait des lacs, des marais, des torrents ou quelque mauvaise rivière, où l'on ne saurait marcher qu'avec de grandes fatigues et beaucoup d'embarras, où l'on ne pourrait aller que par pelotons, sont ceux que j'appelle *gâtés ou détruits*.

IX. Enfin, par des *lieux de mort*, j'entends tous ceux où l'on se trouve tellement réduit que, quelque parti que l'on prenne, on est toujours en danger ; j'entends des lieux dans lesquels, si l'on combat, on court évidemment le risque d'être battu, dans lesquels, si l'on reste tranquille, on se voit sur le point de périr de faim, de misère ou de maladie ; des lieux, en un mot, où l'on ne saurait rester et où l'on ne peut survivre que très difficilement en combattant avec le courage du désespoir.

Telles sont les neuf sortes de terrain dont j'avais à vous parler ; apprenez à les connaître, pour vous en défier ou pour en tirer parti.

Lorsque vous ne serez encore que dans des *lieux de division*, contenez bien vos troupes ; mais surtout ne livrez jamais de bataille, quelque favorables que les circonstances puissent vous paraître. La vue de leur pays et la facilité du retour occasionneraient bien des lâchetés : bientôt les campagnes seraient couvertes de fuyards.

Si vous êtes dans des *lieux légers*, n'y établissez point votre camp : votre armée ne s'étant point encore saisie d'aucune ville, d'aucune forteresse, ni d'aucun poste important dans les possessions des ennemis, n'ayant derrière soi aucune digue qui puisse l'arrêter, voyant des difficultés, des peines et des embarras pour aller plus avant, il n'est pas douteux qu'elle ne soit tentée de préférer ce qui lui paraît le plus aisé à ce qui lui semblera difficile et plein de dangers.

Si vous avez reconnu de ces sortes de lieux qui vous paraissent devoir être *disputés*, commencez par vous en emparer : ne donnez pas à l'ennemi le temps de se reconnaître, employez toute votre diligence, que les formations ne se séparent pas, faites tous vos efforts pour vous en mettre dans une entière possession ; mais ne livrez point de combat pour en chasser l'ennemi. S'il vous a prévenu, usez de finesse pour l'en déloger, mais si vous y êtes une fois, n'en délogez pas.

Pour ce qui est des lieux de *réunion*, tâchez de vous y rendre avant l'ennemi ; faites en sorte que vous ayez une communication libre de tous les côtés ; que vos chevaux, vos chariots et tout votre bagage puissent aller et venir sans danger : n'oubliez rien de tout ce qui est en votre pouvoir pour vous assurer de la bonne volonté des peuples voisins, recherchez-la, demandez-la, achetez-la, obtenez-la à quelque prix que ce soit, elle vous est nécessaire ; et ce n'est guère que par ce moyen que votre armée peut avoir tout ce dont elle aura besoin. Si tout abonde de votre côté, il y a grande apparence que la disette régnera du côté de l'ennemi.

Dans les *lieux pleins et unis*, étendez-vous à l'aise, donnez-vous du large, faites des retranchements pour vous mettre à couvert de toute surprise, et attendez tranquillement que le temps et les circonstances vous ouvrent les voies pour faire quelque grande action.

Si vous êtes à portée de ces sortes de *lieux qui ont plusieurs issues*, où l'on peut se rendre par plusieurs chemins, commencez par les bien connaître ; alliez-vous aux États voisins, que rien n'échappe à vos recherches ; emparez-vous de toutes les avenues, n'en négligez aucune, quelque peu importante qu'elle vous paraisse, et gardez-les toutes très soigneusement.

Si vous vous trouvez dans des *lieux graves et importants*, rendez-vous maître de tout ce qui vous environne, ne laissez rien derrière vous, le plus petit poste doit être emporté ; sans cette précaution vous courriez le risque de manquer des vivres nécessaires à l'entretien de votre armée, ou de vous voir l'ennemi sur les bras lorsque vous y penseriez le moins, et d'être attaqué par plusieurs côtés à la fois.

Si vous êtes dans des *lieux gâtés ou détruits*, n'allez pas plus avant, retournez sur vos pas, fuyez le plus promptement qu'il vous sera possible.

Si vous êtes dans des *lieux de mort*, n'hésitez point à combattre, allez droit à l'ennemi, le plus tôt est le meilleur.

Telle est la conduite que tenaient nos anciens guerriers. Ces grands hommes, habiles et expérimentés dans leur art, avaient pour principe que la manière d'attaquer et de se défendre ne devait pas être invariablement la même, qu'elle devait être prise de la nature du terrain que l'on se occupait et de la position où l'on se trouvait : ils disaient encore que la tête et la queue d'une armée ne devaient pas être commandées de la même façon, qu'il fallait combattre la tête et enfoncer la queue ; que la multitude et le petit nombre ne pouvaient pas être longtemps d'accord ; que les forts et les faibles, lorsqu'ils étaient ensemble, ne tardaient guère à se désunir ; que les hauts et les bas ne pouvaient être également utiles ; que les troupes étroitement unies pouvaient aisément se diviser, mais que celles qui étaient une fois divisées ne se réunissaient que très difficilement : ils répétaient sans cesse qu'une armée ne devait jamais se mettre en mouvement qu'elle ne fût sûre de quelque avantage réel, et que, lorsqu'il n'y avait rien à gagner, il fallait se tenir tranquille et garder le camp.

En résumé, je vous dirai que toute votre conduite militaire doit être réglée suivant les circonstances ; que vous devez attaquer ou vous défendre selon que le théâtre de la guerre sera chez vous ou chez l'ennemi.

Si la guerre se fait dans votre propre pays, et si l'ennemi, sans vous avoir donné le temps de faire tous vos préparatifs, s'apprête à vous attaquer, vient avec une armée bien ordonnée pour l'envahir ou le démembrer, ou y faire des dégâts, ramassez promptement le plus de troupes que vous pourrez, envoyez demander du secours chez les voisins et chez les alliés, emparez-vous de quelques lieux qu'il chérit, et il se fera conforme à vos désirs, mettez-les en état de défense, ne fût-ce que pour gagner du temps ; la rapidité est la sève de la guerre.

Voyagez par les routes sur lesquelles il ne peut vous attendre ; mettez une partie de vos soins à empêcher que l'armée ennemie ne puisse recevoir des vivres, barrez-lui tous les chemins, ou du moins faites qu'elle n'en puisse trouver aucun sans embuscades, ou sans qu'elle soit obligée de l'emporter de vive force.

Les paysans peuvent en cela vous être d'un grand secours et vous servir mieux que vos propres troupes : faites-leur entendre seulement qu'ils doivent empêcher que d'injustes ravisseurs ne viennent s'emparer de toutes leurs possessions et ne leur enlèvent leur père, leur mère, leur femme et leurs enfants.

Ne vous tenez pas seulement sur la défensive, envoyez des partisans pour enlever des convois, harcelez, fatiguez, attaquez tantôt d'un côté, tantôt de l'autre ; forcez votre injuste agresseur à se repentir de sa témérité ; contraignez-le de retourner sur ses pas, n'emportant pour tout butin que la honte de n'avoir pu réussir.

Si vous faites la guerre dans le pays ennemi, ne divisez vos troupes que très rarement, ou mieux encore, ne les divisez jamais ; qu'elles soient toujours réunies et en état de se secourir mutuellement ; ayez soin qu'elles ne soient jamais que dans des lieux fertiles et abondants.

Si elles venaient à souffrir de la faim, la misère et les maladies feraient bientôt plus de ravage parmi elles que ne le pourrait faire en plusieurs années le fer de l'ennemi.

Procurez-vous pacifiquement tous les secours dont vous aurez besoin ; n'employez la force que lorsque les autres voies auront été inutiles ; faites en sorte que les habitants des villages et de la campagne puissent trouver leurs intérêts à venir d'eux-mêmes vous offrir leurs denrées ; mais, je le répète, que vos troupes ne soient jamais divisées.

Tout le reste étant égal, on est plus fort de moitié lorsqu'on combat chez soi.

Si vous combattez chez l'ennemi, ayez égard à cette maxime, surtout si vous êtes un peu avant dans ses États : conduisez alors votre armée entière ; faites toutes vos opérations militaires dans le plus grand secret, je veux dire qu'il faut empêcher qu'aucun ne puisse pénétrer vos desseins : il suffit qu'on sache ce que vous voulez faire quand le temps de l'exécuter sera arrivé.

Il peut arriver que vous soyez réduit quelquefois à ne savoir où aller, ni de quel côté vous tourner ; dans ce cas ne précipitez rien, attendez tout du temps et des circonstances, soyez inébranlable dans le lieu où vous êtes.

Il peut arriver encore que vous vous trouviez engagé mal à propos ; gardez-vous bien alors de prendre la fuite, elle causerait votre perte ; périssez plutôt que de reculer, vous périrez au moins glorieusement ; cependant, faites bonne contenance. Votre armée, accoutumée à ignorer vos desseins, ignorera pareillement le péril qui la menace ; elle croira que vous avez eu vos raisons, et combattra avec autant d'ordre et de valeur que si vous l'aviez disposée depuis longtemps à la bataille.

Si dans ces sortes d'occasions vous triomphez, vos soldats redoubleront de force, de courage et de valeur ; votre réputation s'accroît dans la proportion même du risque que vous avez couru. Votre armée se croira invincible sous un chef tel que vous.

Quelque critiques que puissent être la situation et les circonstances où vous vous trouvez, ne désespérez de rien ; c'est dans les occasions où tout est à craindre qu'il ne faut rien craindre ; c'est lorsqu'on est environné de tous les dangers qu'il n'en faut redouter aucun ; c'est lorsqu'on est sans aucune ressource qu'il faut compter sur toutes ; c'est lorsqu'on est surpris qu'il faut surprendre l'ennemi lui-même.

Instruisez tellement vos troupes qu'elles puissent se trouver prêtes sans préparatifs, qu'elles trouvent de grands avantages là où elles n'en ont cherché aucun, que sans aucun ordre particulier de votre part, elles improvisent les dispositions à prendre, que sans défense expresse elles s'interdisent d'elles-mêmes tout ce qui est contre la discipline.

Veillez en particulier avec une extrême attention à ce qu'on ne sème pas de faux bruits, coupez racine aux plaintes et aux murmures, ne permettez pas qu'on tire des augures sinistres de tout ce qui peut arriver d'extraordinaire.

Si les Devins ou les Astrologues de l'armée ont prédit le bonheur, tenez-vous-en à leur décision ; s'ils parlent avec obscurité, interprétez en bien ; s'ils hésitent, ou qu'ils ne disent pas des choses avantageuses, ne les écoutez pas, faites-les taire.

Aimez vos troupes, et procurez-leur tous les secours, tous les avantages, toutes les commodités dont elles peuvent avoir besoin. Si elles essuient de rudes fatigues, ce n'est pas qu'elles s'y plaisent ; si elles endurent la faim, ce n'est pas qu'elles ne se soucient pas de manger ; si elles s'exposent à la mort, ce n'est point qu'elles n'aiment pas la vie. Si mes Officiers n'ont pas un surcroît de richesses, ce n'est pas parce qu'ils dédaignent les biens de ce monde. Faites en vous-même de sérieuses réflexions sur tout cela.

Lorsque vous aurez tout disposé dans votre armée et que tous vos ordres auront été donnés, s'il arrive que vos troupes nonchalamment assises donnent des marques de tristesse, si elles vont jusqu'à verser des larmes, tirez-les promptement de cet état d'assoupissement et de léthargie, donnez-leur des festins, faites-leur entendre le bruit du tambour et des autres instruments militaires, exercez-les, faites-leur faire des évolutions, faites-leur changer de place, menez-les même dans des lieux un peu difficiles, où elles aient à travailler et à souffrir. Imitez la conduite de Tchouan Tchou et de Tsao-Kouei, vous changerez le cœur de vos soldats, vous les accoutumerez au travail, ils s'y endurciront, rien ne leur coûtera dans la suite.

Les quadrupèdes regimbent quand on les charge trop, ils deviennent inutiles quand ils sont forcés. Les oiseaux au contraire veulent être forcés pour être d'un bon usage. Les hommes tiennent un milieu entre les uns et les autres, il faut les charger, mais non pas jusqu'à les accabler ; il faut même les forcer, mais avec discernement et mesure.

Si vous voulez tirer un bon parti de votre armée, si vous voulez qu'elle soit invincible, faites qu'elle ressemble au Chouai Jen. Le Chouai Jen est une espèce de gros serpent qui se trouve dans la montagne de Tchang Chan. Si l'on frappe sur la tête de ce serpent, à l'instant sa queue va au secours, et se recourbe jusqu'à la tête ; qu'on le frappe sur la queue, la tête s'y trouve dans le moment pour la défendre ; qu'on le frappe sur le milieu ou sur quelque autre partie de son corps, sa tête et sa queue s'y trouvent d'abord réunies. Mais cela peut-il être pratiqué par une armée ? dira peut-être quelqu'un. Oui, cela se peut, cela se doit, et il le faut.

Quelques soldats du royaume de Ou se trouvèrent un jour à passer une rivière en même temps que d'autres soldats du royaume de Yue la passaient aussi ; un vent impétueux souffla, les barques furent renversées et les hommes auraient tous péri, s'ils ne se fussent aidés mutuellement : ils ne pensèrent pas alors qu'ils étaient ennemis, ils se rendirent au contraire tous les offices qu'on pouvait attendre d'une amitié tendre et sincère, ils coopérèrent comme la main droite avec la main gauche.

Je vous rappelle ce trait d'Histoire pour vous faire entendre que non seulement les différents corps de votre armée doivent se secourir mutuellement, mais encore qu'il faut que vous secouriez vos alliés, que vous donniez même du secours aux peuples vaincus qui en ont besoin ; car, s'ils vous sont soumis, c'est qu'ils n'ont pu faire autrement ; si leur Souverain vous a déclaré la guerre, ce n'est pas de leur faute. Rendez-leur des services, ils auront leur tour pour vous en rendre aussi.

En quelque pays que vous soyez, quel que soit le lieu que vous occupiez, si dans votre armée il y a des étrangers, ou si, parmi les peuples vaincus, vous avez choisi des soldats pour grossir le nombre de vos troupes, ne souffrez jamais que dans les corps qu'ils composent ils soient ou les plus forts, ou en majorité. Quand on attache plusieurs chevaux à un même pieu, on se garde bien de mettre ceux qui sont indomptés, ou tous ensemble, ou avec d'autres en moindre nombre qu'eux, ils mettraient tout en désordre ; mais lorsqu'ils sont domptés, ils suivent aisément la multitude.

Dans quelque position que vous puissiez être, si votre armée est inférieure à celle des ennemis, votre seule conduite, si elle est bonne, peut la rendre victorieuse. Il n'est pas suffisant de compter sur les chevaux boiteux ou les chariots embourbés, mais à quoi vous servirait d'être placé avantageusement si vous ne saviez pas tirer parti de votre position ? À quoi servent la bravoure sans la prudence, la valeur sans la ruse ?

Un bon Général tire parti de tout, et il n'est en état de tirer parti de tout que parce qu'il fait toutes ses opérations avec le plus grand secret, qu'il sait conserver son sang-froid, et qu'il gouverne avec droiture, de telle sorte néanmoins que son armée a sans cesse les oreilles trompées et les yeux fascinés : il sait si bien que ses troupes ne savent jamais ce qu'elles doivent faire, ni ce qu'on doit leur commander. Si les événements changent, il change de conduite ; si ses méthodes, ses systèmes ont des inconvénients, il les corrige toutes les fois qu'il le veut, et comme il le veut. Si ses propres gens ignorent ses desseins, comment les ennemis pourraient-ils les pénétrer ?

Un habile Général sait d'avance tout ce qu'il doit faire ; tout autre que lui doit l'ignorer absolument. Telle était la pratique de ceux de nos anciens guerriers qui se sont le plus distingués dans l'art sublime du gouvernement. Voulaient-ils prendre une ville d'assaut, ils n'en parlaient que lorsqu'ils étaient aux pieds des murs. Ils montaient les premiers, tout le monde les suivait ; et lorsqu'on était logé sur la muraille, ils faisaient rompre toutes les échelles. Étaient-ils bien avant dans les terres des alliés, ils redoublaient d'attention et de secret.

Partout ils conduisaient leurs armées comme un berger conduit un troupeau ; ils les faisaient aller où bon leur semblait, ils les faisaient revenir sur leurs pas, ils les faisaient retourner, et tout cela sans murmure, sans résistance de la part d'un seul.

La principale science d'un Général consiste à bien connaître les neuf sortes de terrain, afin de pouvoir faire à propos les neuf changements. Elle consiste à savoir déployer et replier ses troupes suivant les lieux et les circonstances, à travailler efficacement à cacher ses propres intentions et à découvrir celles de l'ennemi, à avoir pour maxime certaine que les troupes sont très unies entre elles, lorsqu'elles sont bien avant dans les terres des ennemis ; qu'elles se divisent au contraire et se dispersent très aisément, lorsqu'on ne se tient qu'aux frontières ; qu'elles ont déjà la moitié de la victoire, lorsqu'elles se sont emparées de tous les allants et de tous les aboutissants, tant de l'endroit où elles doivent camper que des environs du camp de l'ennemi ; que c'est un commencement de succès que d'avoir pu camper dans un terrain vaste, spacieux et ouvert de tous côtés ; mais que c'est presque avoir vaincu, lorsque étant dans les possessions ennemies, elles se sont emparées de tous les petits postes, de tous les chemins, de tous les villages qui sont au loin des quatre côtés, et que, par leurs bonnes manières, elles ont gagné l'affection de ceux qu'elles veulent vaincre, ou qu'elles ont déjà vaincus.

Instruit par l'expérience et par mes propres réflexions, j'ai tâché, lorsque je commandais les armées, de réduire en pratique tout ce que je vous rappelle ici. Quand j'étais dans des *lieux de division*, je travaillais à l'union des cœurs et à l'uniformité des sentiments. Lorsque j'étais dans des *lieux légers*, je rassemblais mon monde, et je l'occupais utilement ; lorsqu'il s'agissait des *lieux qu'on peut disputer*, je m'en emparais le premier, quand je le pouvais ; si l'ennemi m'avait prévenu, j'allais après lui, et j'usais d'artifices pour l'en déloger ; lorsqu'il était question des *lieux de réunion*, j'observais tout avec une extrême diligence, et je voyais venir l'ennemi ; dans un *terrain plein et uni*, je m'étendais à l'aise et j'empêchais l'ennemi de s'étendre ; dans des *lieux à plusieurs issues*, quand il m'était impossible de les occuper tous, j'étais sur mes gardes, j'observais l'ennemi de près, je ne le perdais pas de vue ; dans des *lieux graves et importants*, je nourrissais bien le soldat, je l'accablais de caresses ; dans des *lieux gâtés ou détruits*, je tâchais de me tirer d'embarras, tantôt en faisant des détours et tantôt en remplissant les vides ; enfin, dans des *lieux de mort*, je faisais croire à l'ennemi que je ne pouvais survivre.

Les troupes bien disciplinées résistent quand elles sont encerclées ; elles redoublent d'efforts dans les extrémités, elles affrontent les dangers sans crainte, elles se battent jusqu'à la mort quand il n'y a pas d'alternative, et obéissent implicitement. Si celles que vous commandez ne sont pas telles, c'est votre faute ; vous ne méritez pas d'être à leur tête.

Si vous êtes ignorant des plans des États voisins, vous ne pourrez préparer vos alliances au moment opportun ; si vous ne savez pas en quel nombre sont les ennemis contre lesquels vous devez combattre, si vous ne connaissez pas leur fort et leur faible, vous ne ferez jamais les préparatifs ni les dispositions nécessaires pour la conduite de votre armée ; vous ne méritez pas de commander.

Si vous ignorez où il y a des montagnes et des collines, des lieux secs ou humides, des lieux escarpés ou pleins de défilés, des lieux marécageux ou pleins de périls, vous ne sauriez donner des ordres convenables, vous ne sauriez conduire votre armée ; vous êtes indigne de commander.

Si vous ne connaissez pas tous les chemins, si vous n'avez pas soin de vous munir de guides sûrs et fidèles pour vous conduire par les routes que vous ignorerez, vous ne parviendrez pas au terme que vous vous proposez, vous serez la dupe des ennemis ; vous ne méritez pas de commander.

Lorsqu'un Grand hégémonique attaque un État puissant, il fait en sorte qu'il soit impossible à l'ennemi de se concentrer. Il intimide l'ennemi et empêche ses alliés de se joindre à lui. Il s'ensuit que le Grand hégémonique ne combat pas des combinaisons puissantes

États et ne nourrit pas le pouvoir d'autres États. Il s'appuie pour la réalisation de ses buts sur sa capacité d'intimider ses opposants et ainsi il peut prendre les villes ennemies et renverser État de l'ennemi.

Si vous ne savez pas combiner quatre et cinq tout à la fois, vos troupes ne sauraient aller de pair avec celles des vassaux et des feudataires. Lorsque les vassaux et les feudataires avaient à faire la guerre contre quelque grand Prince, ils s'unissaient entre eux, ils tâchaient de troubler tout l'Univers, ils mettaient dans leur parti le plus de monde qu'il leur était possible, ils recherchaient surtout l'amitié de leurs voisins, ils l'achetaient même bien cher s'il le fallait. Ils ne donnaient pas à l'ennemi le temps de se reconnaître, encore moins celui d'avoir recours à ses alliés et de rassembler toutes ses forces, ils l'attaquaient lorsqu'il n'était pas encore en état de défense ; aussi, s'ils faisaient le siège d'une ville, ils s'en rendaient maîtres à coup sûr. S'ils voulaient conquérir une province, elle était à eux ; quelques grands avantages qu'ils se fussent d'abord procurés, ils ne s'endormaient pas, ils ne laissaient jamais leur armée s'amollir par l'oisiveté ou la débauche, ils entretenaient une exacte discipline, ils punissaient sévèrement, quand les cas l'exigeaient, et ils donnaient libéralement des récompenses, lorsque les occasions le demandaient. Outre les lois ordinaires de la guerre, ils en faisaient de particulières, suivant les circonstances des temps et des lieux.

Voulez-vous réussir ? Prenez pour modèle de votre conduite celle que je viens de vous tracer ; regardez votre armée comme un seul homme que vous seriez chargé de conduire, ne lui motivez jamais votre manière d'agir ; faites-lui savoir exactement tous vos avantages, mais cachez-lui avec grand soin jusqu'à la moindre de vos pertes ; faites toutes vos démarches dans le plus grand secret ; placez-les dans une situation périlleuse et elles survivront ; disposez-les sur un terrain de mort et elles vivront, car, lorsque l'armée est placée dans une telle situation, elle peut faire sortir la victoire des revers.

Accordez des récompenses sans vous préoccuper des usages habituels, publiez des ordres sans respect des précédents, ainsi vous pourrez vous servir de l'armée entière comme d'un seul homme.

Éclairez toutes les démarches de l'ennemi, ne manquez pas de prendre les mesures les plus efficaces pour pouvoir vous assurer de la personne de leur Général ; faites tuer leur Général, car vous ne combattez jamais que contre des rebelles.

Le nœud des opérations militaires dépend de votre faculté de faire semblant de vous conformer aux désirs de votre ennemi.

Ne divisez jamais vos forces ; la concentration vous permet de tuer son Général, même à une distance de mille lieues ; là se trouve la capacité d'atteindre votre objet d'une manière ingénieuse.

Lorsque l'ennemi vous offre une opportunité, saisissez-en vite l'avantage ; anticipez-le en vous rendant maître de quelque chose qui lui importe et avancez suivant un plan fixé secrètement.

La doctrine de la guerre consiste à suivre la situation de l'ennemi afin de décider de la bataille.

Dès que votre armée sera hors des frontières, faites-en fermer les avenues, déchirez les instructions qui sont entre vos mains et ne souffrez pas qu'on écrive ou qu'on reçoive des nouvelles ; rompez vos relations avec les ennemis, assemblez votre conseil et exhortez-le à exécuter le plan ; après cela, allez à l'ennemi.

Avant que la campagne soit commencée, soyez comme une jeune fille qui ne sort pas de la maison ; elle s'occupe des affaires du ménage, elle a soin de tout préparer, elle voit tout, elle entend tout, elle fait tout, elle ne se mêle d'aucune affaire en apparence.

La campagne une fois commencée, vous devez avoir la promptitude d'un lièvre qui, se trouvant poursuivi par des chasseurs, tâcherait, par mille détours, de trouver enfin son gîte, pour s'y réfugier en sûreté.

Article douzième

De l'art d'attaquer par le feu

Sun Tzu dit : les différentes manières de combattre par le feu se réduisent à cinq. La première consiste à brûler les hommes ; la deuxième, à brûler les provisions ; la troisième, à brûler les bagages ; la quatrième, à brûler les arsenaux et les magasins ; et la cinquième, à utiliser des projectiles incendiaires.

Avant que d'entreprendre ce genre de combat, il faut avoir tout prévu, il faut avoir reconnu la position des ennemis, il faut s'être mis au fait de tous les chemins par où il pourrait s'échapper ou recevoir du secours, il faut s'être muni des choses nécessaires pour l'exécution du projet, il faut que le temps et les circonstances soient favorables.

Préparez d'abord toutes les matières combustibles dont vous voulez faire usage : dès que vous aurez mis le feu, faites attention à la fumée. Il y a le temps de mettre le feu, il y a le jour de le faire éclater : n'allez pas confondre ces deux choses. Le temps de mettre le feu est celui où tout est tranquille sous le Ciel, où la sérénité paraît devoir être de durée. Le jour de le faire éclater est celui où la lune se trouve sous une des quatre constellations, Qi, Pi, Y, Tchen. Il est rare que le vent ne souffle point alors, et il arrive très souvent qu'il souffle avec force.

Les cinq manières de combattre par le feu demandent de votre part une conduite qui varie suivant les circonstances : ces variations se réduisent à cinq. Je vais les indiquer, afin que vous puissiez les employer dans les occasions.

I. Dès que vous aurez mis le feu, si, après quelque temps, il n'y a aucune rumeur dans le camp des ennemis, si tout est tranquille chez eux, restez vous-même tranquille, n'entreprenez rien ; attaquer imprudemment, c'est chercher à se faire battre. Vous savez que le feu a pris, cela doit vous suffire : en attendant, vous devez supposer qu'il agit sourdement ; ses effets n'en seront que plus funestes. Il est au-dedans ; attendez qu'il éclate et que vous en voyiez des étincelles au-dehors, vous pourrez aller recevoir ceux qui ne chercheront qu'à se sauver.

II. Si peu de temps après avoir mis le feu, vous voyez qu'il s'élève par tourbillons, ne donnez pas aux ennemis le temps de l'éteindre, envoyez des gens pour l'attiser, disposez promptement toutes choses, et courez au combat.

III. Si malgré toutes vos mesures et tous les artifices que vous aurez pu employer, il n'a pas été possible à vos gens de pénétrer dans l'intérieur, et si vous êtes forcé à ne pouvoir mettre le feu que par dehors, observez de quel côté vient le vent ; c'est de ce côté que doit commencer l'incendie ; c'est par le même côté que vous devez attaquer. Dans ces sortes d'occasions, qu'il ne vous arrive jamais de combattre sous le vent.

IV. Si pendant le jour le vent a soufflé sans discontinuer, regardez comme une chose sûre que pendant la nuit il y aura un temps où il cessera ; prenez là-dessus vos précautions et vos arrangements.

V. Un Général qui, pour combattre ses ennemis, sait employer le feu toujours à propos est un homme véritablement éclairé : un Général qui sait se servir de l'eau et de l'inondation pour la même fin est un excellent homme. Cependant, il ne faut employer l'eau qu'avec discrétion. Servez-vous-en, à la bonne heure ; mais que ce ne soit que pour gâter les chemins par où les ennemis pourraient s'échapper ou recevoir du secours.

Les différentes manières de combattre par le feu, telles que je viens de les indiquer, sont ordinairement suivies d'une pleine victoire, dont il faut que vous sachiez recueillir les fruits. Le plus considérable de tous, et celui sans lequel vous auriez perdu vos soins et vos peines, est de connaître le mérite de tous ceux qui se seront distingués, c'est de les récompenser en proportion de ce qu'ils auront fait pour la réussite de l'entreprise. Les hommes se conduisent ordinairement par l'intérêt ; si vos troupes ne trouvent dans le service que des peines et des travaux, vous ne les emploierez pas deux fois avec avantage.

La nécessité seule doit faire entreprendre la guerre. Les combats, de quelque nature qu'ils soient, ont toujours quelque chose de funeste pour les vainqueurs eux-mêmes ; il ne faut les livrer que lorsqu'on ne saurait faire la guerre autrement.

Lorsqu'un Souverain est animé par la colère ou par la vengeance, qu'il ne lui arrive jamais de lever des troupes. Lorsqu'un Général trouve qu'il a dans le cœur les mêmes sentiments, qu'il ne livre jamais de combats. Pour l'un et pour l'autre ce sont des temps nébuleux : qu'ils attendent les jours de sérénité pour se déterminer et pour entreprendre.

S'il y a quelque profit à espérer en vous mettant en mouvement, faites marcher votre armée ; si vous ne prévoyez aucun avantage, tenez-vous en repos ; eussiez-vous les sujets les plus légitimes d'être irrité, vous eût-on provoqué, insulté même, attendez, pour prendre votre parti, que le feu de la colère se soit dissipé et que les sentiments pacifiques s'élèvent en foule dans votre cœur : n'oubliez jamais que votre dessein, en faisant la guerre, doit être de procurer à État la gloire, la splendeur et la paix, et non pas d'y mettre le trouble, la désolation et la confusion.

Ce sont les intérêts du pays et non pas vos intérêts personnels que vous défendez. Vos vertus et vos vices, vos belles qualités et vos défauts rejaillissent également sur ceux que vous représentez. Vos moindres fautes sont toujours de conséquence ; les grandes sont souvent irréparables, et toujours très funestes. Il est difficile de soutenir un Royaume que vous aurez mis sur le penchant de sa ruine ; il est impossible de le relever, s'il est une fois détruit : on ne ressuscite pas un mort.

De même qu'un Prince sage et éclairé met tous ses soins à bien gouverner, ainsi un Général habile n'oublie rien pour former de bonnes troupes, et pour les employer à sauvegarder État et à préserver l'Armée.

Article treizième

De la concorde et de la discorde

Sun Tzu dit : si, ayant sur pied une armée de cent mille hommes, vous devez la conduire jusqu'à la distance de cent lieues, il faut compter qu'au-dehors, comme au-dedans, tout sera en mouvement et en rumeur. Les villes et les villages dont vous aurez tiré les hommes qui composent vos troupes ; les hameaux et les campagnes dont vous aurez tiré vos provisions et tout l'attirail de ceux qui doivent les conduire ; les chemins remplis de gens qui vont et viennent, tout cela ne saurait arriver qu'il n'y ait bien des familles dans la désolation, bien des terres incultes, et bien des dépenses pour l'État.

Sept cent mille familles dépourvues de leurs chefs ou de leurs soutiens se trouvent tout à coup hors d'état de vaquer à leurs travaux ordinaires ; les terres privées d'un pareil nombre de ceux qui les faisaient valoir diminuent, en proportion des soins qu'on leur refuse, la quantité comme la qualité de leurs productions. Les appointements de tant d'Officiers, la paie journalière de tant de soldats et l'entretien de tout le monde creusent peu à peu les greniers et les coffres du Prince comme ceux du peuple, et ne sauraient manquer de les épuiser bientôt.

Être plusieurs années à observer ses ennemis, ou à faire la guerre, c'est ne point aimer le peuple, c'est être l'ennemi de son pays ; toutes les dépenses, toutes les peines, tous les travaux et toutes les fatigues de plusieurs années n'aboutissent le plus souvent, pour les vainqueurs eux-mêmes, qu'à une journée de triomphe et de gloire, celle où ils ont vaincu. N'employer pour vaincre que la voie des sièges et des batailles, c'est ignorer également et les devoirs de Souverain et ceux de Général ; c'est ne pas savoir gouverner ; c'est ne pas savoir servir l'État.

Ainsi, le dessein de faire la guerre une fois formé, les troupes étant déjà sur pied et en état de tout entreprendre, ne dédaignez pas d'employer les artifices.

Commencez par vous mettre au fait de tout ce qui concerne les ennemis ; sachez exactement tous les rapports qu'ils peuvent avoir, leurs liaisons et leurs intérêts réciproques ; n'épargnez pas les grandes sommes d'argent ; n'ayez pas plus de regret à celui que vous ferez passer chez l'étranger, soit pour vous faire des créatures, soit pour vous procurer des connaissances exactes, qu'à celui que vous emploierez pour la paie de ceux qui sont enrôlés sous vos étendards : plus vous dépenserez, plus vous gagnerez ; c'est un argent que vous placez pour en retirer un gros intérêt.

Ayez des espions partout, soyez instruit de tout, ne négligez rien de ce que vous pourrez apprendre ; mais, quand vous aurez appris quelque chose, ne la confiez pas indiscrètement à tous ceux qui vous approchent.

Lorsque vous emploierez quelque artifice, ce n'est pas en invoquant les Esprits, ni en prévoyant à peu près ce qui doit ou peut arriver, que vous le ferez réussir ; c'est uniquement en sachant sûrement, par le rapport fidèle de ceux dont vous vous servirez, la disposition des ennemis, eu égard à ce que vous voulez qu'ils fassent.

Quand un habile Général se met en mouvement, l'ennemi est déjà vaincu : quand il combat, il doit faire lui seul plus que toute son armée ensemble ; non pas toutefois par la force de son bras, mais par sa prudence, par sa manière de commander, et surtout par ses ruses. Il faut qu'au premier signal une partie de l'armée ennemie se range de son côté pour combattre sous ses étendards : il faut qu'il soit toujours le maître d'accorder la paix et de l'accorder aux conditions qu'il jugera à propos.

Le grand secret de venir à bout de tout consiste dans l'art de savoir mettre la division à propos ; division *dans les villes et les villages*, division *extérieure*, division *entre les inférieurs et les supérieurs*, division *de mort*, division *de vie*.

Ces cinq sortes de divisions ne sont que les branches d'un même tronc. Celui qui sait les mettre en usage est un homme véritablement digne de commander ; c'est le trésor de son Souverain et le soutien de l'Empire.

J'appelle *division dans les villes et les villages* celle par laquelle on trouve le moyen de détacher du parti ennemi les habitants des villes et des villages qui sont de sa domination, et de se les attacher de manière à pouvoir s'en servir sûrement dans le besoin.

J'appelle *division extérieure* celle par laquelle on trouve le moyen d'avoir à son service les Officiers qui servent actuellement dans l'armée ennemie.

Par la *division entre les inférieurs et les supérieurs*, j'entends celle qui nous met en état de profiter de la mésintelligence que nous aurons su mettre entre alliés, entre les différents corps, ou entre les Officiers de divers grades qui composent l'armée que nous aurons à combattre.

La *division de mort* est celle par laquelle, après avoir fait donner de faux avis sur l'état où nous nous trouvons, nous faisons courir des bruits tendancieux, lesquels nous faisons passer jusqu'à la cour de son Souverain, qui, les croyant vrais, se conduit en conséquence envers ses Généraux et tous les Officiers qui sont actuellement à son service.

La *division de vie* est celle par laquelle on répand l'argent à pleines mains envers tous ceux qui, ayant quitté le service de leur légitime Maître, ont passé de votre côté, ou pour combattre sous vos étendards, ou pour vous rendre d'autres services non moins essentiels.

Si vous avez su vous faire des créatures dans les villes et les villages des ennemis, vous ne manquerez pas d'y avoir bientôt quantité de gens qui vous seront entièrement dévoués : vous saurez par leur moyen les dispositions du grand nombre des leurs à votre égard ; ils vous suggéreront la manière et les moyens que vous devez employer pour gagner ceux de leurs compatriotes dont vous aurez le plus à craindre ; et quand le temps de faire des sièges sera venu, vous pourrez faire des conquêtes, sans être obligé de monter à l'assaut, sans coup férir, sans même tirer l'épée.

Si les ennemis qui sont actuellement occupés à vous faire la guerre ont à leur service des Officiers qui ne sont pas d'accord entre eux ; si de mutuels soupçons, de petites jalousies, des intérêts personnels les tiennent divisés, vous trouverez aisément les moyens d'en détacher une partie ; car quelque vertueux qu'ils puissent être d'ailleurs, quelque dévoués qu'ils soient à leur souverain, l'appât de la vengeance, celui des richesses ou des postes éminents que vous leur promettez, suffiront amplement pour les gagner ; et quand une fois ces passions seront allumées dans leur cœur, il n'est rien qu'ils ne tentent pour les satisfaire.

Si les différents corps qui composent l'armée des ennemis ne se soutiennent pas entre eux, s'ils sont occupés à s'observer mutuellement, s'ils cherchent réciproquement à se nuire, il vous sera aisé d'entretenir leur mésintelligence, de fomenter leurs divisions ; vous les détruirez peu à peu les uns par les autres, sans qu'il soit besoin qu'aucun d'eux se déclare ouvertement pour votre parti ; tous vous serviront sans le vouloir, même sans le savoir.

Si vous avez fait courir des bruits, tant pour persuader ce que vous voulez qu'on croie de vous, que sur les fausses démarches que vous supposerez avoir été faites par les Généraux ennemis ; si vous avez fait passer de faux avis jusqu'à la Cour et au Conseil même du Prince contre les intérêts duquel vous avez à combattre ; si vous avez su faire douter des bonnes intentions de ceux mêmes dont la fidélité à leur Prince vous sera la plus connue, bientôt vous verrez que chez les ennemis les soupçons ont pris la place de la confiance, que les récompenses ont été substituées aux châtiments et les châtiments aux récompenses, que les plus légers indices tiendront lieu des preuves les plus convaincantes pour faire périr quiconque sera soupçonné.

Alors les meilleurs Officiers, leurs Ministres les plus éclairés se dégoûteront, leur zèle se ralentira ; et se voyant sans espérance d'un meilleur sort, ils se réfugieront chez vous pour se délivrer des justes craintes dont ils étaient perpétuellement agités, et pour mettre leurs jours à couvert.

Leurs parents, leurs alliés ou leurs amis seront accusés, recherchés, mis à mort. Les complots se formeront, l'ambition se réveillera, ce ne seront plus que perfidies, que cruelles exécutions, que désordres, que révoltes de tous côtés.

Que vous restera-t-il à faire pour vous rendre maître d'un pays dont les peuples voudraient déjà vous voir en possession ?

Si vous récompensez ceux qui se seront donnés à vous pour se délivrer des justes craintes dont ils étaient perpétuellement agités, et pour mettre leurs jours à couvert ; si vous leur donnez de l'emploi, leurs parents, leurs alliés, leur amis seront autant de sujets que vous acquerrez à votre Prince.

Si vous répandez l'argent à pleines mains, si vous traitez bien tout le monde, si vous empêchez que vos soldats ne fassent le moindre dégât dans les endroits par où ils passeront, si les peuples vaincus ne souffrent aucun dommage, assurez-vous qu'ils sont déjà gagnés, et que le bien qu'ils diront de vous attirera plus de sujets à votre Maître et plus de villes sous sa domination que les plus brillantes victoires.

Soyez vigilant et éclairé ; mais montrez à l'extérieur beaucoup de sécurité, de simplicité et même d'indifférence ; soyez toujours sur vos gardes, quoique vous paraissiez ne penser à rien ; défiez-vous de tout, quoique vous paraissiez sans défiance ; soyez extrêmement secret, quoiqu'il paraisse que vous ne fassiez rien qu'à découvert ; ayez des espions partout ; au lieu de paroles, servez-vous de signaux ; voyez par la bouche, parlez par les yeux ; cela n'est pas aisé, cela est très difficile. On est quelquefois trompé lorsqu'on croit tromper les autres. Il n'y a qu'un homme d'une prudence consommée, qu'un homme extrêmement éclairé, qu'un sage du premier ordre qui puisse employer à propos et avec succès l'artifice des divisions. Si vous n'êtes point tel, vous devez y renoncer ; l'usage que vous en feriez ne tournerait qu'à votre détriment.

Après avoir enfanté quelque projet, si vous apprenez que votre secret a transpiré, faites mourir sans rémission tant ceux qui l'auront divulgué que ceux à la connaissance desquels il sera parvenu. Ceux-ci ne sont point coupables encore à la vérité, mais ils pourraient le devenir. Leur mort sauvera la vie à quelques milliers d'hommes et assurera la fidélité d'un plus grand nombre encore.

Punissez sévèrement, récompensez avec largesse : multipliez les espions, ayez-en partout, dans le propre Palais du Prince ennemi, dans l'Hôtel de ses Ministres, sous les tentes de ses Généraux ; ayez une liste des principaux Officiers qui sont à son service ; sachez leurs noms, leurs surnoms, le nombre de leurs enfants, de leurs parents, de leurs amis, de leurs domestiques ; que rien ne se passe chez eux que vous n'en soyez instruit.

Vous aurez vos espions partout : vous devez supposer que l'ennemi aura aussi les siens. Si vous venez à les découvrir, gardez-vous bien de les faire mettre à mort ; leurs jours doivent vous être infiniment précieux. Les espions des ennemis vous serviront efficacement, si vous mesurez tellement vos démarches, vos paroles et toutes vos actions, qu'ils ne puissent jamais donner que de faux avis à ceux qui les ont envoyés.

Enfin, un bon Général doit tirer parti de tout ; il ne doit être surpris de rien, quoi que ce soit qui puisse arriver. Mais par-dessus tout, et de préférence à tout, il doit mettre en pratique ces cinq sortes de divisions. Rien n'est impossible à qui sait s'en servir.

Défendre les États de son Souverain, les agrandir, faire chaque jour de nouvelles conquêtes, exterminer les ennemis, fonder même de nouvelles Dynasties, tout cela peut n'être que l'effet des dissensions employées à propos.

Telle fut la voie qui permit l'avènement des Dynasties Yin et Tcheou, lorsque des Serviteurs transfuges contribuèrent à leur élévation.

Quel est celui de nos livres qui ne fasse l'éloge de ces grands Ministres ! L'Histoire leur a-t-elle jamais donné les noms de traîtres à leur Patrie, ou de rebelles à leur Souverains ? Seul le Prince éclairé et le digne Général peuvent gagner à leur service les esprits les plus pénétrants et accomplir de vastes desseins. Une armée sans agents secrets est un homme sans yeux ni oreilles.

SE MA YANG KIN

SE MA FA
PRINCIPES SUR L'ART MILITAIRE

D'après la version établie en 1772 par le Révèrent Père Joseph-Marie AMIOT de la Compagnie de Jésus

Préface

Didier Hallépée

Se Ma Yang Kin

Dans ses œuvres, Se Ma Yang Kin (Se ma est une dignité) parle des trois premières dynasties impériales (Sia ; Chang et Tcheou) et ne dit rien des dynasties qui ont suivi (Tsrin, 221 avant J.C. et Rann, 202 avant J.C). On pense donc que Se Ma Yang Kin a vécu au IVème siècle avent notre ère.

Se ma fa, principes sur l'art militaire

Les deux premiers articles du traité semblent avoir été ajoutés à l'œuvre de Yang Kin pour donner la force de la tradition aux principes qui y sont développés.

Les trois articles suivants ont été altérés par les transcriptions et les traductions successives, et nous sont parvenus dans une version parfois incomplète, parfois obscure. Le père Amiot en a fait la meilleure traduction possible compte tenu de la qualité de ses sources.

Article premier

De l'humanité

Les anciens sages, les premiers législateurs, regardèrent l'humanité comme le principe universel qui devait faire agir les hommes ; ils fondèrent sur la justice l'art sublime du gouvernement ; ils établirent l'ordre, pour diriger la justice ; ils donnèrent des règles de prudence pour fixer l'ordre ; ils consacrèrent la droiture, pour servir de mesure à tout. Pour ranimer l'humanité qui s'éteignait peu à peu dans le cœur des hommes, pour faire régner la justice dont on violait les immuables lois, pour rétablir l'ordre, que les passions fougueuses troublaient sous les plus légers prétextes, pour faire valoir la prudence dont on méprisait les règles, pour soutenir la droiture qu'on affectait de méconnaître, ils furent contraints d'établir l'autorité ; & pour assurer & affermir l'autorité, pour la venger & la défendre, ils eurent recours à la guerre. Ils avaient de l'humanité, ils étaient justes, ils aimaient l'ordre, ils avaient de la prudence de la droiture, & ils firent la guerre. On peut donc faire la guerre, on peut combattre, on peut envahir des villes, des provinces & des royaumes. Vu l'état où sont actuellement les hommes, il n'y a plus de doutes à former à cet égard. Mais avant que d'en venir à ces extrémités, il faut être bien assuré qu'on a l'humanité pour principe, la justice pour objet, la droiture pour règle. On ne doit se déterminer à attenter à la vie de quelques hommes, que pour conserver la vie d'un plus grand nombre : on ne doit vouloir troubler le repos de quelques particuliers, que pour assurer la tranquillité publique ; on ne doit nuire à certains individus, que pour faire du bien à l'espèce ; on ne doit vouloir que ce qui est légitimement dû, ne le vouloir que parce qu'il est dû, & ne l'exiger que comme il est dû. Il résulte de là que la nécessité seule doit nous mettre les armes à la main. Or, si l'on ne fait la guerre que par nécessité, avec les conditions que je viens d'indiquer, on aimera ceux même contre qui l'on combat, on saura s'arrêter au milieu des plus brillantes conquêtes, on sacrifiera la valeur à la vertu, on oubliera ses propres intérêts pour rendre aux peuples, tant vainqueurs que vaincus, leur première tranquillité & le repos dont ils jouissaient auparavant.

Quand on a l'humanité pour principe, on n'entreprend pas la guerre hors de saison, on ne l'entreprend pas sans de légitimes raisons. On l'entreprendrait hors de saison si l'on faisait marcher les troupes pendant le temps des semailles ou de la récolte, pendant les grandes chaleurs de l'été, ou pendant les rigueurs de l'hiver, pendant le temps du grand deuil, ou pendant celui de quelque calamité publique, comme lorsque des maladies contagieuses sont de grands ravages parmi le peuple, ou lorsque, par l'intempérie de l'air ou le dérangement des saisons, la terre, soit de votre côté, soit du côté de l'ennemi seulement, refuse aux hommes ses dons les plus ordinaires. La guerre se ferait sans de légitimes raisons, si on l'entreprenait avant que d'avoir fait tous ses efforts pour obtenir par des voies pacifiques ce qu'on veut se procurer par la force des armes ; si, sous divers prétextes, qui ne peuvent être que frivoles, on refusait opiniâtrement toute médiation ; si enfin on ne prenait conseil que de soi-même, pour suivre les impulsions de quelque passion secrète, de vengeance, de colère ou d'ambition.

La guerre est par rapport au peuple ce qu'une violente maladie est par rapport au corps. L'une demande autant de précautions que l'autre : dans les maladies, il y a le moment d'appliquer les remèdes, le temps de les laisser agir, & celui ou ils doivent produire leurs effets. Dans la guerre, il y a le temps de la commencer, le temps de la pousser, & celui de la suspendre ou de la terminer. Ne pas faire ces distinctions, ou, si on les fait, n'y avoir pas les égards nécessaires, c'est n'avoir aucun objet réel, c'est vouloir tout perdre, c'est n'avoir point d'humanité.

Si vous avez de l'humanité, vous saurez, vous sentirez que tout affligé est respectable ; vous n'ajouterez pas affliction sur affliction, douleur sur douleur, infortune sur infortune. Dans ces sortes d'occasions, vous ne devez point avoir d'ennemis : quels sentiments devez-vous donc avoir pour vos propres gens, pour vos amis mêmes ?

Si vous avez de l'humanité, loin de vous refuser à tout accommodement raisonnable, vous vous prêterez, sans aucune difficulté, à tous ceux qui ne seront pas évidemment contraires à la gloire de votre règne, ou aux intérets réels de votre peuple ; vous n'oublierez rien pour les faciliter, vous en chercherez les occasions, vous les ferez naître.

Anciennement on ne poursuivait pas les fuyards au-delà de cent pas ; on n'infligeait aucune peine à ceux qui, par maladie ou par faiblesse, se rendaient plus tard que les autres dans les lieux désignés. Dans les marches ordinaires on n'allait pas de suite au-delà de trois jours, chaque journée ne surpassait pas le nombre de 90 li (neuf lieues). Lorsqu'on était arrivé au terme, que le corps d'armée était formé, on publiait les lois de la discipline, on inculquait à chacun les devoirs particuliers qu'il devait remplir ; on instruisait, on exerçait, on animait à bien faire ; on n'oubliait rien pour se faire écouter & obéir. Pénétrés des tendres sentiments qu'inspire l'humanité, les chefs mettaient toute leur attention à préserver le soldat des maladies, à le mettre à couvert de la disette & des autres incommodités, à lui ôter tout sujet légitime de mécontentement & de murmure. N'ayant que la justice pour règle, ils punissaient les fautes ; mais ils les punissaient sans cruauté, sans emportement, sans colère. Pleins d'amour pour l'ordre, ils le gardaient scrupuleusement, jusques dans les plus petites choses, & faisaient en sorte que la multitude n'eût pas de satisfaction plus grande que celle de pouvoir les imiter. Après que l'armée était rangée en bataille au premier coup de tambour, au premier signal, tout était prêt pour l'attaque. Les généraux & les subalternes, les officiers & les soldats, remplis d'estime les uns pour les autres, fruits de leur droiture réciproque, se croyaient mutuellement invincibles ; &, de l'accord des cinq vertus capitales, l'humanité, la justice, l'ordre, la prudence & la sincérité ou la confiance mutuelle, résultait une sixième, la vertu propre aux gens de guerre, la valeur. Ceux qui les premiers s'érigèrent en souverains, prirent le Ciel & la Terre pour modèles de leur gouvernement. Le Ciel domine sur la Terre, il la couvre, il l'éclaire, il l'embellit, il la fertilise. La Terre reçoit du Ciel sa force & la vertu qu'elle a de faire valoir ses propriétés & de les mettre en œuvre pour la production de toutes choses. C'est elle qui leur distribue, avec une économie merveilleuse, les différents sucs dont elles ont besoin pour se former, se nourrir & parvenir à leur point de perfection : elle n'est jamais oisive ; elle travaille insensiblement, mais sans discontinuer ; elle travaille lentement, mais avec fruit.

Les anciens sages rassemblèrent les hommes qui ne vivaient point encore en société, les mirent à couvert, les instruisirent, leur firent connaître leurs devoirs réciproques, firent naître les talents, les développèrent, en déterminèrent l'application ; ils fixèrent des usages, préposèrent des magistrats & des officiers pour les faire observer, se mirent à la tête d'eux tous, eurent des sujets, & furent rois. Dès lors les règles de subordination, les récompenses & les châtiments furent établis. Il fallait mettre un frein aux passions, il fallait animer la vertu & détourner du vice. On détermina divers genres de supplices & de punitions, on assigna des prééminences, on imagina des dignités & des honneurs. On créa une nouvelle espèce de biens & de richesses par l'idée & la valeur qu'on attacha à certains métaux ; biens de convention, richesses idéales, au moyen desquels on pouvait se procurer les biens solides, les véritables richesses, tout ce qui était nécessaire à la vie & à l'entretien. On établit des titres pour servir de distinction entre les différents genres de mérite, & entre les différents degrés dans chaque genre : dès lors il y eut des princes, des grands, des mandarins & des officiers de tous les ordres : dès lors il y eut des provinces entières données à titre de souveraineté à ceux qui, par la qualité & l'importance de leurs services, avaient concouru d'une manière extraordinaire au bien de la société. Comme tous ces établissements étaient à l'avantage de l'humanité, il fallait, par principe même d'humanité, empêcher qu'ils ne dégénérassent ; il ne fallait rien oublier pour les maintenir dans leur pureté primitive ; il fallut par conséquent corriger les infracteurs ; il fallut punir les réfractaires : de là les dégradations & les humiliations, les privations des dignités & des revenus, les notes d'infamie & les proscriptions ; de là enfin les guerres.

Les guerres ne sont donc venues au secours des hommes que comme un remède à de plus grands maux, que comme un remède inévitable. Mais dans les premiers temps, que de précautions ne prenait-on pas avant que de les entreprendre ! Dès qu'un ouang, un heou, un po, ou tel autre petit souverain feudataire de l'empire, de quelque titre qu'il fût décoré, s'était rendu coupable de quelque crime, on le déférait au ty (à l'empereur), comme au maître absolu, qui avait droit de le corriger, de le châtier, de le déposséder, & même de le mettre à mort, si le cas le requérait. L'empereur de son côté, pour n'être pas trompé par de hardis calomniateurs, & pour ne pas agir témérairement, en s'en rapportant à des délateurs passionnés ou indiscrets, envoyait secrètement des commissaires pour s'informer de la vérité. Si après toutes les informations & les recherches les plus exactes, il était prouvé que l'accusé était véritablement coupable, alors il l'avertissait, & l'exhortait à réparer ses fautes & à changer de conduite : il ne souffrait pas qu'on fît en son honneur les chansons ordinaires, pendant le temps des assemblées générales ; il en faisait chanter au contraire de propres à le faire rentrer en lui-même, & dans lesquelles, sous le nom de quelque prince supposé on blâmait tous les écarts dont on prétendait le corriger.

Une conduite si douce de la part du souverain, envers des vassaux qu'il pouvait châtier rigoureusement, engageait plusieurs à se reconnaître & à rentrer de bonne foi dans les devoirs dont ils s'étaient écartés : alors ils rentraient en possession de leurs États. Ceux au contraire qui persistaient opiniâtrement dans le mal, étaient dépossédés & punis proportionnément à ce dont ils s'étaient rendus coupables. Rien n'était plus humain, rien n'était plus équitable que la manière dont on se comportait dans ces sortes d'occasions ; tout s'y passait avec ordre, tout s'y faisait avec prudence, & la droiture la plus exacte réunissait tous les cœurs. Le souverain appelait à la cour celui qu'il voulait châtier : s'il obéissait exactement & sans délai, & si sa faute n'était pas du nombre de celles qui ne méritent aucun pardon, après quelque légère punition, on le retenait pour l'employer, sans distinction, à tout ce qu'on jugeait à propos, en ne lui donnant d'autre titre que celui de courtisan apprentif de ses devoirs. Il demeurait ainsi sans grade & sans emploi fixe, jusqu'à ce qu'il eût donné des preuves suffisantes de repentir, jusqu'à ce que, par de nouveaux mérites, il eût effacé les taches dont il s'était souillé, jusqu'à ce qu'enfin il se fût rendu digne de recevoir de nouveaux bienfaits. S'il n'obéissait pas, ou si, sous divers prétextes, il cherchait à éluder les ordres qu'on lui avait donnés, l'empereur le déclarait rebelle ; mais cette déclaration se faisait avec tant d'appareil & de lenteur, que le coupable avait encore tout le temps de rentrer dans le devoir.

On indiquait une assemblée générale, on assignait le jour où tout le monde devait être rendu ; &, ce jour arrivé, l'empereur, à la tête de ses vassaux, des princes, des grands de tous les Ordres, & des cent principaux mandarins de l'empire, se rendait au lieu déterminé pour cette cérémonie. Là il détaillait les fautes de celui contre lequel on allait procéder. Il disait :

« Le prince, ouang heou ou po de tel endroit, a désobéi à mes ordres, il a manqué à ses principaux devoirs, à telle ou telle de ses obligations envers moi ou envers le peuple qui lui est confié ; il a abandonné la vertu pour se livrer au vice ; il a renversé l'ordre établi par le Ciel ; il a donné, sans raison légitime, des sujets de chagrin à ceux qui, par leurs vertus ou par leurs talents, ne méritaient que des récompenses, ou tout au moins que des éloges ou des encouragements & telles autres choses semblables, après lesquelles il ajoutait : Au surplus, il n'a écouté ni mes avis ni mes menaces, il persiste dans ses crimes comme dans sa désobéissance. Je vous en avertis, vous qui, en vertu des dignités & des charges donc vous êtes honorés, devez concourir avec moi au maintien des lois & au bon ordre de l'empire, afin que nous prenions de concert les mesures les plus efficaces pour remédier au mal.

Après que l'empereur avait ainsi parlé, cette auguste assemblée concluait unanimement à la mort du rebelle, & au châtiment de tous ceux qui lui étaient dévoués, s'ils n'abandonnaient promptement son parti. On adressait en commun une courte prière au suprême empereur du Ciel, aux esprits du soleil, de la lune, des étoiles, à tous les esprits de la terre en général, & à ceux qui président aux générations en particulier. On s'adressait aussi aux ancêtres de tous les rois, des princes, des grands & des mandarins, pour les avertir de ce qu'on allait faire, & on disait :

« Ce n'est que malgré nous que nous nous déterminons à renverser, à détruire & à verser du sang ; que la faute en soit sur celui qui nous met dans cette triste nécessité ; nous sommes certains de ses crimes & de son obstination ; sa rébellion est manifeste ; nous devons au Ciel, aux esprits, à vous-mêmes & à tout l'empire de détruire ce qui mérite si peu d'être conservé, & de mettre à mort celui qui est si peu digne de vivre.

Ce discours fini, l'empereur nommait les généraux ; il choisissait parmi ses vassaux ceux qui devaient aller en personne contre le rebelle ; il déterminait le nombre & la qualité des troupes que chacun devait fournir ; il assignait le temps précis où la campagne devait commencer ; & avant que de congédier l'assemblée, il leur donnait à tous les instructions suivantes.

« Vous êtes devenus les instruments des vengeances du Ciel : n'allez pas vous-mêmes, par vos propres crimes, encourir la disgrâce de ce même Ciel que vous devez venger. Combattez avec courage, mais avec discrétion ; combattez de toutes vos forces, mais sans cruauté ; en un mot, épargnez le sang, le plus qu'il vous sera possible, sans nuire à votre dessein. Voici en particulier ce que je vous recommande, & ce que vous devez prescrire à tous ceux qui seront sous vos ordres, afin qu'ils l'observent dans l'occasion. Quand vous serez entrés dans les terres qui sont sous la domination du rebelle, pleins de respect pour les esprits qui y président, vous ne ferez rien qui puisse les déshonorer ou les attrister. S'il se trouve des représentations de quelqu'un d'eux, vous ne les briserez point : vous ne marcherez point à travers les terres où il y a du riz, ni sur celles qui produisent les autres choses nécessaires à la vie : vous ne dégraderez pas les forêts, vous n'abattrez pas les arbres qui portent du fruit, vous ne foulerez pas les plantes & les herbes utiles. Vous ne nuirez point aux six sortes d'animaux domestiques ; vous n'emploierez pas la force pour vous en procurer l'usage, encore moins pour vous les approprier : vous n'enlèverez point les instruments du labourage, les ustensiles, ni rien de ce qui est nécessaire à un ménage. Quand vous aurez pris quelque ville, vous n'en détruirez pas les murailles, vous veillerez à la conservation de toutes les choses qui sont faites avec art, & au salut du citoyen. Quelque part que vous vous rencontriez, vous ne mettrez jamais le feu pour consumer les campagnes ou les maisons ; vous donnerez du secours aux vieillards & aux enfants ; vous n'attaquerez point ceux qui sont hors d'état de se défendre. Après un combat, vous aurez un soin particulier des blessés, vous les ferez panser exactement, & vous leur procurerez tous les autres soulagements qui dépendront de vous. Ceux des ennemis que vous trouverez avec des blessures, doivent éprouver les mêmes attentions de votre part, jusqu'à ce qu'ils soient parvenus à une parfaite guérison ; alors vous les renverrez chez eux, en leur donnant libéralement de quoi vivre pendant la route, afin qu'ils servent de consolation à leurs parents, & qu'ils soient auprès de leurs compatriotes des preuves non équivoques de votre humanité. Si vous rencontrez quelque parti ennemi, vous ne le combattrez pas, vous favoriserez même sa fuite, pour peu qu'il soit disposé à la prendre. Votre principal objet est d'aller droit au rebelle : atteignez-le le plus tôt que vous le pourrez ; combattez-le de toutes vos forces ; prenez-le mort ou vif ; dès qu'il sera en votre puissance, que tout acte d'hostilité cesse, & qu'on me donne promptement avis de tout.

Voilà comment on se comportait autrefois avant que d'entreprendre la guerre. Dans la manière dont on procédait pour la conclure, pour la déclarer, pour s'y préparer, pour la commencer, pour la finir, il n'y avait rien qui se ressentît de la passion ; tout, au contraire, y respirait l'humanité. Ce n'était qu'après avoir épuisé toutes les autres ressources qu'on en venait à cette dure nécessité ; ce n'était que pour maintenir l'ordre, que pour faire observer les lois & fleurir la vertu ; ce n'était que pour délivrer le peuple de toute vexation, pour lui faciliter l'usage légitime des commodités de la vie, & pour lui procurer cette douce tranquillité qui favorise l'industrie & le travail & qui fait que chacun est content de son sort ; ce n'était enfin que parce qu'on y était obligé, & qu'il n'y avait aucun moyen de s'en dispenser ; aussi dès que celui qui en était l'occasion avait été pris ou mis à mort, dès que les principaux coupables avaient été punis, la paix était rendue à l'univers, & le peuple vaincu se faisait un devoir & un plaisir de se soumettre aveuglément à un vainqueur dont il était sûr qu'il ne recevrait que de bons traitements & des bienfaits : tout rentrait alors dans l'ordre. On nommait un nouveau prince pour remplacer celui qu'on venait de détrôner, l'on travaillait efficacement à réformer tous les abus ; on obviait, autant qu'il était possible, aux inconvénients, aux prétextes & à tout ce qui pouvait donner occasion à de nouveaux troubles ; on déterminait des cérémonies & une musique : on assignait au nouveau souverain le rang qu'il devait tenir dans l'empire ; en lui désignant les neuf sortes de crimes dont il devait avoir grand soin de purger ses États, les neuf espèces de châtiments qu'il devait employer pour les punir, on lui faisait entendre que s'il se trouvait lui-même coupable, on le traiterait, sans rémission, de la même manière dont on voulait qu'il traitât les autres, puisque c'était la loi générale de l'empire. Sur cela on publiait de nouveau les articles suivants, dont on donnait une nouvelle copie authentique à chacun des princes qui avaient des terres à titre de souveraineté.

1° Quiconque, fier de sa puissance, de son autorité ou de sa force, opprimera les innocents, ou exercera quelque injustice envers les faibles ; qu'il soit privé de tout emploi & dépouillé ignominieusement de tout ce dont il n'a pas eu honte d'abuser.

2° On châtiera irrémissiblement par des supplices proportionnés tous ceux qui troubleront la tranquillité publique ou qui causeront quelques dommages aux citoyens qui vivent selon les lois.

3° C'est dans le Tan & sur l'autel qu'on doit décider du sort de ceux qui, durs & injustes chez eux, étendent leur dureté & leur injustice jusques chez leurs voisins, soit en empiétant sur leurs terres, soit en molestant leurs sujets.

4° Qu'on soit exact à nettoyer les campagnes & les grands chemins de tous ceux qui peuvent y faire du dégât, ou les infester par leurs brigandages.

5° Entrez à main armée dans les terres de tous ceux qui se croyant assez forts pour résister, ont refusé d'obéir aux ordres supérieurs.

6° On doit faire rentrer en lui-même un prince qui aurait fait mourir quelqu'un de ses proches & exiger de lui les réparations convenables.

7° On doit exterminer celui qui de quelque manière que ce puisse être aurait procuré la mort à son légitime maître.

8° On doit rompre toute communication avec ceux qui ne suivront pas les usages établis, qui enfreindront les lois, ou qui mettront quelque obstacle pour empêcher que le gouvernement n'ait son cours ordinaire.

9° On éteindra toute la race de ceux qui, ne suivant aucune règle, se conduisent, au-dehors & au-dedans, en brutes plutôt qu'en hommes.

Ainsi finissait la cérémonie, après laquelle chacun se retirait, pour se disposer à l'exécution de ce qui avait été résolu d'un commun consentement.

Article deuxième

Précis des devoirs particuliers de l'empereur

Ce n'est point par flatterie que, d'un commun consentement, on a donné au chef souverain de toute la nation le nom sublime de Fils du Ciel : on a voulu faire entendre que de même que le Ciel travaille, sans discontinuer, à fournir à la Terre tout ce qui lui est nécessaire pour concourir à la production de toutes les choses dont elle renferme le principe dans son sein, ainsi celui qui est chargé de gouverner l'empire, doit être occupé sans cesse à lui procurer tout ce qui peut contribuer à le maintenir dans l'ordre & dans la splendeur. Le Ciel & la Terre conservent entre eux un accord admirable ; il en doit être de même de l'empereur & de ses sujets. Le Ciel répand ses influences sur la Terre ; la Terre les reçoit & en profite : l'empereur doit éclairer par ses instructions & exciter par ses exemples ; les sujets doivent écouter avec docilité & suivre avec exactitude. Le Ciel ne se montre pas le même à tous les lieux de la terre indifféremment ; il répand ses bienfaits sur les uns, en même temps qu'il fait sentir ses rigueurs sur les autres. Le souverain doit mettre une juste différence entre ceux de ses sujets qui se conduisent différemment. Il en est qui sont dignes de récompense ; il en est aussi qui ne méritent que des châtiments. Qu'il n'épargne pas ceux- ci ; qu'il soit libéral envers les autres.

Tout Fils du Ciel qu'il est, l'empereur a lui-même ses instructions à suivre & ses exemples à imiter. Ses instructions sont dans les maximes établies par les sages qui l'ont précédé ; il trouvera ses exemples dans la conduite de ces mêmes sages qui ont gouverné avec tant de succès l'empire qu'ils lui ont transmis. Si l'empereur se conforme à ses modèles, les sujets se conformeront aux leurs. Si le souverain ne manque pas à ses prédécesseurs, les sujets ne manqueront point à leur souverain. Tous les devoirs réciproquement observés, voilà le terme. L'instruction & les exemples de la part du souverain ; la docilité & l'exactitude de la part des sujets, voilà les chemins qui y conduisent.

Les lois de la subordination sont celles que les anciens sages inculquèrent avec le plus de soin. Pour les faire observer & en rendre la pratique d'éternelle durée, ils les établirent sur les fondements les plus solides, c'est-à-dire, sur la vertu, sur l'intérêt propre, sur la nécessité. La vertu les fit estimer, l'intérêt propre les fit accepter, la nécessité les fit suivre. La même chaîne qui lie les sujets à leur souverain, lie le souverain à ses sujets : elle tient au même objet par ses deux bouts, le commandement & l'obéissance. Le commandement doit être absolu, mais éclairé ; il doit avoir de l'humanité, mais avec discrétion ; il doit être plein de douceur, mais d'une fermeté à toute épreuve. L'obéissance doit être spontanée avec affection, prompte avec exactitude, fidèle avec confiance. Un souverain & des sujets qui manqueraient de ces qualités respectives, manqueraient également leur but.

Chez nos anciens le commandement n'était jamais au-dessus des forces de l'obéissance, & l'obéissance se prêtait volontiers à toute sortes de commandement ; la vertu ne mettait point obstacle à la justice, & la justice ne nuisait pas à la vertu ; la simple capacité ne portait point envie à l'industrie, l'industrie honorait la capacité ; la valeur ne méprisait pas la force, & la force n'opprimait pas la valeur ; toutes les vertus, tous les talents, toutes les qualités étaient de concert, s'entr'aidaient mutuellement pour parvenir ensemble à la même fin.

On ne donnait des ordres que pour pourvoir au bien commun, on ne les donnait qu'à propos, on les faisait exécuter avec règle ; l'obéissance répondait au commandement ; on n'envoyait pas de troupes contre un royaume où les lois étaient en vigueur ; & quand on faisait la guerre, on ne s'enrichissait pas aux dépens des vaincus : la vertu était d'accord avec la justice. Loin d'opprimer ses sujets, le souverain distinguait leurs différents genres de mérites, il les employait, il les honorait, il les récompensait à proportion ; l'envie ne pouvait avoir lieu, l'industrie & la capacité s'aidaient l'une & l'autre, & brillaient chacune d'un double éclat. Les magistrats, dans l'enceinte des villes & des villages, les généraux à l'armée & dans le camp, punissaient les fautes, sans distinction des coupables. Les vertus civiles florissaient au-dedans, les qualités guerrières brillaient au-dehors ; le bon ordre régnait partout, la valeur & la force concouraient à le faire observer.

Éclairés par les instructions du souverain, animés par ses exemples, les sujets de tous les ordres se portaient d'eux-mêmes à pratiquer la vertu, à suivre les lois, à se conformer aux usages, à contribuer de tout leur pouvoir à l'avantage & au bonheur de la société. Les magistrats, les officiers, tous ceux à qui le souverain confiait quelque portion de son autorité, n'étaient pas des hommes que le hasard ou la faveur eussent élevés ; c'étaient des hommes connus, des hommes éprouvés, des hommes longtemps exercés, des hommes enfin proposés par des sages qui déterminaient en quelque sorte le choix qu'on en faisait. Comme c'est d'un tel choix qu'on faisait dépendre la gloire & le bonheur de l'État, le prince y donnait toute son attention, & n'oubliait rien de ce qu'il fallait pour le faire avec succès. Ainsi, soit en paix, soit en guerre, tout prospérait dans l'empire ; suite naturelle du bon gouvernement.

Lorsque la nécessité faisait recourir aux armes, qu'il fallait ou combattre des ennemis ou punir des rebelles, on mettait tous ses soins à ce que la guerre ne fût pas de longue durée. On la terminait en peu de temps, parce que personne n'avait intérêt à en prolonger le cours ; on combattait sans animosité, parce qu'on ne combattait que pour venger les lois & le bon ordre ; on se dispensait même de combattre, quelques préparatifs qu'on eût faits & quelque favorable que fût l'occasion, si, par artifice, ou autrement, on pouvait engager les ennemis ou les rebelles à rentrer dans le devoir ; & cette victoire était réputée la plus glorieuse, parce qu'elle était la victoire propre de la justice, & le triomphe de l'humanité.

Du temps du grand Yu tout se concluait dans l'enceinte même du palais. C'est là que les chefs faisaient le serment de venger le Ciel & les ancêtres ; & quoique le commun des sujets ignorât ce qui se passait, il n'était aucun d'eux qui ne se prêtât à tout ce qu'on exigeait, parce qu'il n'était aucun d'eux qui ne fût persuadé de l'amour paternel dont l'empereur était pénétré pour eux tous.

Les empereurs de la dynastie Hia, successeurs du grand Yu, après avoir délibéré dans le conseil sur ce qu'ils avaient à faire, donnaient leurs ordres en conséquence, disposaient tout pour la guerre ; & après que les préparatifs en étaient achevés, alors seulement on avertissait les gens de guerre d'avoir à se tenir prêts, & on exigeait d'eux le serment ordinaire. Mais comme il n'était personne qui ne fût convaincu de la tendre affection de ces grands princes pour les peuples qui leur étaient soumis, & de la droiture de leurs intentions dans tout ce qu'ils entreprenaient, il n'était personne aussi qui voulût en savoir plus qu'on ne voulait lui en dire. L'unique sollicitude de chacun était dans l'attention extrême qu'il avait, & dans les soins qu'il se donnait afin de ne manquer à rien de tout ce qu'il fallait pour exécuter avec succès les ordres qui émanaient de l'autorité suprême.

Sous la dynastie des Yn, les empereurs donnaient leurs ordres comme ils le jugeaient à propos : ils mettaient des armées sur pied, quand ils les croyaient nécessaires ; ils les faisaient entrer en campagne dans le temps qu'ils déterminaient eux-mêmes ; & après que le camp avait été tracé, les troupes, avant que de s'y enfermer, prêtaient le serment ordinaire, en dehors de la porte, à mesure qu'elles se présentaient pour entrer. Mais comme on était persuadé dans tout l'empire que le souverain n'avait d'autre but, dans tout ce qu'il faisait, que le bien réel de ses sujets, on était également satisfait de tout ce qu'on lui voyait entreprendre, & l'on se portait à tout avec un plaisir égal, dès qu'il s'agissait de lui obéir.

Pendant que les Tcheou gouvernaient l'empire, il n'y avait que les généraux qui fissent le serment. Ils le faisaient à la tête de l'armée, immédiatement avant le combat ; ils le faisaient sur le tranchant de leurs épées, & ils le faisaient comme des victimes qui se dévouaient sans retour pour le salut public. Leur intrépidité passait jusques dans le cœur du moindre soldat ; & le peuple, sous cette dynastie, fut un peuple de guerriers.

Les serments, de quelque nature qu'ils puissent être, ne doivent avoir lieu que pour les choses du premier ordre & de la dernière importance. On en exigeait anciennement des gens de guerre non pas tant pour s'assurer de leur fidélité, que pour les convaincre qu'il n'y avait rien au-dessus de ce à quoi on allait les employer. On voulait les engager à se porter à cette grande affaire avec toute l'attention, tous les soins, toute l'ardeur & tous les égards qu'elle mérite, puisque c'est d'elle que dépendent également le bonheur & le malheur de l'humanité. Avant que de l'entreprendre, les souverains, les généraux, les officiers, les soldats, le peuple même, tous doivent y voir de la justice & de la nécessité, afin que, de quelque manière qu'elle se termine, les générations qui suivront ne puissent pas leur imputer à crime le sang qui va couler, ni les larmes qu'on va faire répandre.

Tels étaient les usages que l'on observait sous les trois premières dynasties. La fin qu'on se proposait était la même, mais on y arrivait par différentes voies. Sous les Hia, la vertu était parvenue à son plus haut point de perfection : l'humanité & l'amour de l'ordre étaient gravés dans tous les cœurs, les tribunaux n'étaient occupés que du soin de distribuer des récompenses. Sous les Yn, on fut obligé d'employer la rigueur ; on fit fleurir les lois en châtiant ceux qui les transgressaient ; les exécutions des criminels ne se firent que dans les marchés publics ; la justice fut exacte & inflexible. Les récompenses & les châtiments eurent également lieu sous les Tcheou : on distribuait les dons dans l'enceinte des tribunaux, en présence des grands & des principaux mandarins ; on infligeait les peines à la vue de la multitude, au milieu des places publiques ; la vertu, le mérite, les belles actions avaient leurs récompenses ; les vices, de quelque nature qu'ils fussent, avaient leurs châtiments. Les Hia gouvernèrent en pères tendres ; les Yn, en juges sévères ; les Tcheou, en souverains équitables. Le but des uns & des autres était de faire pratiquer le devoir ; ils prirent différents moyens pour y parvenir. Un empereur éclairé peut & doit trouver son modèle dans quelqu'un des grands princes de ces trois premières dynasties : les circonstances le détermineront pour le choix.

Avoir trop de troupes sur pied est un désavantage égal à celui d'en avoir trop peu : un sage souverain sait prendre un juste milieu. Il faut qu'il y en ait assez en tout temps pour faire aisément le service & pour la garde des principales villes. Dans les cas imprévus ce nombre suffira en attendant, pour repousser ou pour amuser un injuste agresseur. Les soldats ne doivent être armés ni trop à la légère ni trop pesamment ; leurs armes ne doivent être ni trop longues ni trop courtes. La longueur des armes en rend le maniement difficile ; leur brièveté en borne trop l'usage. Si elles sont trop longues, elles deviennent préjudiciables par l'embarras qu'elles causent ; si elles sont trop courtes, elles deviennent inutiles. Des soldats trop pesamment armés n'ont plus de force pour combattre ; elle est employée toute à soutenir le poids dont ils sont chargés ; des soldats qui sont armés trop à la légère, ne peuvent ni enfoncer l'ennemi, ni lui résister ; ils sont bientôt renversés ou mis en fuite. La manière la plus avantageuse d'être armé, est celle qui nous met en état d'attaquer l'ennemi en même temps que nous pouvons nous garantir des coups qu'il nous porte. Les armes doivent avoir un poids fixe & une mesure déterminée. Ce poids & cette mesure doivent être proportionnés à la taille & aux forces du commun des hommes.

Les chars ne doivent pas être partout ni toujours de même ; il doit y en avoir de différentes formes suivant les différents usages auxquels on les destine. Sous les trois premières dynasties, il y avait les chars à crochets, les chars à tête de tigre, les chars précurseurs, les chars accouplés, & les chars à tête de dragon. Chaque espèce de char avait, outre cela, des marques distinctives particulières déterminées par le souverain lui-même. Sous les Hia c'était une figure d'homme noir qu'on représentait sur les étendards : sous les Yn ce furent des nuages, sous les Tcheou on y peignait des portions d'une terre jaune. Les Hia furent bienfaisants comme l'astre qui nous éclaire ; les Yn furent redoutables comme le tigre, & les Tcheou furent actifs comme le dragon. Le discernement, l'application à leurs devoirs, & les circonstances les rendirent tels. Les uns & les autres travaillaient de toutes leurs forces à former de bons guerriers ; mais ils ne leur donnaient pas pour cela la préférence sur les autres membres de l'État. Ils savaient que lorsque les gens de guerre sont en nombre suffisant, dociles, bien choisis, robustes & bien disciplinés, l'empire est à coup sûr dans un état de vigueur & de force propre à tout entreprendre, que le peuple peut jouir tranquillement de tous les avantages de la paix ; mais ils savaient aussi que s'il y a un grand nombre de troupes, qu'elles soient sans talents, sans valeur, vicieuses & mal disciplinées, alors le peuple s'épuise, devient pauvre, hors d'état de remplir ses principales obligations, vicieux même, & quelquefois rebelle. C'est pourquoi ils avaient un grand soin d'instruire ceux qui suivaient le parti des armes, de leur inspirer la vertu & de les former à la discipline, d'empêcher qu'ils ne fussent à charge aux citoyens, qu'ils ne nuisissent au peuple, qu'ils n'épuisassent inutilement les provisions, qu'ils ne dépeuplassent les campagnes, qu'ils n'employassent les bêtes de somme dans les temps où elles sont nécessaires pour la culture des terres ; en un mot, ils savaient éviter les deux extrémités, ils ne voulaient ni trop ni trop peu de troupes, ils n'en voulaient point d'inutiles, ils n'en voulaient que parce qu'ils ne pouvaient pas ne pas en avoir. Ils avaient pour maxime que l'ordre est la base de tout, & ils le faisaient observer. Ils avaient des règles déterminées, au moyen desquelles les gens de guerre se préparaient à marcher sans confusion, à combattre sans désordre, à vaincre sans cruauté, à triompher sans orgueil, & ils les faisaient garder ; ils mettaient une juste différence entre les différents corps de troupes qu'ils avaient sur pied, ils leur donnaient un arrangement convenable ; ils faisaient en sorte que lorsqu'on tenait la campagne, les fantassins ne fussent pas obligés de marcher jusqu'à se fatiguer, que les chars ne fussent pas chargés jusqu'à pouvoir être endommagés, que les chevaux ne travaillassent pas jusqu'à être harassés. Ils disposaient tellement les choses, que tout le monde devait être prêt à obéir sur-le-champ aux ordres qu'on pouvait donner dans les occasions même les plus imprévues : ils voulaient que les mieux disciplinés d'entre les soldats fussent toujours à la tête des autres pour leur servir de modèles ; ils voulaient enfin qu'une armée, en quelque position qu'elle pût se trouver, fût toujours dans l'abondance des vivres, des munitions & de toutes les choses nécessaires ; qu'elle fût toujours prête à faire face à l'ennemi, & à le combattre avec avantage ; que le service se fit en tout avec l'exactitude la plus scrupuleuse ; que les différents corps n'eussent entre eux aucune altercation, aucun sujet de jalousie ; qu'ils fussent tous de concert pour atteindre le même but, & pour procurer ensemble le bonheur, la gloire & la tranquillité de l'empire.

Ces sages souverains donnèrent toujours aux lettres la préférence sur les armes. Persuadés que les richesses faisaient disparaître les qualités guerrières pour leur substituer le luxe, la mollesse & tous les vices qui en dépendent, ils ne souffraient point de guerriers opulents. Convaincus que les richesses & l'autorité, lorsqu'elles sont jointes à la force, peuvent causer les plus grands maux, peuvent ébranler l'empire jusque dans ses fondements, ils ne donnèrent aux plus distingués d'entre les guerriers qu'un crédit limité, que des titres purement honorifiques, qu'une abondance sans superflu.

Ceux qui portent les armes sont sans cesse exposés à s'écarter du sentier qui conduit à la vertu ; ceux qui professent les lettres doivent les y diriger : les guerriers négligent souvent les cérémonies, & s'écartent des usages établis ; les lettrés doivent les y rappeler : les armes se plaisent dans l'agitation & le tumulte ; les lettres aiment le repos & la paix ; celles-là portent à la férocité ; celles-ci adoucissent les mœurs. Tels étaient les principes sur lesquels nos anciens rois réglaient leur conduite. Aussi la vertu ne restait jamais cachée ; on la produisait au grand jour : les talents n'étaient point enfouis ; on tirait parti de tout ; la valeur & les brillantes qualités qui l'accompagnent, n'étaient ni orgueilleuses ni téméraires ; la modestie & la prudence les conduisaient.

Sous le Grand Yu, on n'avait ni récompenses ni châtiments déterminés ; la vertu était à son plus haut point de perfection, le peuple s'y portait de lui-même. Sous les Hia ses successeurs, on détermina des récompenses, on ne fixa rien sur les châtiments ; le peuple devenu moins simple & plus instruit eut besoin d'être excité ; la saine doctrine fut entièrement développée & éclaircie dans tous ses points. On prit une route opposée sous les Yn. On établit des punitions, on fit pratiquer la vertu & fuir le vice, par la seule crainte des châtiments ; l'autorité fut respectée, elle profita de tous ses droits. Les Tcheou imitèrent les uns & les autres ; ils instruisirent, ils encouragèrent, ils inspirèrent de la crainte, ils donnèrent des récompenses, ils infligèrent des peines ; & les avantages qu'ils procurèrent à l'empire égalèrent en peu de temps tous ceux de leurs sages prédécesseurs.

Ces trois illustres dynasties se soutinrent avec gloire, autant de temps qu'elles suivirent tout ce que leurs fondateurs leur avaient transmis de doctrine & de règlements politiques pour le gouvernement de l'empire ; mais dès qu'une fois, sous des princes faibles, on commença à s'écarter de ce qui avait été établi, & à négliger tantôt une coutume & tantôt une autre, les lois allèrent en décadence, les mœurs se corrompirent ; on forma des brigues, il y eut des complots & des révoltes, jusqu'à ce qu'enfin une nouvelle race vint s'asseoir sur un trône qui était si mal occupé, & en exclut pour toujours ceux qui n'étaient pas dignes de le remplir. Quels exemples pour un souverain que ceux que nous ont laissé les fondateurs & les premiers rois de ces trois célèbres dynasties ! Ils sont dignes de tous nos éloges, ils sont dignes de l'admiration de tous les hommes ; ils doivent être imités par ceux qui tenant sur la terre la place du Ciel, doivent donner des lois à l'univers. Sous ces grands princes, la vertu, le mérite & tous les talents étaient connus, étaient honorés, étaient employés avec toutes les distinctions qui leur convenaient ; & c'est pour cela que bien loin de s'éteindre ou de s'affaiblir, ils prenaient chaque jour de nouvelles forces, chaque jour ils brillaient d'un nouvel éclat. Le peuple n'était ni paresseux ni contraint ; il travaillait assidument, mais librement & avec joie. Les gens de guerre n'étaient jamais oisifs ; leurs occupations se succédaient les unes aux autres avec ordre & sans discontinuer, ils empêchaient qu'il n'y eût du désordre dans les villes, ils mettaient à couvert les campagnes, ils veillaient à la sûreté des grands chemins.

Les uns & les autres menaient une vie laborieuse, mais exempte d'inquiétude & de peines ; les uns & les autres remplissaient leurs devoirs, parce que ceux qui étaient à leur tête, parce que les souverains eux-mêmes remplissaient les leurs avec exactitude.

Article troisième

Précis des devoirs particuliers de ceux qui commandent

L'autorité respective est la base sur laquelle est appuyé tout ce qui a rapport au gouvernement, & c'est de l'usage qu'on en fait que dépendent tous les succès quels qu'ils puissent être. Ainsi, régler & affermir l'autorité, est le premier & le plus important de tous les devoirs, & ce doit être l'objet des premières attentions d'un général.

Savoir connaître & apprécier une bonne action quelle qu'elle soit ; distinguer, parmi les fautes que l'on commet, celles qui peuvent avoir des suites d'avec celles qui ne sont d'aucune conséquence, & faire réparer à propos les unes & les autres ; avoir une fermeté à toute épreuve quand il s'agit de faire observer la discipline ; instruire & exercer, sans aucune exception, tous ceux qui doivent être employés ; fermer toutes les voies de désertion à ses propres soldats, les ouvrir au contraire & les faciliter aux soldats ennemis ; recevoir avec bonté tous ceux du parti opposé, & pouvoir s'en servir comme de ses propres gens ; profiter des lumières de tous ceux qui sont en état de donner de bons conseils, & avoir l'art de pénétrer leurs véritables sentiments, lors même que par quelque motif de crainte, de politique ou d'intérêt, ils n'oseraient les déclarer à découvert ; favoriser l'industrie & tous les talents militaires ; récompenser la valeur, punir la lâcheté, exciter l'émulation, étouffer les murmures, faire mouvoir tout le monde à son gré, comme on le veut & quand on le veut, c'est avoir établi l'autorité. Mais pour en venir à bout, il faut gagner les cœurs, s'attirer l'estime & se concilier une respectueuse crainte : il faut faire en sorte que tous ceux qui composent une armée soient unis de sentiments comme de conduite, qu'ils se regardant mutuellement comme le soutien les uns des autres, qu'ils n'aient tous qu'un même objet, qu'ils soient prêts à tout sacrifier pour obéir au général. Le général lui-même doit obéir aux lois & à tout ce qu'elles prescrivent ; il doit être éclairé, juste, impartial, plein de droiture, désintéressé, & il ne doit rien entreprendre que pour l'avantage commun. Par avantage commun, il faut entendre celui qui rejaillit, ou sur le corps général de la nation, ou simplement sur le total de l'armée. Un tel avantage est de tous le plus réel, le plus solide & le plus glorieux. Il n'est point sujet aux recherches toujours périlleuses pour ceux qui en sont l'objet, aux traits empoisonnés de l'envie, aux critiques calomnieuses, aux vicissitudes & aux renversements. Il est étayé par la multitude, protégé par le souverain, il se soutient par lui-même.

Un général éclairé est comme un flambeau ardent qui répand au loin son éclat, & à la lueur duquel les officiers des différents ordres conduisent sûrement tous ceux qui leur sont soumis. Un général juste & sans partialité détruit tout sujet de mécontentement & de murmures, il se fait aimer, lors même qu'il inflige des peines & des châtiments. Un général plein de droiture sait rougir à propos, ne craint point de reconnaître ses fautes & n'a pas honte de les avouer ; il travaille efficacement à les réparer. Un général désintéressé n'épargne ni ses soins ni ses peines, sacrifie tout au bien de la patrie, n'est jamais la dupe des artifices de l'ennemi, n'enfante point des projets d'ambition, ne cherche point à s'enrichir, ne se laisse pas corrompre par l'appât des honneurs des richesses ; il est à l'épreuve de tout. Un général qui réunit dans sa personne toutes ces qualités, est sans contredit un bon général : il sait que le moindre relâchement dans la discipline peut avoir des suites très funestes, & il empêche qu'il ne s'y en introduise : il sait que, malgré toutes ses attentions, il est presque impossible qu'il ne se glisse quelque abus ; il est en état de les voir & il ne craint pas de les corriger ; il sait que punir trop sévèrement les petites fautes, est un aussi grand mal que celui de punir trop légèrement les grandes ; qu'une attention trop scrupuleuse à les punir toutes, est un aussi grand inconvénient que celui de n'en punir aucune ; que laisser dans l'oubli ceux qui se sont distingués par leurs belles actions, c'est éteindre l'ardeur guerrière, & étouffer en quelque sorte l'amour de la gloire ; & qu'exalter, faire valoir & payer pour ainsi dire toute action militaire qui n'a rien qui ne soit du devoir commun, c'est avilir la valeur & déprimer le vrai mérite. Ces deux excès étant également préjudiciables, il les évite l'un & l'autre, il prend un juste milieu ; il punit & récompense à propos.

Sous un ciel favorable les provisions se font aisément, la joie règne dans tous les cœurs ; sur un terrain avantageux les troupes peuvent se ranger à l'aise, elles peuvent se garantir de tous les accidents fâcheux. Quand on est en même temps sous un ciel favorable & sur un terrain avantageux, on peut tout mettre à profit. La salubrité de l'air, la facilité des évolutions, l'usage libre des armes, l'abondance &

la bonté des aliments, l'aisance & la commodité, le contentement général, tout cela dépend des lumières de celui qui commande & de son attention à tirer parti du ciel & de la terre. Une armée qui se trouverait exposée à une chaleur brûlante ou à un froid trop rigoureux, à des vents impétueux ou à des pluies excessives, qui se verrait resserrée dans des lieux étroits & de difficile issue, ou qui se trouverait dans des lieux stériles, malsains & où il y aurait à souffrir la faim, la soif & une disette de tout, n'est guère réduite à quelqu'une de ces extrémités que par la faute de son général, qui n'a pas eu du ciel & de la terre toutes les connaissances qu'il aurait dû se procurer pour remplir dignement son emploi.

Un bon général doit avoir reconnu tous les postes importants, s'en être emparé & les faire garder avec soin : il doit disposer ses troupes de telle sorte que celles qui ne combattent qu'avec des armes courtes, soient toujours soutenues par celles dont les armes peuvent atteindre au loin : il doit faire couvrir les unes & les autres par les arbalétriers, & par tous ceux en général qui peuvent lancer des flèches ou des javelots ; il doit ranger ses soldats de façon que cinq ne fassent qu'un, & qu'un seul soit pour ainsi dire quintuple de lui-même ; c'est ainsi qu'il doit les faire combattre en les faisant circuler, & en les renouvelant sans cesse, pour avoir sans cesse des hommes toujours frais. Cinq hommes inséparablement unis, n'ayant qu'une même façon d'agir & de vivre, qu'un même but, qu'un même intérêt, ne voyant, ne parlant, n'entendant, ne sentant qu'en commun, n'étant affectés que des mêmes objets, & n'ayant, pour ainsi dire, que les mêmes passions, ne trouveront rien qui soit au-dessus de leur portée ; ils se soutiendront dans les marches, ils s'animeront dans les combats, ils s'éclaireront dans les doutes, ils se soulageront dans les peines, ils s'encourageront dans les craintes, ils se serviront mutuellement de frein contre les vols, les rapines, les brigandages, & contre toute action illicite & déshonorante.

Le général a ses idées propres, les officiers & les soldats ont les leurs qui leur sont propres aussi : si elles diffèrent entre elles, rien ne réussira ; si elles s'accordent, tout ira bien. Faire préparer des magasins d'armes & de vivres, disposer des chevaux, des chariots & des bêtes de somme, assigner les postes & les emplois, ranger les troupes, les instruire & les exercer, les rendre promptes, lestes & vaillantes ; envoyer des espions chez les ennemis, en avoir dans son propre camp pour ne rien ignorer de ce qui s'y passe : tout cela regarde le général. Mettre la main à l'œuvre, travailler avec ardeur & sans se rebuter, souffrir sans murmure la faim, la soif & la fatigue ; exécuter avec fidélité tous les ordres reçus, s'exposer sans crainte à tous les dangers dès qu'il s'agit d'obéir, remplir avec exactitude jusqu'au plus petit de ses devoirs, c'est l'affaire des subalternes & des soldats. Le général & les troupes qu'il commande ne font entre eux tous qu'un seul & même corps. Une armée est comme un grand arbre, le général en est le tronc, les officiers & les soldats en sont les branches.

Pour bien conduire une armée, pour la commander dignement, il faut de toute nécessité employer la vertu, la valeur & l'art ; la vertu, dans la manière de faire la guerre en général ; la valeur, dans les batailles les combats ; l'art dans la disposition & l'arrangement des troupes. Il faut employer les hommes à ce qu'ils aiment d'inclination ; il faut leur fournir les moyens de déployer leurs talents & de les faire valoir ; il faut prendre en tout le contrepied de l'ennemi.

Le Ciel, les Avantages, le Bon, sont trois choses auxquelles on doit une attention particulière. Choisir tellement le jour où l'on doit faire quelque opération importante, qu'on ne puisse jamais être forcé de le changer ; faire ses marches de telle manière qu'elles soient toujours sûres & sans obstacles ; savoir saisir le moment de la victoire, c'est avoir fait attention au Ciel. Avoir en abondance toutes les provisions nécessaires en tout temps & en tout lieu, couler soi & les siens des jours sains, dans un contentement qu'on ne craint point de perdre, c'est avoir pourvu aux vrais Avantages. Maintenir le gros de l'armée dans une position toujours favorable & toujours prête à tout événement, garder toutes les lois d'une exacte discipline, quelque part & dans quelques circonstances qu'on se trouve, avoir su inspirer un empressement général à tout faire, à le faire sans crainte & avec soin, avoir mis toutes choses en état d'aller comme d'elles-mêmes, en conservant un ordre toujours égal, c'est avoir trouvé le Bon.

On peut dire en général qu'une armée nombreuse est une armée forte ; mais on peut dire aussi qu'une armée trop nombreuse est difficile à entretenir, à ranger, à conduire, à faire mouvoir, & que ce n'est qu'avec des peines infinies qu'on peut contenir une armée trop forte dans les bornes étroites de la discipline & du devoir. La principale force d'une armée consiste moins dans le nombre que dans le choix.

Une armée est toujours assez forte quand elle a des chars légers, des cavaliers agiles & adroits, des fantassins robustes & expérimentés, quand tous ceux qui la composent sont dociles & bien exercés, quand au-dedans elle est toujours en bon ordre, quand au-dehors elle est toujours en état de faire toutes les évolutions à propos, quand elle peut aller & venir, s'étendre & se replier comme elle le veut & quand elle le veut. L'ignorance de bien des choses qu'il faudrait savoir, le relâchement dans la discipline, un trop grand train, des embarras de toutes les espèces se trouvent, pour l'ordinaire, dans une armée trop nombreuse. Que de monde ne faut-il pas pour avoir l'œil à tout, pour avoir soin de tout ! Quel espace de terrain pour tant d'hommes, pour tant d'animaux, pour tant de chars, pour tant de provisions, pour tant de bagages ! Que d'hommes uniquement destinés à garder, à préparer, à consumer, à vivre, & souvent même à détourner, à intimider, à débaucher, à nuire de mille façons ! Comment un général peut-il voir d'un même coup d'œil son armée entière ? Comment peut-il en disposer à son gré ? Quelle attention peut-il faire à toutes les marques distinctives des différents corps qui la composent ? Comment dans deux instants successifs peut-il donner deux ordres différents & quelquefois contraires, suivant que les circonstances l'exigent ? Il voit sa faute, il veut la réparer ; il aperçoit le mal, il veut s'en préserver : cela ne lui est pas possible : la machine est en mouvement il faut qu'elle aille.

Rien n'est plus funeste pour une armée que lorsque la désobéissance aux chefs, la désunion entre les membres, les soupçons, les défiances mutuelles, les craintes mal fondées, la nonchalance, la paresse, les autres passions se sont emparées de la plupart des cœurs. Le désordre, & un désordre général, en est la suite ; les pertes & les échecs continuels en sont les tristes effets. Qu'on étouffe l'orgueil dans son principe, qu'on éteigne la lâcheté dans sa source, on aura paré à tout.

L'orgueil s'engendre de la vanité, & la vanité de l'amour-propre : la lâcheté vient de la crainte, la crainte vient d'une fausse prévoyance portée à l'excès ; mais l'orgueil & la lâcheté produisent toutes sortes de vices qui entraînent après eux tous les malheurs. Un général qui a de la vanité, cherche les applaudissements. Plein de lui-même, il se persuade qu'il n'y a de bons projets que ceux qu'il a enfantés, de bonnes mesures que celles qu'il prend, de bons desseins que ceux qu'il conduit, de bonnes routes que celles qu'il s'est tracées. Qui oserait le contredire ? Même dans ses plus grands écarts on le flatte, on lui prodigue les adulations. Les fautes les plus lourdes ne le détromperont pas, il les ignore. Eh ! comment pourrait-il les connaître ? on les lui cache avec soin & il se les dissimule à lui-même. Bientôt sa vanité dégénère en pétulance & en orgueil ; il ne voit plus rien, il n'entend plus rien, il ne fait plus rien ; il se rend odieux, on le déteste, on le fait échouer, on le trahit, tout est perdu sans ressource.

Le défaut contraire produit les mêmes effets. Un général qui ne croit pouvoir compter sur rien, qui n'a point assez bonne opinion de ce que peuvent les siens, ni de ce qu'il peut lui-même, qui porte une fausse prévoyance à l'excès, a nécessairement le cœur toujours à l'étroit. Il croit voir partout de justes sujets de se défier ; il soupçonne sans fondement, il est minutieux, indécis, craintif, pusillanime ; rien ne lui échappe, tout lui fait peur ; les arbres des champs lui paraissent des armées, il voit sous l'herbe rampante des soldats en embuscade ; un mot échappé, un simple regard seront pour lui des signaux certains de trahison ou de révolte.

Que peuvent faire des troupes commandées par un tel homme ? de quoi sont-elles capables ? Lâches comme lui, elles ne chercheront qu'à mettre leurs jours en sûreté. A la première occasion, ou par une fuite précipitée, ou en baissant devant l'ennemi des armes qu'elles devraient employer à le combattre, sans égard à quoi que ce soit, sans regret & même sans honte, elles sacrifieront ignominieusement leur propre honneur, celui de la patrie, de leur prince & de leurs ancêtres. A ces vices dignes d'un opprobre éternel, je veux dire à l'orgueil & à la lâcheté, celui qui commande doit opposer les vertus dont il n'emprunte que trop souvent le masque : la magnanimité & la prudence.

Qu'un général soit magnanime, qu'il soit prudent, il sera hardi sans témérité, fier sans présomption, ferme sans opiniâtreté, exact sans petitesse, attentif sans défiance, circonspect sans soupçon ; il connaîtra le grand & le petit, le fort & le faible, le peu & le beaucoup, le pesant & le léger, le loin & le près ; il saura ranger sans confusion, & combiner toujours à propos, suivant les circonstances, le temps & les lieux, les trois, les cinq & les deux de toutes espèces ; il cherchera la véritable gloire, il remplira tous ses devoirs sans ostentation comme sans crainte ; il sera véritablement digne de commander.

Dans quelque position qu'une armée puisse se trouver, il faut que celui qui la commande ait toujours des espions qui l'instruisent fidèlement de ce qui se passe au loin ; il faut qu'il voie par lui-même tout ce qui est à portée d'être vu ; il faut qu'il se souvienne sans cesse que s'il a les armes à la main, c'est la justice qui les lui a confiées, que s'il emploie des hommes pour combattre contre d'autres hommes, c'est l'humanité qui le lui commande : il doit toujours avoir présent à l'esprit, que la réussite de ses entreprises & de toutes ses opérations militaires dépendra de l'attention qu'il aura eue au temps, pour les commencer, & des mesures qu'il aura prises, suivant ses forces & ses provisions, pour les conduire à une heureuse fin : il ne doit jamais oublier que pour vaincre un ennemi, il faut le connaître & qu'on ne le connaît bien que lorsqu'on sait tout ce dont il peut être capable. Il faut surtout qu'il se soit mis en état de n'être jamais pris au dépourvu, & de n'avoir à se défier de qui que ce soit. Avant de vous mettre en campagne, répandez les bienfaits à pleines mains, inspirez la confiance publique ; quand vous serez à l'armée, élargissez le cœur de vos soldats, faites régner l'abondance ; lorsque vous combattrez, portez la terreur & l'effroi, ne redoutez rien pour vous-même.

Dans l'enceinte du royaume, soyez débonnaire & ne respirez que concorde, paix & douceur ; à l'armée, faites observer la discipline & ne craignez pas de punir ; dans les combats, cherchez à qui porter des coups, & ne craignez pas d'en recevoir.

A la ville soyez honnête, bon, vertueux & tendre : à l'armée soyez actif, exact, plein de ressources, vigilant, industrieux, dissimulé même, & rusé s'il le faut ; soyez ardent, infatigable, vaillant & intrépide les armes à la main.

Ce n'est qu'à ce prix que vous serez digne en quelque façon de commander une armée ; mais vous mériterez le magnifique titre de grand général, si vous rangez vos troupes avec art, si vous les postez avec avantage, si vous les faites combattre à propos, si vous les instruisez en détail, si vous les gouvernez avec fermeté, si vous récompensez avec éclat, si vous gardez avec vigilance, si vous supputez avec exactitude.

Vous aurez l'art de bien ranger les troupes, si vous combinez tous les différents corps dont elles sont composées, de façon qu'ils ne puissent jamais se nuire les uns aux autres ; si vous les mettez en état de pouvoir toujours se secourir promptement, se remplacer facilement, se soutenir mutuellement ; si vous faites en sorte qu'ils puissent agir en tout temps & se détacher sans inconvénient au premier signal qui leur sera donné, sans que leurs voisins en souffrent le moindre dommage ; si vous les mettez à portée & en situation de voir tout ce qu'il faut voir, d'entendre tout ce qu'il faut entendre & de faire tout ce qu'il faut faire ; si vous les placez de manière à se servir mutuellement d'aiguillon à bien faire & de barrière contre la mollesse, les murmures, les cabales, les désertions, la lâcheté & toute la foule des vices dont les gens de guerre, à la honte de ceux qui les commandent, ne se souillent que trop souvent.

Votre armée sera postée avec avantage si elle se trouve dans des lieux un peu élevés, d'où l'on puisse découvrir au loin, des quatre côtés, qui soient sains, fertiles, où il y ait de bonne eau & de gras pâturages, d'où vous puissiez sortir librement & sans craindre aucune embuscade, & où vous soyez toujours le maître de vous battre ou de refuser le combat, sans qu'on puisse jamais vous forcer à prendre un parti que vous croiriez ne devoir pas tourner à votre profit.

Le temps, l'heure, le moment, quelques petites circonstances, suffisent souvent pour assurer la victoire ; ainsi, savoir choisir ce temps, cette heure, ce moment, savoir profiter de ces circonstances pour engager, continuer & finir le combat, c'est combattre à propos. Je pourrais entrer ici dans un détail immense, mais votre sagacité suppléera à ce que je n'oserais dire ; quelques exemples suffiront pour vous faire comprendre ma pensée. Le matin ou le soir, lorsque le soleil donne dans les yeux des ennemis, à toute heure de la journée, lorsqu'un vent impétueux souffle du côté qui leur est opposé, lorsque la jonction de leurs différents corps d'armée ne s'est point encore faite, avant qu'ils aient reçu les renforts des troupes qu'ils attendent, lorsqu'ils ont besoin de repos, lorsqu'ils ne sont point sur leurs gardes, lorsqu'ils ont souffert de la faim ou de la soif, lorsque quelqu'un de leurs officiers généraux, dont le mérite vous est connu, est absent ou malade, attaquez sans hésiter. Qu'une téméraire impétuosité ne vous fasse point oublier ce que vous vous devez à vous-même, ce que vous devez à tous ceux que vous commandez ; qu'une ardeur aveugle ne vous fasse point oublier ce que vous devez à l'humanité. Combattez vaillamment, mais avec mesure ; ne réduisez pas au désespoir un ennemi qui peut encore vous nuire, contentez-vous d'un avantage médiocre, pourvu qu'il soit sûr, sans en chercher de plus considérable, qui serait douteux. Faites sonner la retraite avant la nuit : ne permettez pas qu'on poursuive les fuyards par bandes détachées ou par pelotons, au-delà du terme que vous aurez assigné, & ce terme doit être court. Après le combat, donnez à vos soldats le repos dont ils ont besoin, mais ne les laissez pas dans une entière sécurité ; faites que tout soit disposé, comme si le lendemain vous deviez combattre encore. Quand vous saurez que les ennemis sont bien loin de vous, vous ferez alors ce qui est d'usage en pareille occasion.

Instruire en détail les troupes, c'est leur dire cent fois, c'est leur répéter sans cesse ce qu'elles doivent faire & ce qu'elles doivent éviter, c'est les exercer à toutes les évolutions militaires, c'est les endurcir au travail, à la fatigue & aux peines de toutes espèces ; c'est, en deux mots, les mettre en état de n'ignorer aucun de leurs devoirs, & de se faire une douce habitude de les remplir.

Gouverner avec fermeté, c'est employer toutes sortes de moyens légitimes pour maintenir le bon ordre ; c'est sacrifier ses intérêts personnels, sa vie même, s'il le faut, pour faire garder la loi ; c'est par conséquent gouverner sans crainte, sans respect humain, sans passion ; c'est exiger de chacun l'accomplissement de ses devoirs, mais l'exiger avec les égards que demandent la justice, la prudence & l'humanité, c'est-à-dire sans dureté, sans caprice, sans opiniâtreté, sans acception de personne.

Un général ainsi ferme trouvera d'abord bien des difficultés à surmonter, on lui opposera bien des obstacles, on blâmera sa conduite, on le calomniera, on l'accusera même, on tâchera de le noircir dans l'esprit du souverain ou de ses ministres, on lui fera des crimes de ce qui n'est en lui que vertu & pur zèle pour le bien de son maître & de la patrie. Mais qu'il ne s'effraie point, qu'il ne se laisse point abattre, qu'il soit toujours le même, simple dans son exactitude, inébranlable dans son uniformité. Bientôt il surmontera tout, tout lui deviendra facile, tout pliera sous les moindres signes de sa volonté, & ceux même qui lui étaient le plus contraires, qui l'avaient le plus décrié, qui l'avaient pris pour l'objet ordinaire de leurs médisances ou de leurs railleries, dociles comme les autres, se prêteront à tout, se soumettront à tout, lui donneront, comme les autres, les justes éloges qu'il mérite.

Récompenser avec éclat, c'est reconnaître le mérite, les talents, les belles actions ; c'est les faire valoir, c'est les relever, c'est flatter l'homme par son endroit sensible, c'est l'animer à bien faire, c'est l'encourager.

La valeur des récompenses dépend de l'idée qu'on s'en forme. Attachez des distinctions aux choses les plus simples, elles deviendront l'objet des recherches des plus grands hommes : n'accordez ces distinctions qu'à ceux qui les ont méritées, elles seront d'un prix inestimable, il n'est rien qu'on ne fasse pour les obtenir. Lors donc que quelqu'un de vos gens se sera distingué par quelque haut fait, ou par quelque action extraordinaire, ne vous contentez pas de lui donner de stériles louanges, de le proclamer dans l'enceinte du camp, de lui faire assigner quelque modique pension, ou de l'élever à quelque grade supérieur à celui qu'il occupait ; il ne faut pas effleurer simplement son cœur, il faut le pénétrer. Il faut qu'il puisse se flatter que la gloire qu'il acquiert n'est point une gloire éphémère que le même jour voit, pour ainsi dire, naître & mourir : il faut qu'il ait la consolation de la voir rejaillir sur ses ancêtres, & l'espérance qu'elle se perpétuera dans ses descendants.

Pour cela, voici à peu près ce que vous pouvez faire. Dans les lettres que vous écrivez au souverain, pour l'avertir juridiquement, & lui rendre compte de ce qui se passe, dites lui :

Un tel..., fils d'un tel... de telle province... de telle ville... de tel village..., commandant tel corps... officier de telle garde, ou simple soldat, a fait telle chose..., de telle & telle manière..., malgré tels & tels obstacles qu'il a surmontés, &c. Pour le récompenser, je lui ai donné telle prérogative, telle marque de distinction..., je l'ai élevé à telle place qui est la seule vacante que j'ai trouvé digne de lui, &c. J'en avertis Votre Majesté afin que par la plénitude de sa puissance elle fasse en grand ce que je n'ai pu faire qu'en petit & en attendant, &c.

Rien n'est impossible à des guerriers qui s'attendront à être ainsi récompensés, surtout si le prince ajoute aux bienfaits qui sont de coutume en pareille occasion, celui de donner de sa propre main quelqu'une de ces inscriptions honorables qui sont l'ornement d'une maison & la gloire de toute une famille.

Garder avec vigilance, c'est avoir pourvu de son mieux à tous les postes, importants ou non, sans vous fier trop à l'apparence ; c'est les maintenir à l'abri des insultes de l'ennemi, en vous ménageant la facilité de les secourir à la première attaque qu'on voudrait en faire ; c'est avoir distribué des espions, en aussi grand nombre & en autant de lieux qu'il faut, pour être averti de tout, toujours à temps & toujours à propos ; c'est être toujours prêt à tout ; c'est être dans une attention continuelle, c'est veiller, pour ainsi dire, lors même qu'on dort.

Supputer avec exactitude, c'est savoir jour par jour tout ce qui peut se consumer & ce qui se consume réellement de munitions de guerre & de bouche, & de provisions de toutes les espèces ; c'est les avoir tellement préparées, combinées & disposées, que, dans quelque circonstance qu'on se trouve, on n'en puisse jamais manquer, on en ait toujours en abondance ; c'est savoir le temps précis, l'heure, le moment où les ennemis doivent recevoir des secours d'hommes, d'argent ou de munitions, pour y mettre obstacle, & les lui enlever même, suivant que les circonstances le permettront ; c'est savoir en combien de temps on emportera tel ou tel poste, on arrivera dans tel ou tel endroit, on pourra faire telle ou telle opération, on rencontrera l'ennemi dans tel ou tel embarras, dans telle ou telle fâcheuse circonstance ; c'est enfin avoir si bien pris ses mesures, que tout arrive précisément comme on l'a prévu, & dans le temps qu'on l'a prévu.

La durée d'une chose, d'une affaire, d'un usage & de tout en général, est la mesure la plus juste de sa bonté. Tout ce qui n'est pas bon ne saurait durer longtemps ; tout ce qui n'est pas juste ne peut manquer d'être bientôt détruit ; ainsi, dans le militaire comme dans le civil, nous devons regarder comme sacré tout ce que nous tenons encore de nos anciens ; son existence est une preuve de sa justice, sa durée nous garantit sa bonté. Il ne faut donc jamais faire d'innovation, il faut suivre les routes battues, à moins qu'un changement total dans les mœurs & dans la constitution des choses ne vous contraigne de changer aussi : dans ce cas ne faites rien de vous-même, ne faites rien sans un mûr examen, sans de longues & de fréquentes délibérations.

La connaissance anticipée de tous les dangers auxquels on est exposé, en est comme le préservatif ; l'attente où l'on a été des peines qu'on souffre, en adoucit les rigueurs ; les dispositions où l'on a tâché de se mettre pour surmonter toutes sortes de fatigues & de travaux, relèvent le courage, donnent des forces, & font qu'on ne se laisse point abattre. Il faut donc, avant que d'exiger le serment de vos troupes, les prévenir sur tout, les instruire clairement de tout, & ne leur laisser rien ignorer de tout ce à quoi leur profession les engage. Leur patience & leur courage seront par là à l'épreuve de tout ; elles ne se démentiront point dans l'occasion, elles seront toujours les mêmes.

Les bons présages inspirent la joie & la confiance ; la joie & la confiance doivent régner dans votre camp, dans le cœur de chacun de vos soldats ; il faut donc interpréter favorablement tout ce qui peut arriver d'extraordinaire ; il faut empêcher qu'on ne tire des augures sinistres, tant des accidents qui sont l'effet visible de quelque cause naturelle, que de ceux dont on ignore la cause. Les meilleurs de tous les présages, les plus sûrs sans contredit, d'un avenir heureux, sont la justice de votre cause, les mesures que vous aurez prises, la droiture de vos intentions, votre habileté, l'expérience & la valeur de vos capitaines, la docilité & l'exactitude de vos soldats, & l'union intime de tous ceux qui composent votre armée.

L'uniformité du gouvernement maintient toutes choses dans leur état naturel ; elle est la base du bon ordre & la source des heureux succès. Il faut donc que votre manière de gouverner soit toujours la même, qu'elle ne soit sujette à aucun changement, que vous soyez sûr d'être approuvé par le grand nombre toutes les fois que vous voudrez la mettre en pratique, dans quelque circonstance que ce puisse être. N'admettez donc rien qui soit hors de la portée du commun des hommes, rien d'injuste, rien de rebutant, rien de trop difficile. Soyez diligent à instruire, clair & précis dans les ordres que vous donnez, constant à exiger, exact & inflexible à faire exécuter. N'ayez jamais d'humeur, jamais de caprice, jamais de vue d'intérêt propre. Soyez toujours affable, toujours bienfaisant, toujours plein de cette tendresse effective que personne ne peut révoquer en doute.

L'homme... l'homme : la droiture... la droiture : l'interruption... l'interruption ; la vigilance... la vigilance : que ces quatre mots ne sortent jamais de votre mémoire.

Quand vous serez sur le point de commencer le combat, tâchez d'émouvoir vos gens par les motifs qui vous paraissent les plus propres à faire impression sur eux ; étudiez leur cœur, connaissez ce qu'ils aiment, afin de pouvoir les conduire uniformément ; déterminez l'espace de terrain que chaque corps doit occuper, la manière dont il peut s'étendre & celle dont il peut se resserrer ; assignez un terme au-delà duquel il ne soit plus permis d'avancer & un autre jusqu'où l'on puisse reculer, pour revenir ensuite sur ses pas. Donnez le change à l'ennemi par des signaux trompeurs, ou par des situations simulées ; allez vous-même de rang en rang, pour voir si tout est dans l'ordre : ces précautions vous mettront en état de lire jusques dans le fond du cœur de tous vos soldats. Si vous jugez qu'ils souhaitent avec ardeur d'en venir aux mains, ne perdez pas un moment de temps, faites donner le dernier signal, & combattez. Si au contraire vous apercevez de la crainte, de la langueur ou de l'indifférence, saisissez le premier prétexte plausible, & demeurez dans l'inaction jusqu'à un temps plus favorable.

Naturellement l'homme cherche à imiter ; s'il voit faire le bien, il se porte de lui même à le faire ; s'il voit faire le mal, il s'y livre & le fait comme ses modèles. Il n'est personne qui ne souhaite de jouir d'une bonne réputation ; il n'est personne qui ne souhaite de se faire un nom. Si vous voulez que vos gens trouvent du plaisir à se bien conduire, menez vous-même une conduite irréprochable : si vous voulez qu'ils travaillent de toutes leurs forces à s'acquérir une réputation honorable, à se faire un nom du côté de la valeur & des autres vertus guerrières, donnez-leur-en vous-même l'exemple ; faites des actions extraordinaires, surpassez-vous, pour ainsi dire, dans tout ce qui est de votre devoir, dans tout ce qui peut faire l'admiration des hommes. Dans tout ce que vous ferez, soit en bien, soit en mal, soyez convaincu que vous aurez toujours une foule d'imitateurs, qui ne tarderont pas de devenir eux-mêmes des modèles.

Quelque attentif que soit un général, quelque bien qu'il se conduise, il arrive quelquefois que le désordre se met parmi les troupes qu'il commande : pour y remédier, il n'y a pas de moyens plus sûrs & plus efficaces que ceux que je vais vous suggérer. Ils sont au nombre de sept ; je ne fais que les indiquer ; vos propres réflexions vous apprendront assez l'usage que vous devez en faire. 1° l'humanité, 2°

la fermeté, 3° la droiture, 4° l'uniformité, 5° la justice, 6° les changements, 7° l'application. L'humanité, pour abattre tous les mouvements d'indignation, de colère & de vengeance qui s'élèvent, dans ces sortes d'occasions, dans le cœur d'un général, & pour empêcher qu'il ne porte la rigueur jusqu'à une sévérité outrée, ou même jusqu'à la cruauté. La fermeté, pour ne pas se laisser abattre par la crainte ou par les difficultés, quelles qu'elles puissent être, pour ne pas se laisser vaincre par les sollicitations & les intrigues des protecteurs. La droiture, pour se mettre au-dessus des préjugés & pour ne pas prendre le change dans l'appréciation des fautes, & dans la perquisition de ceux qui les ont commises. L'uniformité, pour qu'on sache à quoi s'en tenir par rapport à vous, pour pouvoir agir sûrement & efficacement, pour ôter tout prétexte aux soupçons, aux artifices, aux dissimulations, aux craintes mal fondées. La justice, pour attribuer à chacun ce qui lui est dû, le crime au coupable, l'innocence à l'innocent, les châtiments aux faux délateurs, les récompenses à ceux qui donnent de bons avis. Les changements, pour couper la trame des cabales & des complots, pour mettre des murs de division entre les coupables, pour préserver de la contagion ceux qui pourraient s'en laisser infecter, pour donner aux complices l'occasion de se déceler les uns les autres, par la crainte mutuelle d'être prévenus. L'application, pour ne pas se laisser endormir ou surprendre, pour prendre toutes les mesures nécessaires & ne rien omettre de tout ce qui peut contribuer à éteindre des étincelles qui pourraient causer le plus furieux embrasement si elles étaient négligées, ou pour étouffer l'incendie, s'il est déjà commencé.

Ce que je viens de dire suffit de reste pour vous mettre en état d'examiner vous-même & d'appliquer à propos les sept moyens de remédier aux troubles, aux révoltes, aux murmures, aux cabales, aux dissensions intestines & à toutes sortes de désordres, de quelque nature qu'ils soient.

Outre les règles générales de discipline qui sont communes à tous les gens de guerre, un bon général peut & doit quelquefois en établir de particulières qui soient proportionnées à la nature des troupes qu'il commande, à leur nombre, au temps, au lieu & aux circonstances : elles doivent être claires, en petit nombre, évidemment avantageuses & de facile exécution ; elles doivent avoir le bon ordre & le bien commun pour objet ; elles doivent regarder indistinctement tout le monde : il faut qu'il y ait des peines exemplaires & irrévocables pour les infracteurs, quel que soit le rang qu'ils occupent. L'observation ou l'infraction de ces règles dépendent également du général : si ceux qui composent son armée sont convaincus de son humanité, de sa justice, de sa capacité, de son exactitude à observer les lois & à remplir tous ses devoirs particuliers, de sa droiture, de sa bonne foi, de son impartialité & de toutes ces précieuses qualités qui font qu'un même homme est tout à la fois bon citoyen & grand homme de guerre, pleins de confiance & de respect, ils n'auront pas de plus doux plaisir que celui de lui obéir en tout ce qu'il jugera à propos de leur commander. Mais si, au contraire, ils jugent avec fondement que celui qui est à leur tête est un homme sans vertu, sans probité, sans mœurs, ou un homme vain, fastueux & superbe, qui, plein d'estime pour lui-même, ne daigne pas même consulter les sages dont il aurait honte de suivre les avis, ou un homme colère, emporté, vindicatif, cruel, à qui rien ne plaît, que tout irrite, qui pour le moindre prétexte se porte aux plus violents excès, ou un homme peu attentif, négligent, avide d'un petit intérêt particulier, qu'il cherchera dans toutes les occasions, au détriment même de l'intérêt commun, ils lui obéiront, parce qu'il a l'autorité en main ; mais ce sera d'une obéissance forcée dont ils chercheront à secouer le joug le plus tôt qu'il leur sera possible ; ou si, par un malheur encore plus grand, ils aiment à obéir à un tel chef, c'est une preuve qu'ils lui ressemblent. Dans ce cas je regarde l'État à deux doigts de sa perte ; il ne saurait manquer d'y avoir bientôt une révolution. C'est à vous, qui commandez les armées, à empêcher, par votre bonne conduite, que la postérité ne puisse jamais vous faire l'odieux reproche d'avoir contribué au bouleversement de votre patrie : c'est de vous que le souverain & les peuples qui lui sont confiés ont droit d'attendre, celui-là une partie de la gloire de son règne, & ceux-ci une partie de leur félicité.

Article quatrième

De la majesté des troupes

La majesté dans les troupes est une certaine manière de se montrer & d'agir, qui leur concilie le respect & la confiance de tous ceux qui se sont déchargés sur elles du soin de les protéger & de les défendre, en même temps qu'elle imprime la terreur & la crainte dans l'esprit de tous ceux qu'elles doivent dompter ou combattre, Ainsi, pour qu'une armée ait cette majesté si nécessaire aux vues qu'elle se propose, il faut de la fierté dans la contenance, de la fermeté dans le gouvernement, de la proportion dans les forces, de la modération dans la conduite, de l'uniformité dans les sentiments.

Par fierté dans la contenance, il ne faut point entendre cet extérieur dédaigneux & méprisant, ce maintien fastueux & superbe, ce ton de voix brusque & élevée, ces manières insultantes, ce total en un mot plus propre à révolter qu'à imposer, plus propre à se faire mépriser qu'à se faire craindre, plus propre à se rendre l'objet des plus sanglantes railleries qu'à se concilier le respect & l'estime. Une telle fierté ne se trouve guère que dans le faux brave, ou le fanfaron. Celle dont je parle est d'une toute autre nature : c'est une fierté noble, qui, sans mépriser personne, sans vouloir se mettre au-dessus de qui que ce soit, jouit néanmoins de cette supériorité & de cette prééminence qu'on ne refusa jamais au vrai mérite & qui sont l'effet nécessaire d'une conduite tracée par la gravité, par la décence, par les bonnes mœurs, & par l'amour de la véritable gloire & de l'austère devoir.

A la fierté de la contenance, telle que je viens de la désigner, il faut joindre la fermeté dans le gouvernement. Par fermeté dans le gouvernement, je n'entends point une sévérité outrée, qui ne fait grâce à personne, qui ne distingue rien, qui érige les plus petites fautes en crimes capitaux, les plus légers manquements en fautes grièves, les oublis involontaires en manquements prémédités. Une telle fermeté, loin de concourir à affermir le gouvernement ou à le décorer, n'est propre qu'à l'avilir ou à le détruire. Elle est un vice dans celui qui commande ; j'exige de lui une vertu. Faire observer la discipline en la rendant aimable & de facile exécution ; faire remplir tous les devoirs en les faisant respecter jusques dans les moindres choses ; ne rien permettre qui puisse être contraire à l'ordre établi ; punir sans rémission les coupables, mais les punir de manière qu'ils ne puissent attribuer qu'à la loi, & nullement à vous, le châtiment qu'ils éprouvent, de manière même qu'en ne les épargnant pas ils puissent vous savoir gré d'une punition méritée : voilà ce que je veux dire par fermeté dans le gouvernement.

Il y aura une juste proportion dans les forces, s'il n'est aucune sorte de combat que l'armée ne puisse livrer, s'il n'est aucune sorte d'armes avec lesquelles elle ne puisse attaquer ou se défendre, s'il n'est aucun corps chez l'ennemi auquel elle ne puisse opposer un autre corps de même nature, si le nombre des soldats est suffisant pour l'exécution de ce qu'on médite, si la quantité d'officiers tant généraux que subalternes n'est ni en excès ni en défaut, si les différents corps sont tellement composés, sont tellement exercés, sont tellement distribués, sont en tel nombre & tellement pourvus, qu'ils fassent un total bien assorti & en état de tout entreprendre & de tout exécuter dans les occasions où il faudra les employer.

La modération dans la conduite est une vertu qui prend sa source dans la tranquillité de l'âme. Qu'on réprime la fougue des passions, qu'on s'accoutume à envisager de sang-froid tous les accidents de la vie, qu'on se tienne toujours en garde contre toute impression fâcheuse, qu'on se défie sans cesse des premières impulsions d'une colère aveugle, qu'on se donne le loisir de tout peser, de tout balancer, l'on jouira de cette tranquillité d'âme dont la modération en toutes choses sera le fruit.

L'uniformité dans les sentiments naît de l'estime réciproque des officiers qui sont persuadés de la capacité de leur général, des soldats qui ont confiance dans les talents de leurs officiers : un général qui croit pouvoir compter sur les uns & sur les autres forme une armée dans laquelle règnent de concert la tranquillité, le bon ordre, la confiance & l'unanimité.

La science de la guerre se réduit à certains principes, ces principes à certaines règles, & ces règles à certains usages déterminés. La science fait connaître les principes, apprend l'art de les appliquer : de l'application & de la connaissance des principes, se forment les lois militaires, les règles de la discipline : les lois militaires, & les règles de la discipline qui peuvent se varier à l'infini, sont fixées à certains usages dont la pratique a paru renfermer plus de convenance & d'utilité. Il faut donc connaître les principes afin de pouvoir en faire l'application ; il faut savoir les lois militaires & les règles de la discipline afin de pouvoir les observer ; il faut être au fait des usages consacrés afin de pouvoir s'y conformer sans réserve.

La manière de s'assembler, de former les rangs, de se tenir droit ou assis, de se courber, de se relever, d'avancer, de reculer, d'attaquer & de se défendre, doit être le principal objet de l'attention, tant de ceux qui commandent que de ceux qui obéissent ; de ceux qui commandent, afin qu'ils aient égard au temps, au lieu & aux différentes circonstances, afin de ne donner jamais leurs ordres hors de propos ; de ceux qui obéissent, afin qu'ils puissent exécuter promptement & avec intelligence tout ce qui leur sera commandé.

Après que les différents corps seront chacun au poste qu'il doit occuper, & que les rangs seront formés, on ne doit plus entendre aucune sorte de bruit. Tout le monde doit être attentif, se tenir gravement debout, & être tellement disposé, qu'au premier mouvement qu'il faudra faire, qu'à la première évolution qu'on commandera, on puisse obéir promptement, avec aisance & sans confusion. S'il s'agit d'avancer vers l'ennemi, il faut que le signal désigne clairement par quel côté la marche doit se faire. On doit marcher avec gravité, mais sans pesanteur, délibérément, mais sans précipitation : on ne doit faire qu'un nombre de pas déterminés, après lesquels il faut s'arrêter & fléchir les genoux comme si on voulait s'asseoir ; en s'accroupissant dans cette posture, on attendra de nouveaux signaux.

Si les ennemis commencent à s'ébranler, il faut rester immobiles & se donner le temps de les voir venir. Le courage & la crainte entrent également par les yeux : il faut que la vue ait le loisir de reconnaître ceux qu'elle doit choisir pour victimes, qu'elle puisse saisir leur image pour la dépouiller de tout ce qui paraît en elle de redoutable. Des troupes qui sont sans terreur à l'aspect de ceux qu'elles doivent combattre, sont des troupes qui ne reculeront pas ; des troupes qui sans se troubler voient avancer l'ennemi & ne font aucun mouvement pour le prévenir ou se mettre en défense, sont des troupes qui combattront avec ordre.

Les troupes de la gauche & celles de la droite doivent être au corps de l'armée ce que les ailes sont aux oiseaux. C'est par le moyen de leurs ailes que ceux-ci ont la facilité de se transporter rapidement d'un lieu à un autre, & de prendre, en fendant les airs, toutes les directions & toutes les routes qu'ils jugent à propos : c'est par le moyen des troupes qui sont à la droite, de celles qui sont à la gauche, qu'une armée doit être susceptible de prendre sur-le-champ telle combinaison qu'il plaira au général de lui assigner. L'agilité & la force des oiseaux sont ordinairement en proportion avec la grandeur & la force de leurs ailes ; il en doit être de même d'une armée ; on doit former ses deux ailes avec les troupes les plus lestes, les plus aguerries & les mieux disciplinées. Les troupes pesantes, celles, par exemple, qui sont cuirassées, doivent former le corps, & la cavalerie doit environner le tout.

Lorsqu'il sera temps de commencer le combat, le général haranguera en peu de mots, & donnera ses ordres. Les troupes avanceront à pas comptés, tant pour ne pas perdre haleine, que pour conserver leur sang-froid ; & la cavalerie fera retentir les airs par le bruit de ses instruments, & par ses cris, auxquels se joindront les hennissements des chevaux. Alors ceux qui sont armés pesamment, s'ébranlent & portent les premiers coups. Le général doit être très attentif à cette première charge. La contenance des siens, celle des ennemis lui diront s'il y a quelque changement à faire dans la disposition de son armée. Sans rien changer au corps, il fera prendre aux ailes telle forme qu'il jugera nécessaire, & pourra disposer d'une partie de la cavalerie, pour soutenir ceux qui pourraient avoir besoin d'un prompt secours, pour n'être pas contraints à plier sous les efforts des ennemis. De quelque manière & en quelque temps que les troupes, en présence de l'ennemi, s'avancent pour le combattre, ou attendent qu'il leur porte les premiers coups, elles ne doivent jamais se tenir directement en face, ni dans une position qui soit tout à fait droite ; mais tournées en demi-quart, la tête baissée & le corps un peu penché, elles feront promptement mais sans précipitation, gravement, mais sans pesanteur, les différentes évolutions qui leur seront commandées.

Le casque & la cuirasse ne doivent être ni trop étroits ni trop pesants. S'ils serrent trop la tête & le corps, ou s'ils surchargent l'un & l'autre d'un poids inutile, de l'homme le plus agile, ils en font un homme lourd, & diminuent à coup sûr, dans tous ceux qui sont ainsi gênés, les forces, l'adresse & la valeur. Un soldat dont la tête & le corps ne sont pas à l'aise, & qui est affecté de quelque douleur sourde, n'est pas la moitié de lui-même, il ne saurait combattre avec avantage.

Pour faire avancer vers l'ennemi, on frappera sur le tambour un nombre de coups déterminé, à quelque intervalle l'un de l'autre ; pour engager le combat, on frappera sur le tambour, mais précipitamment & à coups redoublés ; pour arrêter la marche ou faire cesser le combat, on frappera sur le lo ; s'il s'agit de revenir sur ses pas, c'est le tambour qui en donnera le signal ; & l'intervalle qu'on mettra entre les différents coups sera la mesure du nombre de pas que l'on doit faire & que le général aura déterminé. Il n'y a pas de meilleur moyen ni qui soit plus simple pour maintenir l'ordre & empêcher qu'une retraite qui n'a rien que de très honorable, n'ait l'air d'une fuite, & n'en acquière quelquefois la réalité, par la confusion où l'on doit être nécessairement dans une marche inégale ou trop précipitée, ou par les attaques imprévues des ennemis, qui, persuadés que vous fuyez, voudront par des efforts redoublés achever entièrement votre défaite.

S'il arrive que pendant la nuit on veuille faire quelque coup de main que les circonstances auront déterminé, ou s'il est à propos d'aller surprendre l'ennemi dans son camp, pour l'attaquer lorsqu'il sera le moins en état de défense, il faut que les hommes mettent dans leur bouche le bâillon qui est destiné à cet usage, & qu'ils portent toujours pendu à leur cou pour s'en servir dans l'occasion ; il faut aussi qu'on mette à celle des chevaux le frein qui les empêche de hennir.

Si pendant les marches forcées il arrive que les troupes aient besoin de se rafraîchir ou de prendre quelque nourriture, on doit le leur permettre : mais qu'elles le fassent sans s'arrêter, si cela se peut ; ou s'il faut nécessairement qu'on s'arrête, que ce ne soit que pour un très court espace de temps.

Si ceux qui sont à la tête ont quelques avis nécessaires à donner à ceux qui les suivent, ou quelque chose à faire savoir au général, qu'ils disent ce qu'ils ont à dire, mais à voix basse, à ceux du premier rang ; ceux du premier rang le diront sur le même ton à ceux du second, ceux du second à ceux du troisième, & ainsi de suite, jusqu'à ce que l'avis soit parvenu, & que le général soit instruit.

Personne ne doit tourner la tête pour voir ce qui se passe derrière soi : ce point, qui est de la dernière importance, & dont l'infraction serait sujette aux plus terribles inconvénients, doit être observé très rigoureusement, surtout pendant le temps du combat. Porter les coups de la mort ou les recevoir, vaincre ou mourir, c'est là l'alternative pour laquelle il n'y a plus de choix à faire. Ainsi toute l'attention, tous les efforts ne doivent être dirigés que vers ce grand objet ; & l'on ne doit discontinuer d'aller toujours en avant qu'après qu'un signal contraire l'aura ordonné.

Dans quelque circonstance que ce puisse être, même pendant la plus grande ardeur du combat, on doit toujours accorder la vie à ceux qui la demanderont en s'avouant vaincus. On doit également recevoir au nombre des siens quiconque se sera rendu volontairement, ou aura été pris, ou aura déserté de chez l'ennemi. Un bon général peut tirer un excellent parti de ces sortes de gens en les incorporant dans ses propres troupes, conformément à leurs talents & au rang qu'ils occupaient quand ils étaient dans leur propre pays, ou quand ils combattaient sous les étendards de leur prince.

Quand le général donne ses instructions pour l'ordre de bataille, il doit le faire clairement, sans la moindre ambiguïté, absolument, en peu de mots & dans l'instant qui précède celui où doit commencer le combat. Il est essentiel que rien de ce qui doit se passer chez vous ne puisse transpirer chez l'ennemi. Votre plan une fois donné, agissez conformément & ne le changez que lorsque vous verrez évidemment qu'il y aurait du danger à le suivre. Si, après avoir tout disposé & avoir donné les derniers ordres, il arrive que la bataille soit différée, il faut changer tout les arrangements projetés & en faire de nouveaux, dont on n'instruira les troupes que lorsqu'on sera sur le point d'en venir aux mains.

Les soldats ne doivent jamais prendre le repas immédiatement avant de se battre ; il ne faut pas non plus qu'il y ait un intervalle de temps trop considérable entre la bataille & le repas. Le premier de ces deux excès rendrait vos guerriers pesants, paresseux, indolents & comme engourdis ; & le second les affaiblirait, & diminuerait leur courage en proportion de la diminution de leurs forces. Voici comment on peut éviter l'un & l'autre inconvénient le jour de la bataille. Cinq ou six heures avant qu'elle commence, il faut que tout le monde prenne sa réfection. Généraux, officiers & soldats, tous doivent commencer &

finir en même temps : tous, ce jour-là seulement, doivent avoir les mêmes mets & la même boisson, puisque tous vont courir les mêmes risques & essuyer les mêmes fatigues.

Il ne faut jamais que les troupes soient dans la perplexité. Si vous avez des raisons pour croire que l'ennemi pense à vous attaquer ou se dispose à le faire, & des raisons qui paraissent prouver qu'il ne pense point à en venir aux mains, ne restez pas dans le doute ; déterminez-vous à livrer la bataille, & attaquez le plus promptement qu'il vous fera possible : vous combattrez avec plus d'avantage que l'ennemi, parce que vous aurez pris des précautions qu'il n'aura pas le temps de se procurer. Lorsqu'il vous verra fondre sur lui, il ne pensera qu'à se défendre, & il le fera d'abord avec confusion ; votre premier soin alors sera de vous emparer de tous les postes importants & de le chasser de tous ceux dont il pourrait se servir à votre détriment.

Tout doit être bien réglé dans une armée, tout doit y être bon, tout doit y être fort : ainsi des soldats bien nourris, bien disciplinés, récompensés, & punis à propos, excités par le bon exemple des officiers, pleins de confiance dans leurs généraux, n'ayant qu'un même cœur, qu'une même volonté, & ne tendant qu'à un même but, feront des hommes robustes, vaillants & intrépides, contents de leur sort, prêts à tout entreprendre & toujours en état d'exécuter avec succès ce qu'il y a de plus difficile & de plus périlleux. Des chevaux qu'on ne nourrira que de bons pâturages, qu'on n'abreuvera que d'une eau bien douce & bien claire, qui ne pâtureront jamais qu'aux mêmes heures & en quantité toujours égale, qu'on ne fatiguera jamais hors de propos, qu'on soignera toujours avec les mêmes attentions, auxquels on fera faire chaque jour des courses modérées, ou qu'on assujettira à quelque travail constant, seront des chevaux vigoureux, dont on pourra tirer, dans l'occasion, les services les plus essentiels. Les chars & en général toutes les machines qu'on emploie, tant pour le combat, que pour le transport des vivres, des munitions & de tout ce qui est nécessaire à une armée, auront toute la solidité nécessaire pour les usages auxquels ils sont destinés, & ils vous procureront tous les avantages que vous pouvez en attendre, s'ils sont faits avec du bois qui n'ait jamais servi, & qui ait l'épaisseur & les autres dimensions requises dans chacune de ses pièces, si les ferrements sont solides & nouvellement forgés, si les clous en sont neufs, d'une grosseur & d'une longueur proportionnées à ce qu'ils doivent consolider. Qu'on ne s'y trompe point, c'est par les petites attentions qu'on vient à bout des plus grandes choses. Un général & des officiers qui les négligent, échouent souvent dans leurs entreprises, quoique très bien concertées d'ailleurs, & quoiqu'ils aient fait en apparence tout ce qu'il fallait pour les voir couronnées des plus heureux succès.

Ce qui touche de plus près les hommes doit être fait avec encore plus de soin. Les habits, les armes, les casques, les cuirasses, les boucliers doivent être tels, que, sans embarrasser ceux qui les portent, ils puissent les mettre en état de parer les coups de l'ennemi, & leur donner la facilité de lui en porter. Des armes bien aiguisées, des cuirasses & des casques assez forts pour résister au fer, inspirent la confiance, augmentent le courage & servent comme de supplément aux forces ordinaires. Que l'esprit d'une épargne sordide ne vous suggère jamais de ces mauvaises raisons, qui, présentées sous un certain jour, sont quelquefois assez plausibles pour en imposer aux plus désintéressés, comme aux mieux intentionnés. Sous l'apparence de quelques avantages présents, sont cachées les pertes les plus funestes.

L'homme, quel qu'il soit, n'est jamais bien aise de mourir lorsqu'il peut sans ignominie conserver encore des jours qui ne lui sont point à charge. La vertu, la valeur, l'amour du devoir, de la gloire & de la patrie, peuvent bien lui faire affronter les périls & la mort ; mais il gardera toujours dans le fond de son cœur cette répugnance naturelle, qui le fait trembler comme malgré lui lorsqu'il voit de près le moment fatal qui peut lui arracher la vie. J'en appelle à l'expérience des plus intrépides ; ils ne me démentiront pas, s'ils sont sincères. On ne doit donc rien négliger pour rassurer les soldats & leur inspirer une espèce de sécurité contre tout ce qui peut trancher le fil de leurs jours : ils l'auront, cette confiance & cette espèce de sécurité, s'ils sont armés de manière à porter & à parer les plus terribles coups, & s'ils sont assez bien défendus pour rendre inutiles la plupart de ceux qu'on leur portera.

Quand les troupes sont en marche ou font leurs évolutions, elles doivent être légères comme les oiseaux ; quand elles gardent, elles doivent être comme clouées dans les postes qu'on leur a assignés ; quand elles se battent, elles doivent se soutenir & se succéder mutuellement comme les rayons & tout ce qui compose une même roue. Les hommes qui ne sont pas au nombre des combattants, ainsi que les bêtes de somme, les chariots & tout le bagage, doivent être à la queue de l'armée, & dans un tel arrangement, que, sans les faire mouvoir, ils puissent tout à coup se trouver à la tête ou aux ailes, suivant que le général l'ordonnera. C'est ainsi qu'on peut tirer avantage de ce qui paraît être le plus inutile ; avantage des plus importants, puisqu'il peut être un rempart contre les efforts de l'ennemi, & une barrière contre la lâcheté des fuyards.

Pour savoir si votre armée a véritablement le désir de vaincre, il faut tâcher de pénétrer les sentiments de tous ceux qui la composent. Pour pouvoir conclure, ou, tout au moins, augurer avec fondement si vous serez vainqueur, il faut examiner la contenance de vos gens vis-à-vis de l'ennemi, & celle des ennemis vis-à-vis de vos gens. L'ardeur de vaincre, mais une ardeur modérée, soumise aux lois de la discipline ; la crainte d'être vaincu, mais une crainte raisonnable, qui, n'ôtant rien au courage, ne suggère que de légitimes précautions, sont des avant-coureurs de la victoire. Un général ne doit rien oublier pour inspirer à ses troupes ces deux sortes de sentiments ; il doit faire son possible pour les détruire dans les troupes ennemies, s'il s'aperçoit qu'elles les ont. Les moyens d'y réussir ne lui manqueront pas, s'il connaît le cœur humain, & s'il fait faire la guerre.

Il faut savoir discerner ce qui est important d'avec ce qui n'est d'aucune conséquence, ce qui est indifférent d'avec ce qui peut avoir des suites. Quand vous serez chez l'ennemi, vous emploierez fréquemment les troupes légères ; quand vous serez chez vous, vous ferez usage des troupes pesamment armées. Les premières sont plus propres à provoquer, à attaquer & à faire du dégât, & les autres sont plus propres à conserver & à se défendre.

Ne tirez jamais en longueur ce qui doit être fait avec célérité ; ne faites jamais précipitamment ce qui demande des réflexions & des préparatifs. N'entrez jamais trop avant dans les terres ennemies : vous devez prévoir la difficulté du retour en cas de malheur ; vous devez craindre la disette des vivres, les embûches, les trahisons, les perfidies, l'inconstance de ceux qui se seront soumis volontairement, l'esprit de révolte dans ceux que vous aurez forcés, l'affaiblissement de vos propres troupes, qui peut être suivi de la ruine entière de votre armée, &, au défaut de tous ces inconvénients, la honte d'être obligé de revenir sur vos pas, sans avoir fait autre chose que perdre inutilement du temps & des hommes.

Dans les marches, on doit s'exercer aux évolutions qu'on doit faire avant, pendant & après le combat ; dans les haltes, on doit imiter les campements ; dans les unes & dans les autres, il faut garder la discipline & être attentif à tout. Quand on attaque ou quand on se défend, il faut suivre en tout les ordres reçus & être toujours sur ses gardes, se soutenir mutuellement, & ne jamais s'oublier soi-même.

Des généraux ombrageux, tristes ou vétilleurs, ne sauraient inspirer la grandeur d'âme, la sécurité ni la joie ; des officiers qui obéissent avec peine ou négligemment, ne sauraient obtenir qu'une obéissance tronquée ou désagréable ; des capitaines lents & indécis ne sauraient avoir des soldats actifs & déterminés. Les chefs impriment la force, donnent le mouvement ; les membres se prêtent à tout.

Si les chefs sont unis entre eux, si les chariots sont forts, les chevaux vigoureux & les provisions abondantes, quelque peu nombreuse que soit une armée, je la regarde comme invincible ; au contraire je regarde comme une armée déjà vaincue, celle dont les chefs seraient jaloux les uns des autres, auraient mutuellement de la défiance, seraient toujours d'avis différent. Si les généraux ont des prédilections marquées pour tels & tels corps, ils ne seront que médiocrement secondés par la multitude : s'ils sont entêtés de leurs propres idées, ils feront tuer beaucoup de monde ; s'ils craignent de mourir, ils n'ont point de valeur ; s'ils s'exposent témérairement à la mort, ils ont du courage à la vérité, mais ils manquent de tête.

Il n'y a que cinq motifs légitimes pour lesquels tout guerrier peut se faire tuer ; l'amour de la gloire & l'espérance de rendre son nom recommandable à la postérité : une juste colère, comme lorsqu'on est accusé ou soupçonné sans fondement de manquer de courage, ou lorsqu'on est provoqué avec insulte par des ennemis qu'on méprise ou dont on est méprisé ; la crainte d'être puni suivant toute la rigueur des lois, si l'on venait à manquer à ses devoirs ou à les enfreindre, d'encourir la disgrâce du souverain ou des généraux, de devenir l'objet de la raillerie de ses semblables, de déshonorer ses ancêtres, ses descendants & toute sa famille ; la justice, parce qu'on se doit à son prince & à l'État plus encore qu'à soi-même ; enfin l'amour paternel, pour laisser à ses enfants un nom qui les fera valoir, & les récompenses que l'État a coutume d'accorder à la famille de quiconque est mort glorieusement pour le service de la patrie.

Le Ciel ne concourt pas moins que l'homme au gain ou à la perte d'une bataille. Le Ciel aurait beau être favorable, si l'homme ne le seconde pas, tout est perdu. Quoi que l'homme puisse faire, tout est perdu encore, si le Ciel s'oppose à ses desseins. Pour réussir, il faut le concours de l'un & de l'autre ; mais pour échouer, il suffit que l'un des deux manque. Il suit de là que, quelques soins qu'on se soit donnés, quelques mesures que l'on ait prises, quelque habile que soit un général, quelque expérimentés que soient des officiers, quelque aguerris que soient des soldats, on peut éprouver les revers les plus funestes pour peu que le Ciel ne favorise pas l'homme, ou que l'homme ne seconde pas le Ciel. C'est dans ce cas que les sinistres événements s'appellent des malheurs ; malheurs cependant dont un grand général peut encore tirer parti.

Si l'on a des instructions à donner, des réprimandes à faire, des ordres ou des défenses à publier, il faut faire les attentions suivantes, pour que ce qu'on se propose ait à coup sûr son effet. Si l'on a en vue le corps entier de l'armée, il faut qu'entre la bataille, les instructions, les réprimandes, les ordres ou défenses, il n'y ait pas au-delà de trois jours d'intervalle. Si l'on n'en veut qu'à quelques corps seulement l'intervalle de quelques heures suffit : mais si l'on ne doit s'adresser qu'à un seul homme, il faut le faire sur-le-champ : dans le moment même du combat. Ne faites jamais languir ceux à qui vous aurez à parler ; dites-leur promptement ce que vous aurez à leur dire.

La perfection dans l'art de la guerre consiste à se soutenir, du commencement à la fin, de telle sorte qu'on ne puisse se reprocher aucune faute : pour cela, il faut avoir tout calculé & tout prévu avant que de l'entreprendre ; il faut que tout soit prêt, que tout soit bien disposé quand on la commence ; il faut savoir mettre tout à profit quand une fois on l'a commencée ; il faut se procurer un avantage réel en la terminant.

La victoire que remporte une armée est la victoire de chacun des particuliers qui la composent : il n'en est aucun qui ne puisse, à juste titre, s'appeler victorieux, quel que soit le poste qu'il ait occupé, pourvu qu'il ait fait son devoir. Les sept sortes de tambours, les étendards de toutes les couleurs & de toutes les formes sont les directeurs & les guides d'une armée bien disciplinée : il n'est personne dans une armée qui ne leur doive toute son attention, afin de pouvoir faire, à point nommé, les évolutions commandées. Les tambours & les étendards doivent être connus des corps particuliers auxquels ils appartiennent. Il y a les tambours porte-étendards, les tambours des chars, les tambours de la cavalerie, les tambours des fantassins, les tambours communs, les tambours de la tête & les tambours de la queue. Tous ces tambours doivent être dans un même lieu, lorsqu'on doit commencer la bataille, c'est à eux que le général s'adresse pour donner ses ordres. Dès que tous les tambours sont rendus au lieu désigné, le général leur ordonne de battre la charge ; alors la cavalerie & les chars se placent à la tête de l'armée, l'infanterie s'avance à petit pas jusqu'à la portée du trait, pour commencer le combat dans l'ordre qui aura déjà été déterminé ou qui sera indiqué sur-le-champ. Les chars s'ouvrent, la cavalerie revient par les côtés, & les fantassins avancent toujours & combattent, en avançant, jusqu'à ce qu'ils aient enfoncé les ennemis.

Une armée qui est forte & bien disciplinée, ne doit pas perdre le temps en délibérations ou en escarmouches, ou en de petits combats qui ne peuvent aboutir à rien de décisif. Il faut que, le plus tôt qu'il sera possible, elle en vienne à une bataille générale. En commençant la bataille, il ne faut pas que tous les corps donnent à la fois ; la confusion & le désordre y règneraient infailliblement, & la déroute pourrait suivre de près le désordre & la confusion.

Ranger une armée en bataille n'est pas une chose difficile ; ce qu'il y a de difficile, c'est de combattre sans s'écarter de l'arrangement qui a été déterminé. Il est aisé de donner de bons ordres & de les donner à propos ; mais il est très difficile de les faire exécuter, & d'obtenir leur entier accomplissement. Placer des soldats à tels ou tels postes qui sont essentiels, c'est ce que tout le monde peut faire ; mais les placer à propos, mais ne placer que ceux qui sont en état de les garder & de les défendre, c'est ce qui n'est pas aisé. Bien des personnes sont en état de donner de bons conseils ; mais on en trouvera peu qui soient disposées à les suivre. Tout le monde peut bien parler ; mais tout le monde ne peut pas bien faire.

Les hommes ne sont pas partout les mêmes ; & il y a autant de différence entre le naturel des uns & des autres, entre leurs mœurs, leurs inclinations, leurs usages, leurs talents, leur éducation, leurs forces, leurs bonnes ou mauvaises qualités, qu'il y en a entre les différents pays qui les ont vu naître. Les habitants des villes diffèrent des villageois, ceux-ci des simples campagnards. Il ferait absurde de prétendre qu'ils fussent également propres à tout & qu'on pût les employer indifféremment à tout.

Il est essentiel que le commun des troupes ne sache jamais l'état bon ou mauvais de l'armée ; il faut que les simples soldats & les officiers subalternes ne soient jamais assez instruits de la supériorité de leurs forces sur celles des ennemis, pour se livrer à une présomptueuse sécurité ; il faut également qu'ils ignorent leur propre faiblesse, afin qu'une lâche crainte ne s'empare pas de leurs cœurs.

Après la bataille, si l'on est victorieux, il faut partager gaiement les fruits & les honneurs de la victoire. Il ne faut pas que tels & tels corps veuillent s'attribuer exclusivement aux autres une gloire qui doit être commune à tous ; car tous ont vaincu, si tous ont fait leur devoir : ce qui n'empêchera pas néanmoins les distinctions & les récompenses que méritent les actions personnelles. Il ne s'agit ici que de ce qui regarde la victoire en général.

Si, après la bataille gagnée, le général veut livrer un nouveau combat & pousser à bout ou réduire au désespoir des ennemis qui peuvent encore avoir des ressources, qu'il prenne bien toutes ses mesures, qu'il n'agisse qu'à coup sûr ; car s'il vient à être vaincu, toute la honte de la défaite ne retombera que sur lui. A la tête de ses troupes il doit alors combattre en simple soldat, pour trouver les succès ou la mort.

Lorsque l'armée est en campagne, quand elle est dans l'enceinte d'un camp, dans tous les temps, dans tous les lieux, dans toutes les circonstances, elle doit se conduire de telle sorte que le peuple ait toujours lieu de croire que si elle a les armes à la main, ce n'est que pour le défendre ; que si elle consume des denrées, ce n'est que pour mettre à couvert ses moissons & ses récoltes ; que si elle détruit, ce n'est que pour conserver ; que si elle cause quelques désordres particuliers, ce n'est que pour assurer l'ordre général ; que si elle fait la guerre, ce n'est que pour avoir la paix ; que si elle lui cause certains préjudices passagers, ce n'est que pour lui procurer les solides avantages qui doivent faire son bonheur. Le peuple en sera convaincu, si l'humanité, la justice, la décence, la gravité, les bonnes mœurs règnent parmi les officiers & les soldats ; & ce peuple une fois convaincu, il n'est rien à quoi il ne se porte, il n'est rien qu'il ne fasse pour entretenir de tels guerriers. Il se privera avec plaisir d'une partie même du nécessaire, pour leur procurer l'abondance ; il prodiguera ses forces, sa santé, sa vie même, pour concourir à des succès dont il croira devoir partager le fruit.

Il est de la dignité d'une armée de ne jamais se compromettre : la gloire ou l'ignominie de la nation, l'honneur ou le déshonneur du souverain, la perte ou le salut de l'empire dépendent de la manière dont elle se conduira. Elle ne doit donc jamais s'exposer mal à propos ; elle ne doit faire aucune fausse démarche, aucun faux pas ; elle ne doit livrer des batailles, donner des combats, faire des escarmouches, avancer ou reculer, sans que de dix parties il y en ait huit pour croire que ce qu'elle fait est bien, & mérite l'applaudissement général. Elle doit donc être toujours sur ses gardes, pour ne pas donner dans les pièges de l'ennemi ; elle ne doit rien oublier pour parer, autant qu'il est possible, à tous les inconvénients. Telles ont été les maximes de nos anciens : c'est d'après eux que je les propose ; c'est d'après mon expérience que je les garantis.

Article cinquième

Idée générale de la manière dont il faut employer les troupes

De quelque nombre qu'une armée soit composée, il y a des règles générales, suivant lesquelles on ne saurait se dispenser de la conduire ; & il y en a de particulières, dont on ne doit faire usage que suivant le temps, le lieu & les circonstances. Les premières sont toujours les mêmes ; elles doivent être invariables ; tous ceux qui sont destinés à commander les troupes doivent les savoir & les observer. Les secondes sont de pur choix ; mais il n'est pas donné à tout le monde de savoir bien choisir. Je vais établir quelques principes généraux, sur lesquels les militaires éclairés pourront exercer leur génie, en les développant & en en fixant l'application.

1° Si l'armée est peu nombreuse, il faut en fortifier chaque rang le plus qu'il fera possible, il faut lui faire occuper un petit espace de terrain ; si l'armée est nombreuse, il faut l'étendre, il faut en multiplier les rangs, il faut la gouverner dans toute la rigueur des lois. Une petite armée ne peut se procurer que de petits avantages ; mais ces petits avantages multipliés la font parvenir à son but. Une grande armée peut tout d'un coup parvenir à son but ; mais tout d'un coup aussi elle peut manquer son objet.

2° Une armée nombreuse doit être ferme & comme immobile dans son camp ; elle n'en doit jamais changer le lieu, à moins qu'une nécessité absolue ne l'y oblige ; elle n'en doit sortir que pour combattre. Une petite armée ne doit avoir aucun lieu fixe ; elle doit toujours être en action & en marche.

3° Quand une armée nombreuse est en présence de l'ennemi elle doit s'arrêter, ou pour commencer elle-même le combat, ou pour attendre que l'ennemi le commence. Il n'en doit pas être ainsi d'une armée peu nombreuse ; elle doit sans cesse aller & revenir sur ses pas, afin de pouvoir fatiguer l'ennemi & le combattre en détail.

4° Autant qu'il sera possible, il faut que le grand nombre attaque le moindre ; il faut que le fort attaque le faible ; il faut opposer des troupes fraîches à celles qui seront déjà fatiguées ou qui auront souffert.

5° Il faut donner du repos aux troupes avant que d'engager le combat ; il ne faut pas que les mêmes combattent trop longtemps de suite ; il faut les soutenir en tout temps & les relever à propos.

6° Si le gros de l'armée paraît en suspens, ou douter de la victoire, ou craindre d'être vaincu, il ne faut pas laisser à la perplexité ou à la crainte le temps de se fortifier ; le général doit prendre alors ses arrangements, ou pour différer la bataille, ou pour en changer l'ordre, ou pour aller camper ailleurs.

7° Quand il y aura quelque coup de main à faire, soit pour piller des magasins ou pour enlever quelque parti, il faut agir avec tout le secret, toute la prudence, toute la sûreté possibles, & sans bruit. Aucun étendard ne doit être déployé, aucun instrument ne doit se faire entendre, aucune parole ne doit sortir de la bouche de qui que ce soit. Il faut outre cela que quelques corps considérables accompagnent d'un peu loin ceux qui seront commandés pour le pillage, afin de les secourir au cas qu'ils soient les moins forts, de les soutenir au cas qu'ils soient repoussés, de leur servir d'asile, au cas qu'ils soient mis en fuite, & de mettre à couvert le butin, pour être porté en sûreté jusqu'au gros de l'armée.

8° Si l'on s'aperçoit que le nombre des ennemis est diminué considérablement, qu'en conséquence la crainte se soit emparée de ceux qui restent, il faut soi-même faire semblant d'avoir peur ; il faut faire semblant de vouloir décamper pour éviter le combat. Vous leur inspirerez de la présomption, ils ne seront pas sur leurs gardes, & vous les attaquerez lorsqu'ils s'y attendront le moins.

9° Dans quelque bataille, combat ou action que ce puisse être, il faut toujours tourner le dos au vent ; il faut toujours voir devant soi quelque lieu élevé dont on puisse s'emparer, pour s'y fortifier en cas de défaite ; il faut qu'à gauche & à droite il y ait quelque montagne ou quelque défilé dont vous soyez le maître.

10° **Ne** vous engagez jamais dans des lieux marécageux ; ne combattez jamais sur un terrain qui aurait la figure d'une tortue renversée vous pouvez cependant y camper, mais pour peu de temps seulement.

11° Quand tout sera disposé pour le combat, ne vous pressez pas de le commencer ; soyez attentif à tout ce que fera l'ennemi. S'il vient à vous, attendez-le de pied ferme, examinez par où & comment il débutera ; ne faites d'abord que vous défendre, pour juger, par sa manière, de tout ce dont il est capable ; & quand vous aurez connu son fort & son faible, vous pourrez donner des preuves de votre capacité en le combattant avec avantage, jusqu'à ce que vous ayez emporté sur lui une victoire complète. Si l'ennemi, aussi attentif & aussi rusé que vous, prend de son côté les mêmes mesures que vous prenez du vôtre, gardez-vous bien de tomber dans ses pièges ; vous seriez bientôt la victime de votre impatience ou de votre ardeur immodérée. Il faut alors rentrer dans votre camp, vous y fortifier & y demeurer jusqu'à ce que des circonstances favorables vous obligent à en sortir pour courir à la victoire.

12° Ne vous réglez jamais sur les paroles vagues qui pourront vous venir de la part ou du côté des ennemis ; ne vous réglez que sur leur conduite ; ne vous fiez pas à ce qu'on pourra vous dire ; voyez par vous-même.

13° Soyez attentif à tout ce que fera l'ennemi ; suivez-le dans toutes ses opérations ; s'il se met en mouvement, mettez-vous en mouvement aussi ; s'il fait un pas, sachez ou il le dirige, suivez-le ; s'il est en suspens, soyez en suspens aussi, ou faites semblant d'y être ; s'il délibère, délibérez de votre côté : opposez la force à la force, l'artifice à l'artifice, la ruse à la ruse : imprimez-lui toutes les craintes, mais ne souffrez pas qu'il vous en imprime aucune ; ou si vous en avez qui soient bien fondées, ne les montrez pas au-dehors ; faites en sorte qu'on ne puisse pas même les soupçonner.

14° Si l'ennemi est vaincu, qu'il veuille prendre la fuite, ne l'en empêchez pas ; suivez-le d'un peu loin, & toujours en bon ordre. Vos troupes auront le temps de se reposer ; celles de l'ennemi, celui d'augmenter leur crainte ; s'il faut en venir à un nouveau combat, vous y acquerrez une nouvelle gloire.

15° Ce qui paraît fuite de la part de l'ennemi, ne l'est pas toujours : c'est quelquefois une prudente retraite ; c'est souvent un artifice pour attirer ceux contre lesquels il doit combattre, dans les pièges qu'il leur a dressés. C'est pour cette raison qu'il ne faut jamais se presser d'aller à sa poursuite.

Soyez toujours en défiance ; sachez quels sont les chemins par où il peut aller, & ceux par où vous pourrez revenir sur vos pas, en cas de nécessité : cette attention devient indispensable, si vous vous trouvez dans le voisinage de quelque ville dont les habitants ne soient pas sujets du prince que vous servez.

16° Toute expédition militaire a ses dangers, ses pertes, ses inconvénients : la plus glorieuse, la plus utile est celle qui en a le moins. Quelque forte que soit une armée, quelque bien qu'on la conduise, quelques mesures que l'on ait prises, il y aura toujours quelque chose à souffrir, quelque funeste événement qu'on n'aura pas prévu, quelque échec auquel on n'avait pas lieu de s'attendre ; on fera toujours quelque faute ; on manquera toujours à quelque chose ; il faut alors faire usage de toute la force d'âme dont on peut être doué, ne pas se décourager, & réparer sans inquiétude tout ce qui peut être réparé.

17° L'homme est ce qu'il y a de plus précieux sous le ciel : il faut épargner son sang, il faut abréger ses peines ; par conséquent il ne faut pas faire durer la guerre ; il faut la terminer le plus tôt qu'il se pourra, dût-on céder quelque chose de ses intérêts particuliers ; dût-on l'acheter à prix d'argent, pourvu que la gloire de l'État & l'intérêt des peuples le demandent ainsi.

18° Tout guerrier qui est à l'armée ne doit plus avoir d'intérêt propre, plus d'affaires particulières, plus de désirs inquiétants, plus de parents, plus d'amis ; les affaires de l'État, l'intérêt de l'État, le désir d'augmenter la gloire de l'État en le servant de tout son pouvoir, sont les seules choses qui doivent l'occuper. Ses parents, ses amis, sa femme, ses enfants, toute sa famille, sont l'État ; l'État doit lui tenir lieu de tout ; hors de l'État, rien ne doit plus être pour lui.

19° Une armée composée de guerriers ainsi disposés sera une armée propre à tout, une armée forte, une armée invincible : elle ne comptera les sièges que par les prises des villes, & les combats que par ses victoires.

Tout ce que je viens de dire n'est qu'un précis de la doctrine & des usages des grands hommes qui ont illustré notre empire, depuis les temps les plus reculés jusqu'à celui où nous vivons. Puissions-nous laisser à nos descendants les mêmes exemples que nos ancêtres nous ont transmis !

OU TSE

L'ART MILITAIRE

D'après la version établie en 1772 par le Révèrent Père Joseph-Marie AMIOT de la Compagnie de Jésus

Préface

Didier Hallépée

Ou Tse

Au troisième siècle avant notre ère, le royaume de Tsinn (dans la région du Chan-si) disparaissait, déchiré par des dissensions internes. Sur ses débris, Huen Hou fonda le royaume d'Oe.

Après avoir vécu longtemps à l'écart de la cour OuTse dirigea les armées d'Oe puis tomba en disgrâce. Il fut rappelé par le roi Huen Hou pour combattre l'invasion des Tsrinn (247 avant JC). Il remporta la victoire et ses exploits militaires ont laissé de nombreuses traces dans les chroniques chinoises. Mais finalement Ou Tse tomba de nouveau en disgrâce et mourut oublié de tous.

L'art militaire

S'appuyant sur les travaux de Sun Tse, Ou Tse rédigea son traité d'art militaire. Celui-ci disparut probablement lors de la grande destruction des livres ordonnée par l'empereur Chehouangti des T'sin en 293 ap. JC et seuls six articles nous sont parvenus.

Ces articles étaient très réputés auprès des lettrés chinois et mandchous et ils furent l'objet de nombreux commentaires.

Article premier

Du gouvernement de l'État par rapport aux troupes

Ou-tse dit : Anciennement ceux qui avaient le gouvernement de l'État, regardaient l'instruction du peuple comme la première & la plus essentielle de toutes leurs obligations. Ils n'oubliaient rien pour rendre leurs sujets doux & polis. Ils s'appliquaient surtout à empêcher qu'il n'y eût aucune dissension parmi eux ; mais si, malgré leur extrême vigilance & tous leurs soins, le feu de la discorde s'allumait dans l'État, ils réglaient leur conduite suivant les quatre circonstances dans lesquelles cela pouvait arriver principalement.

En premier lieu, s'il y avait quelques semences de troubles avant qu'on eût levé des troupes, on avait pour maxime invariable de n'en point mettre sur pied.

Secondement, si, lorsque les troupes étaient déjà sur pied, il y avait quelques commencements de division, on ne voulait pas qu'on commençât la campagne.

En troisième lieu, si la campagne étant déjà commencée, la discorde commençait aussi, on prétendait qu'il ne fallait pas tenter le sort d'un combat.

Quatrièmement, enfin si dans le temps même du combat il arrivait qu'il y eût quelque mésintelligence ou parmi les généraux, ou parmi les différentes troupes qui composaient l'armée, on tenait pour principe certain qu'il ne fallait pas remporter une entière victoire .

Telles sont les règles que nos anciens se prescrivaient, telles sont celles qu'un prince éclairé doit suivre. Qu'il instruise le peuple, qu'il entretienne l'esprit de concorde & d'union, il peut après cela commencer la grande affaire . Qu'il se garde bien de prêter jamais l'oreille aux basses paroles de la flatterie, aux discours des hommes peu éclairés ou peu vertueux. S'il doit entreprendre la grande affaire, il se transportera d'abord dans la salle destinée à honorer ses ancêtres , comme pour les avertir de ce qu'il doit faire, il consultera les sorts , il cherchera dans les révolutions célestes s'il trouve du favorable & du désavantageux ; si tout est de bon augure, il entreprendra hardiment.

Un roi qui veut bien gouverner, doit aimer tendrement ses peuples ; ce n'est pas assez, il doit faire en sorte que jusqu'au moindre de ses sujets, tous soient persuadés de sa tendresse pour eux ; alors, quelque chose qu'il puisse leur commander, il sera toujours sûr d'être obéi, sans répugnance de la part d'un seul ; leur fit-il affronter les plus grands périls, ils y courront avec joie ; les fatigues, les peines, la mort même n'auront rien de rebutant, rien d'effrayant pour eux : ils ne craindront point de perdre la vie, quand ils l'exposeront pour le bien de l'État ; & le peuple regardera comme indigne de vivre celui qui, par faiblesse ou par lâcheté, aurait pris la fuite devant l'ennemi.

Ou-tse dit : La doctrine fait rapporter les choses à leurs principes, elle connaît la liaison qu'elles ont entr'elles, & voit comment il faut faire pour agir conséquemment. La vertu influe sur les actions, elle les rend dignes d'éloges & de récompenses ; la prévoyance rejette le mauvais pour lui substituer le bon, elle tire parti de tout : la nécessité fait naitre les ressources ; c'est à la nécessité que l'agriculture & les arts doivent leur origine.

Celui donc les actions ne sont ni réglées par la doctrine, ni soutenues par la prévoyance, ni soumises à la nécessité, ni conduites par la vertu, attirera infailliblement sur soi toutes sortes de disgrâces & de malheurs, & mettra le désordre dans l'État, s'il est du nombre de ceux qui le gouvernent, ou s'il y occupe quelque poste éminent.

Le sage suit la doctrine, se dirige par la prévoyance, se règle par la vertu, obéit à la nécessité. Il se plaît dans tout ce qui peut fomenter en lui l'amour des autres hommes ; il ne s'écarte en rien de ce que prescrivent les usages & les bonnes mœurs : avec ces qualités fondamentales on s'élève ; sans elles on se détruit. Lorsque Tcheng-tang voulut entreprendre la perte de Kie , il fut encouragé dans son projet, sollicité, pressé même & aidé par les grands & par les peuples qui étaient soumis aux Hia . Lorsque Ou-ouang entreprit la perte de Tcheou-ouang , les sujets mêmes des Yn le comblèrent d'éloges, l'aidèrent de leurs conseils & le secoururent, en lui présentant la force de leurs bras . Tcheng-tang & Ou-ouang réussirent l'un & l'autre dans leurs projets, parce que leurs vertus & leur bonne conduite les avaient rendus les favoris du Ciel & les délices des hommes.

Ou-tse dit : Pour affermir un royaume & le rendre inébranlable dans les constitutions fondamentales de son gouvernement, il faut avoir de bonnes troupes ; pour avoir de bonnes troupes, il faut les former à la discipline, à la vertu, aux manières & aux bonnes mœurs : il faut leur apprendre à rougir ; car quiconque sait rougir, ne fait jamais rien qui puisse le couvrir de honte aux yeux des hommes ; il évite même jusqu'à l'ombre du mal. Parmi les troupes ainsi formées, il faut choisir, tant officiers que soldats, ceux qui auront le plus de talents & qui vous paraîtront plus propres aux exercices militaires ; ce sont les seuls que vous devez envoyer contre l'ennemi ; ils combattront avec honneur, & ne reviendront que pour vous offrir leurs succès. Les plus faibles doivent rester pour la garde du royaume & de tous les postes qui en dépendent : ils pourront en même temps vaquer aux exercices de la vie civile, & augmenter le nombre des bons citoyens.

Il est aisé de vaincre lorsqu'on livre des batailles : l'on ne remporte point de victoire si l'on se contente de garder. Cependant, quelque royaume du monde que ce soit, je n'en excepte aucun, s'il est en guerre, & qu'il ait gagné jusqu'à cinq grandes batailles, il est nécessairement dans le désordre ; si quatre fois seulement il a été victorieux, il est sûrement en mauvais état ; si trois fois il a triomphé de ses ennemis, le souverain qui le gouverne n'ira de pair qu'avec les pa ; il égalera les ouang si deux fois seulement il a été victorieux. Mais si, après la première victoire, tous ses ennemis sont soumis, il mérite le titre de ti ; il peut gouverner l'univers. Parmi ceux qui ont remporté un grand nombre de victoires, il s'en trouve fort peu qui soient parvenus à être les maîtres du monde ; on en trouve beaucoup qui ont perdu leur empire & la vie même.

Ou-tse dit : Dans le gouvernement des troupes il y a cinq choses auxquelles il faut faire une extrême attention, parce qu'il y cinq raisons principales pour lesquelles on se détermine ordinairement à faire la guerre.

La première est l'amour de la gloire & le désir de se faire un nom. La seconde est l'envie de se procurer certains avantages, sans lesquels on se persuade qu'on ne saurait vivre tranquillement & avec honneur. La troisième est lorsqu'on a changé de bien en mal. La quatrième, lorsqu'il y a quelques dissensions intestines ou des troubles dans l'intérieur du royaume ; & la cinquième, lorsqu'on se trouve réduit aux dernières extrémités. Les troupes qu'on lève pour quelqu'une de ces raisons, peuvent être appelées chacune d'un nom particulier. J'appelle les premières, les troupes qui doivent avoir la vertu pour guide. J'appelle les secondes, les troupes qui doivent être bien disciplinées ; j'appelle les troisièmes, les troupes téméraires ; j'appelle les quatrièmes des troupes cruelles ; j'appelle les cinquièmes, des troupes opiniâtres.

Des troupes qui, dociles aux corrections qu'on leur fait, ne retombent plus dans les fautes qu'on leur a reprochées, sont sûrement des troupes vertueuses.

Des troupes dont un général punit hardiment les fautes, quelles qu'elles puissent être, & quel que soit le rang qu'occupent ceux qui les ont commises, & qui, même en punissant, a l'approbation du plus grand nombre, sont sans contredit des troupes bien disciplinées.

Des troupes qu'on aura assemblées dans des mouvements de colère, d'indignation ou de vengeance, sont des troupes téméraires.

Des troupes qui, sans aucune raison légitime & par l'appât seulement de quelque vil intérêt, s'assemblent pour combattre & mettent le trouble dans l'État, sont des troupes véritablement cruelles.

Des troupes enfin qui, dans le temps où le peuple gémit sous la tyrannie de ceux qui le gouvernent, où les vivres n'abondent nulle part & où le royaume est sur le penchant de sa ruine, achèvent de le détruire en mettant en mouvement le gros de la nation, sont des troupes plus qu'opiniâtres.

Ces cinq sortes de troupes doivent être gouvernées d'une manière particulière à chacune.

Il faut éclairer, par de sages instructions, les troupes qui ont la vertu en recommandation ; il faut leur apprendre les manières & les leur faire observer .

Il faut empêcher que les troupes bien disciplinées n'aient une trop haute opinion d'elles-mêmes ; il faut les humilier.

Il faut parler aux troupes téméraires ; il ne faut pas cesser de les exhorter, qu'on ne leur ait inspiré de la docilité.

Il faut employer toutes sortes de stratagèmes pour adoucir les troupes cruelles ; il faut les gagner par artifices.

Il faut employer l'autorité & toute la rigueur des lois avec les troupes opiniâtres : il ne faut rien oublier pour les exterminer, si l'on ne peut pas les ramener à leur devoir par d'autres voies.

Ou-heou dit un jour à Ou-tse :

— Je serais bien aise d'apprendre de vous trois choses de la dernière importance pour moi. La première, comment il faut employer les troupes ; la seconde, comment on doit gouverner les hommes en général ; la troisième, par quels moyens on peut parvenir à affermir un royaume d'une manière inébranlable.

— Je vais vous satisfaire, répondit Ou-tse.

Les grands rois, ceux qui se sont le plus distingués dans les anciens temps, mettaient tous leurs soins à cultiver la vertu ; vertueux eux-mêmes, ils voulaient que les grands & tous ceux qui les approchaient le fussent aussi : ils n'oubliaient rien pour les rendre tels. Ils établirent d'abord d'excellentes lois de subordination, & se firent un devoir capital de les observer. Ils assignèrent aux magistrats leurs obligations envers le peuple, & aux peuples, ce qu'ils devaient aux magistrats. Ils firent d'excellents établissements en tous genres, & ils eurent toujours égard aux circonstances. Ils disposaient tellement les choses, qu'ils étaient toujours prêts à tout événement, & à couvert de toute surprise.

Hoan-koung, roi de Tsi, imita leur exemple ; il avait continuellement sur pied cinquante mille hommes de troupes réglées, tous gens choisis, tous gens intrépides, qui ne demandaient qu'à aller à l'ennemi, & auxquels il n'arriva jamais de reculer. Il fut craint & respecté de ses voisins, & fut le premier des rois de son temps.

Ouen koung, roi de Tchin, avait quarante mille hommes sous les armes ; c'était l'élite de ses sujets : ils étaient toujours disposés aux plus grandes entreprises. Aussi, ni l'inquiétude ni les chagrins n'approchèrent jamais du trône de cet excellent prince.

Mou-koung, roi de Tsin, n'eut jamais que trente mille hommes sur pied ; mais comme il eut soin de les former à tous les exercices de la guerre, il les rendit robustes, vaillants & intrépides. Il fut respecté, il fut craint, & vainquit plus d'une fois ses ennemis.

Voilà, prince, quels sont les modèles sur lesquels vous devez vous former ; réfléchissez sur leur conduite, vous y trouverez une excellente réponse à la question que vous m'avez faite. Cependant je vous dirai en général qu'un roi qui est maître d'un grand État, doit faire consister le principal de ses soins à bien gouverner ses peuples, en faisant de bons règlements pour tout ce qui regarde le civil. Dès qu'une fois le corps du peuple est bien réglé, & peut vivre tranquillement à l'abri des lois, il est temps de tourner ses vues du côté des troupes ; & voici, à mon avis, comment on peut y procéder.

Les hommes qui composent une nation n'ont pas tous le même génie, la même industrie, les mêmes talents ni les mêmes inclinations. Il s'en trouve parmi eux qui ont de l'audace, du courage, de l'ardeur, de la force, de la magnanimité, de la valeur, & autres qualités semblables qui les distinguent du reste du peuple ; ce sont ceux qu'on doit choisir pour en composer le corps général de la milice. Ce n'est pas tout, il y a un autre choix à faire, qui n'est pas d'une moindre importance ; le voici :

Outre ceux qui ont été reconnus capables de porter les armes, il faut encore avoir un autre corps de troupes divisé en cinq classes.

La première sera composée de ceux qui ont de la force, de la valeur, & qui, faciles à s'enflammer, sont capables des plus hautes entreprises.

La seconde contiendra ceux qui savent faire usage de la force qu'ils peuvent avoir, quelle qu'elle soit, qui ne l'emploient qu'avec succès, qui aiment le métier de la guerre, & qui ne respirent que les combats.

La troisième classe renfermera tous ceux qui, doués d'une agilité naturelle & d'une extrême souplesse de corps, peuvent se transporter d'un lieu à un autre dans un très court espace de temps, peuvent grimper sur les montagnes, descendre dans les précipices, lasser même les chevaux à la course, supporter toutes sortes de fatigues, sans en être incommodés, sans avoir même besoin de chercher dans le repos à réparer leurs forces.

La quatrième classe sera de ceux qui, ayant possédé autrefois des charges, soit dans la magistrature, soit ailleurs, les ont perdues par leur mauvaise conduite, ou en ont été ignominieusement dépouillés en punition de leurs fautes : des gens de cette espèce voudront à coup sur se rendre recommandables par quelque fait extraordinaire ; ils voudront s'attirer la bienveillance du prince, désarmer sa colère & se frayer de nouveaux sentiers vers les honneurs qu'ils ont perdus.

La cinquième classe ne doit être composée que de ceux qui, ayant eu à défendre quelque ville ou quelques postes importants, les ont perdus, soit en les défendant mal, soit en les cédant à l'ennemi, sans y être contraints par la nécessité : revenus de leur crainte, honteux de leur lâcheté, ils feront tous leurs efforts pour effacer, par des actions de bravoure, la tache ignominieuse dont ils s'étaient eux-mêmes souillés.

Les cinq classes que je viens d'assigner doivent être composées chacune de trois mille hommes ; ce nombre suffit pour rendre une armée invincible. S'agit-il de combattre ? c'est eux qu'il faut d'abord opposer à l'ennemi. Faut-il faire le siège de quelque ville ? S'agit-il d'enlever quelque poste ? c'est eux encore qui doivent faire les premières tentatives ; il faut leur céder l'honneur des premiers exploits.

— Voilà donc, dit Ou-heou, comment il faut composer le corps de la milice ; mais apprenez-moi, je vous prie, quels sont les moyens qu'il faut employer pour faire en sorte que de telles troupes ne soient sujettes à aucun changement, ni à des vicissitudes fâcheuses. Je voudrais savoir aussi s'il y a quelque moyen d'être toujours victorieux de ses ennemis, d'empêcher qu'ils ne viennent jamais inquiéter notre royaume. Pouvez-vous me satisfaire sur toutes ces demandes ?

— Oui, prince, répondit Ou-tse ; vous viendrez à bout de tout cela, si vous voulez suivre exactement ce que je vais vous enseigner.

Un roi doit commencer par acquérir la sagesse : s'il a la sagesse en partage, il choisira parmi ceux de ses sujets qui exercent la profession des armes ce qu'il y a de plus vertueux pour les placer à la tête des autres. Ceux qui n'ont qu'une vertu commune, ou qui n'en ont point du tout, ne doivent jamais exercer des emplois qui leur donneraient quelque autorité ; c'est bien assez pour eux qu'ils servent l'État en obéissant à ceux qui doivent les commander. Faites-en de même, votre armée ne se démentira point, vos troupes ne sortiront jamais de cet état de vigueur qu'elles auront de leur nature, si elles sont telles que je vous les ai désignées.

En second lieu, si vous faites en sorte que le peuple travaille avec joie, qu'il soit toujours content, qu'il soit plein de soumission & d'obéissance pour les magistrats, qu'il puisse les envisager comme autant de pères, soyez sûr que vous conserverez vos États, qu'ils seront florissants, & que l'ennemi n'en approchera jamais, surtout si vous vous conduisez de telle sorte que vos sujets louent toutes vos actions, qu'ils ne voient rien au-dessus de ce qui s'observe dans votre royaume, qu'ils blâment au contraire les différents usages des royaumes voisins ou ennemis. Si lorsque vous avez entrepris quelque chose d'extraordinaire, il ne s'est point répandu de faux bruits parmi le peuple, si l'on interprete en bien toutes vos actions, soyez sûr que vous ne serez jamais vaincu.

Un jour que Ouen-heou avait assemblé son conseil, pour délibérer sur une affaire de grande importance, il arriva qu'on n'y pût rien déterminer, par le peu de décision ou le défaut de lumières de ceux qui le composaient. Le prince, de retour dans son appartement, ne donna aucune marque qu'il fût peu satisfait ; il avait au contraire un air serein & riant plus que de coutume ; Ou-tse s'en aperçut, & ne pouvant dissimuler ses sentiments, il lui dit, d'un ton qui sentait le reproche :

— Prince, il faut que je vous rappelle un trait d'histoire qui vient de se présenter tout à coup à mon esprit.

Tchoang-ouang, roi de Tchou, assembla un jour les États de son royaume, pour des affaires de la dernière importance ; il lui arriva précisément ce qui vient d'arriver à Votre Majesté, & l'on ne se détermina à rien. Le roi, après avoir quitté l'assemblée, avait le visage comme enflammé de colère. Chen koung, un de ceux qui approchaient le plus près de sa personne, qui lui parlait avec liberté, lui témoigna sa surprise de le voir ainsi altéré.

« Il est indigne d'un grand prince, lui dit-il, de se montrer ainsi fâché. Quel si grand sujet a pu faire disparaître ainsi votre sérénité ordinaire ?

« Ce que je viens de voir, ce que je viens d'entendre, répondit le roi. J'ai toujours ouï dire que les sages ne manquèrent jamais dans le monde, que, quelque mal gouverné que soit un royaume, il y a toujours quelques hommes habiles, quelques personnages vertueux, quelques hommes éclairés & de bon conseil ; qu'on m'amène celui qui pourrait être leur maître, sur-le-champ je le fais prince du titre de ouang ; qu'on m'indique seulement quelqu'un qui soit digne d'être leur ami, & je le décorerai du titre de pa. Je n'ai pas le talent de bien gouverner, j'en suis convaincu ; ceux qui composent mon conseil & les grands de mes États n'ont pas les lumières suffisantes pour m'éclairer : hélas ! que va devenir le royaume de Tchou ?

— Voilà ; prince, poursuivit Ou-tse, ce qui fit naître une juste indignation dans le cœur de Tchoang-ouang. Pour vous, vous n'êtes pas de même : on dirait que la joie règne dans votre cœur : vous paraissez bien aise ; moi je suis pénétré de la crainte la plus vive.

A ces mots Ouen-heou changea de couleur.

Article deuxième

Combien il est important de bien connaître ses ennemis

Ou-heou, inquiet sur l'état présent de ses affaires, s'ouvrit un jour à Ou-tse, & lui dépeignit son embarras en ces termes :

— Les choses en sont aujourd'hui à un tel point, que je ne sais quel parti je dois prendre : mes États sont tellement situés, que parmi les princes mes voisins il n'en est aucun qui ne me cause de justes alarmes.

J'ai à l'occident le royaume de Tsin, dont je me trouve fort incommodé ; au midi, j'ai le roi de Tchou, qui me traverse dans tous mes desseins ; le roi de Tsi me menace du côté de l'orient ; il fait continuellement des incursions sur mes États ; par derrière, je suis barré par le roi d'Yen ; le roi de Han m'empêche de faire un seul pas en avant ; celui de Tchao me resserre du côté du nord ; enfin je suis sans cesse obsédé par quelqu'un de ces six royaumes, dont les troupes peuvent attaquer mes États, qu'elles observent sans cesse des quatre côtés. A en juger par les apparences, je ne suis pas trop en sûreté ; & je vous avoue que je commence à craindre quelque funeste revers. Ne pourriez-vous pas trouver le moyen de me mettre à l'abri de toute insulte, de me tirer d'affaire avec honneur, supposé qu'ils viennent à m'attaquer tous à la fois ?

— Il est une crainte, dit Ou-tse, qui est la source du repos & de la tranquillité d'un État : or, Prince, puisque vous craignez, je regarde tous ceux qui auraient la témérité de vous attaquer comme s'ils étaient déjà vaincus, & votre royaume me paraît aussi en sûreté que dans le temps de la plus profonde paix. Cependant, puisque vous voulez une réponse de moi, je vous dirai deux mots sur chacun de vos voisins, moins pour vous apprendre à les vaincre, que pour vous les faire connaître : Un ennemi connu est plus qu'à demi vaincu.

Le royaume de Tsi est grand, il est puissant ; mais sa grandeur & sa puissance ne sont point stables, elles manquent par les fondements,

& un rien peut les faire écrouler ; d'ailleurs ses troupes sont plus lourdes que fortes, plus pesantes que vigoureuses.

Le royaume de Tsin a un grand nombre de soldats sur pied ; mais tous ses soldats ne sauraient composer une véritable armée ; ce sont pour l'ordinaire de petits corps en grand nombre à la vérité, mais si fort dispersés qu'on ne peut les réunir lorsqu'il en est besoin. Il est aisé de les battre en détail.

Le royaume de Tchou est précisément le contraire de celui de Tsin ; ses troupes ne sont ensemble qu'un seul & même corps ; elles se tiennent toujours réunies, elles ne savent ce que c'est que de se diviser pour faire diversion ; aussi gardent-elles difficilement une exacte discipline.

Le royaume de Yen n'a des troupes sur pied que pour garder ses propres États. Il se tient sur la défensive, & ne se met en mouvement que lorsqu'il est attaqué.

Les trois Tsin ont de fort bonnes troupes, on ne saurait en disconvenir ; mais ils ne pensent nullement à remuer ; les embarras de la guerre ne sont pas de leur goût.

Ceux qui composent le royaume de Tsi sont opiniâtres & de mauvais naturel ; ils sont riches & opulents, mais leurs richesses sont mal partagées. Les grands, à l'exemple de leur roi, sont indolents, mous, fastueux & superbes ; le peuple foulé ne cherche que l'occasion de secouer le joug sous lequel il gémit. Ce royaume est étendu, le gouvernement est partagé entre beaucoup de personnes ; mais comme les récompenses leur sont mal distribuées, que leurs appointements sont mal payés, qu'on n'y a nul égard au mérite, il y règne une mésintelligence générale & une si grande désunion, qu'une même personne n'est souvent pas d'accord avec elle-même. Par devant ils sont pesants, par derrière c'est la légèreté même, & dans leur plus grande pesanteur, ils n'ont pas la moindre solidité ; en un mot, il n'y a rien qui soit fixe chez eux, rien n'y est de durée.

Vous n'aurez pas de peine à les vaincre, si, partageant votre armée en trois corps, vous allez hardiment au combat. N'employez d'abord que les deux tiers de vos troupes, dont une partie tombera sur leur gauche tandis que l'autre donnera sur leur droite ; de ce qui vous restera, vous en ferez une espèce de camp de réserve pour vous en servir au besoin.

Ceux de Tsin ne paraissent pas d'abord pouvoir être domptés aisément : ils sont naturellement forts & robustes. Leur pays est entrecoupé par un grand nombre de montagnes & de rivières, leur gouvernement est exact & sévère, les récompenses & les châtiments y sont distribués à propos, il n'est aucun d'eux qui ne soit porté d'affection aux exercices militaires ; souvent même on les voit se partager en plusieurs corps d'armée, & aller porter la guerre de différents côtés ; du reste ils sont opiniâtres & ne savent ce que c'est que de se céder mutuellement. Voulez-vous les vaincre ? présentez-leur l'appât de quelque gain ou de quelque rapine avantageuse, ils s'y laisseront prendre, ils y courront avec avidité, ils auront promptement des troupes sur pied, ils commenceront la campagne mais ils ne la tiendront pas longtemps. Chacun d'eux n'ayant en vue qu'un intérêt propre, à peine auront-ils mis quelque village à contribution, à peine se seront-ils emparés de quelques troupeaux, ou de telle autre chose semblable que vous aurez voulu leur livrer, qu'ils penseront à s'en retourner chez eux. En vain leurs généraux voudront leur donner des ordres, ils ne seront plus écoutés ; ce ne sera plus une véritable armée, ce seront différents partis, ce seront plusieurs petits corps qui, n'écoutant plus la voix de la raison ni celle de l'équité, ne se conduiront plus que par les lois du caprice ou d'un petit intérêt présent. Voilà leur manière de faire la guerre.

Dès que vous les saurez ainsi divisés, faites aller contre eux celles de vos troupes que vous aurez mises en embuscade ; ne vous amusez pas à vouloir tailler en pièces ceux des ennemis qui pourront se rencontrer sous vos pas : allez droit à leur camp, vous y surprendrez leurs généraux & la plupart de leurs officiers, qui, se trouvant comme abandonnés & hors d'état de défense, se rendront à vous presque aussitôt ; les chefs une fois pris, il n'y a pas à craindre que le reste puisse se rallier aisément ; vous pouvez les regarder comme s'ils étaient déjà vos prisonniers & vos vassaux .

Ceux du royaume de Tchou sont naturellement faibles ; leur pays est large, leur manière de gouverner est pleine de minuties ; ils ont un nombre prodigieux de lois ; ce qui rend le peuple triste & craintif. Les troupes qu'ils ont actuellement sur pied sont toutes réunies ; mais cela ne saurait durer. Commencez par les harceler ; allez les attaquer chez eux ; affaiblissez leur puissance le plus que vous pourrez ; emparez-vous de leurs villages & de celles de leurs villes qui sont sans défense ; mais ne faites aucun mal à ceux qui les habitent. Après quelques légères contributions, affranchissez-les de toutes ces lois minutieuses qui les gênent ; bientôt ils seront vos amis, & vous en procureront d'autres, par les éloges qu'ils feront de leurs vainqueurs. Quand vous irez contre eux, n'emportez rien avec vous qui puisse vous embarrasser : allez & revenez sur vos pas ; retournez & revenez encore. Il n'est pas nécessaire que vous livriez un seul combat ; vous viendrez à bout de les vaincre & de vous les soumettre en les harcelant.

Ceux qui composent le royaume de Yen sont bons & sincères : ils sont pour la plupart doux & attentifs à remplir leurs devoirs ; ils aiment la vertu & estiment la valeur ; mais ils n'ont pas d'industrie, & leurs lumières sont courtes. Ils ne forment aucun projet ni pour l'agrandissement de leur royaume ni pour toute autre chose : ils se contentent de garder leurs possessions, sans penser à envahir celles de leurs voisins. Observez-les, agacez-les, serrez-les de près, faites-les mouvoir, engagez-les dans de petites actions, bientôt vous les aurez réduits. Leurs généraux sont indéterminés, leurs soldats sont craintifs ; au seul aspect de vos chars armés en guerre & de votre cavalerie, la peur les saisira, vous les vaincrez sans difficulté.

Les trois Tsin, qu'on appelle autrement le royaume du milieu (ou la Chine), ne sauraient vous nuire en aucune façon. Ceux qui l'habitent ne respirent que la paix ; leur gouvernement est fort uni ; le peuple n'est point propre à la guerre ; le seul bruit des armes leur resserre le cœur & les fait trembler. Ils n'ont pas de bons généraux : ceux qui sont destinés pour le commandement de leurs armées sont tous sans expérience ; d'ailleurs on en fait peu de cas & leurs appointements sont très modiques ; leurs troupes savent assez bien la théorie de la guerre ; mais comme elles ne sont pas d'humeur à exposer leur vie, vous n'avez pas à craindre de grandes actions de leur part. La manière de les combattre avec succès n'est pas difficile : après avoir rangé votre armée en bataille, soyez prêt à combattre ; mais ne commencez pas, laissez à l'ennemi le soin de faire les premières tentatives. Si vous voyez qu'il soit en trop grand nombre pour oser l'attaquer, reculez un peu ; mais en bon ordre. S'il vous poursuit, attendez qu'il ait rompu les rangs ; alors vous vous tournerez tout à coup contre lui. Si, après qu'il vous aura poursuivi quelque temps, il se désiste & retourne sur ses pas, poursuivez-le à votre tour, & ne le quittez point que vous ne l'ayez entièrement défait.

Parmi les troupes dont une armée est composée, il y a toujours quelques braves, quelques hommes plus forts & plus robustes que les autres ; il y a toujours quelques hommes agiles & d'une légèreté plus qu'ordinaire, il y a toujours quelques hommes d'une intrépidité à toute épreuve. Ces hommes distingués des autres par quelqu'une des qualités que je viens de nommer doivent l'être aussi par les bons traitements & les récompenses : ils sont l'âme d'une armée, c'est d'eux en partie que dépendent tous les succès ; ainsi il faut qu'un roi, il faut qu'un général sache les employer suivant leurs talents.

Les braves doivent rester dans les rangs : par leur contenance & leur manière d'agir ou de combattre, ils inspireront du courage & de la valeur aux plus lâches même.

Ceux qui ont de la force & qui sont robustes, doivent avoir leur place parmi les travailleurs ; faudra-t-il creuser des canaux, des puits ou des fossés ? faudra-t-il planter ou arracher des pieux ? faudra-t-il abattre des portes ou des murs ? ce sont eux qu'il faut commander ; ils se feront obéir par la multitude & viendront à bout de tout ce qu'ils entreprendront.

Ceux qui sont agiles & légers à la course, doivent sans cesse courir ; ils doivent harceler les ennemis, les provoquer, les insulter, & leur enlever sans cesse quelques provisions ou quelques partis.

Les intrépides doivent être employés aux choses extraordinaires : qu'ils aillent enlever les étendards des ennemis jusqu'au milieu de leurs rangs, jusqu'au centre de leur armée ; qu'ils portent la terreur & la mort sous la tente même de leurs généraux. De tels hommes doivent vous être chers : il faut que vous leur témoigniez votre attachement & votre tendresse en les flattant, en leur donnant des éloges, en leur faisant des dons, en les avançant dans les grades militaires ; il faut que vos bienfaits s'étendent sur toutes leurs familles ; il faut que leurs pères & mères, que leurs femmes & leurs enfants ne puissent jamais regretter leur présence ; il faut quelquefois leur aplanir le chemin du retour, en leur accordant une honnête retraite ; il faut que, rendus à leur famille, ils puissent briller encore parmi leurs concitoyens, & se distinguer dans les charges ou dignités civiles comme ils l'ont fait dans les emplois militaires. Les sujets d'un royaume où le mérite sera ainsi récompensé, travailleront tous à se rendre dignes des bienfaits du sage roi qui les gouverne. Le peuple sera un composé de vertueux & de sages, & l'armée sera une assemblée de héros.

Cependant comme l'espérance des récompenses & des honneurs peut engager à faire le bien, il faut que la crainte des châtiments & de l'ignominie puisse empêcher de faire le mal : c'est pourquoi un bon général doit être instruit jusques dans le plus petit détail, de tout ce qui concerne ceux de ses officiers ou de ses soldats qui se sont distingués des autres par quelqu'une des qualités dont je viens de parler ; il faut qu'il sache tout leur bon & tout leur mauvais, & qu'il ait sans cesse l'œil sur eux, afin que s'ils viennent à s'égarer, il puisse les reprendre ou les punir, suivant la qualité de leurs fautes. Voilà, prince, la réponse à la question que vous m'avez faite.

— Cela est très bien, dit Ouen-heou.

Ou-tse dit : Abstraction faite de tout le reste, il y a huit manières de combattre l'ennemi, en considérant la situation où il peut se trouver lorsque vous l'attaquerez, & où vous pourrez vous trouver vous-même.

Premièrement : pendant les rigueurs d'un froid très piquant, ou bien lorsqu'il souffle quelque vent impétueux, soyez toute la nuit sur pied, travaillez de toutes vos forces, rompez les glaces, passez les rivières, qu'aucune difficulté ne vous arrête ; faites en sorte de pouvoir attaquer dès le grand matin. Les ennemis qui vous croiront encore bien loin, ne seront point sur leurs gardes : uniquement occupés à se garantir des injures de l'air, ils ne penseront à rien moins qu'à combattre. Le désordre où ils se trouveront à votre arrivée ne leur permettra pas même de se mettre en état de défense ; vous les enfoncerez, vous les battrez, vous les aurez à discrétion.

Secondement : pendant les plus grandes chaleurs de l'été, lorsque le soleil semble devoir tout embraser, mettez-vous en marche dès le soir, ne vous arrêtez pas de toute la nuit, ne prenez ni repas ni repos ; précipitez vos pas jusqu'au terme que vous vous êtes proposé.

En troisième lieu : après que les armées auront été longtemps à s'observer, si les vivres commencent à vous manquer, si les troupes sont menacées de quelque grand malheur, & si vous ne voyez aucune issue pour vous tirer d'embarras, allez au combat.

Quatrièmement : si les provisions sont épuisées au point qu'on en soit venu jusqu'à manger les chevaux ; si au défaut de riz on n'a pas même des herbages, que de plus un ciel constamment couvert annonce des pluies qui doivent durer quelque temps, hâtez-vous d'aller au combat.

En cinquième lieu : si vos troupes, en moindre nombre que celles des ennemis, sont outre cela campées en des lieux peu avantageux ; si les maladies règnent parmi les hommes ou parmi les chevaux ; si, pressé de toutes parts, vous n'avez raisonnablement aucun secours à attendre, il faut absolument en venir aux mains ; risquez le sort d'une bataille.

Sixièmement : quoique le soleil soit déjà prêt à se coucher, si tout à coup il vous vient des avis certains que l'ennemi n'est pas loin, qu'il a fait un long trajet, que son intention est de se trouver le lendemain en présence, & de vous attaquer ; ne perdez pas un moment ; allez le surprendre lorsqu'il est sans armes & sans boucliers & qu'il ne pense qu'à se délasser de ses fatigues, à préparer son repas ou à se livrer au sommeil.

En septième lieu : si chez les ennemis il y a des généraux dont ils ne fassent pas grand cas ; si leurs officiers ne sont pas estimés, qu'en conséquence les soldats n'osent pas se produire, allez au combat.

Huitièmement enfin : avant que les ennemis aient rangé leur armée en bataille, avant même qu'ils aient campé, lorsqu'ils auront passé en partie par quelque défilé ou par des endroits escarpés, attendez-les au passage, combattez-les.

Telles sont les occasions & les circonstances ou vous ne devez point hésiter d'en venir aux mains & d'attaquer le premier ; j'ose vous répondre d'un heureux succès.

Un bon général ne doit pas se contenter de savoir quand il doit attaquer, il faut qu'il sache aussi quand comment il doit battre en retraire & éviter tout combat. Il y a six sortes de circonstances où il faut bien se donner de garde de vouloir se mesurer avec l'ennemi.

La première : si vos ennemis sont maîtres d'un pays vaste & bien peuplé ; si malgré la multitude des hommes qui l'habitent, la plupart y vivent à leur aise ou dans l'abondance, & si leurs armées sont nombreuses & bien entretenues, le meilleur parti que vous ayez à prendre, est d'éviter tout combat, & de ne pas même entreprendre la guerre.

La seconde : si vos ennemis sont gouvernés par un bon roi, par un roi qui gagne le cœur de ses sujets en les comblant de bienfaits, vous ne gagneriez rien en combattant ; vos victoires mêmes vous deviendraient funestes : le plus sûr & le meilleur pour vous est de vous retirer.

La troisième : des ennemis chez qui la vertu est récompensée & le vice puni, sans aucune distinction, sont des ennemis que vous devez redouter : ils ne se contentent pas d'aimer la justice en toutes choses, ils pratiquent ce qu'elle enseigne. Qu'obtiendrez-vous par les armes que vous ne puissiez obtenir par la négociation ?

La quatrième : si vos ennemis sont tels qu'ils mettent à la tête des autres ceux qui se sont rendu recommandables par quelque belle action, qu'ils donnent les emplois importants aux sages qu'ils peuvent avoir parmi eux, qu'ils choisissent pour les expéditions ceux qui ont une capacité reconnue ; évitez leur rencontre, n'ayez rien à démêler avec eux.

La cinquième : en général, ne combattez jamais avec des ennemis plus nombreux & mieux armés que vous.

La sixième : si vos ennemis peuvent recevoir du secours de quelques-uns de leurs voisins, s'ils sont sous la protection de quelque grand prince, s'ils ont beaucoup d'alliés, n'hésitez pas à prendre le parti de la retraite ou à faire la paix ; c'est le parti le plus sûr & le plus glorieux pour vous. Pour tout dire en deux mots, connaissez parfaitement toutes les difficultés que vous auriez à vaincre, n'ignorez aucun des risques que vous pourriez courir d'être vaincu : c'est sur ces connaissances que vous devez prendre votre parti.

Ou-heou dit :

— En voyant les dehors de l'ennemi, je voudrais pouvoir connaître ce qu'il a déterminé dans le secret de son conseil ; lorsqu'il vient à nous pour nous attaquer ou pour s'emparer de quelques-unes de nos possessions, je voudrais savoir au juste quelles sont les véritables raisons qui l'ont déterminé, quelles sont les mesures qu'il a prises, & ce que je dois faire pour rompre ses desseins : pourriez-vous m'apprendre le moyen d'en venir à bout ?

— Je vais tâcher de vous satisfaire, répondit Ou-tse.

Si les ennemis s'avancent tranquillement de votre coté, & avec nonchalance ; s'il paraît qu'ils ne sont en garde sur rien ; si vous voyez leurs drapeaux & leurs étendards flotter, sans ordre & sans distinction, tantôt d'un côté, tantôt de l'autre ; si leurs cavaliers & leurs fantassins semblent s'entretenir en chemin, ne cherchez pas à pénétrer leurs desseins, ils n'en ont aucun ; un seul des vôtres peut en battre dix des leurs. S'ils entrent dans vos possessions avant l'arrivée des gouverneurs de province qui doivent leur amener des troupes ; si leurs généraux ne se sont point abouchés ensemble pour concerter un dessein général d'attaque ; si leur roi n'est pas d'accord avec ses grands ; s'il y a de la mésintelligence dans leur conseil ; s'ils entreprennent quelque chose avant que de s'être fortifiés dans leur camp ; si avant que d'avoir fait les circonvallations & dressé les palissades, le grand nombre de leurs soldats témoigne de la crainte, que vous importe d'en savoir davantage ? combattez hardiment, vous ne sauriez être vaincu.

Ou-heou dit à Ou-tse :

— Je veux savoir de vous quelles sont en général les circonstances les plus propres pour combattre l'ennemi.

— Il est aisé de vous satisfaire, répondit Ou-tse.

Pour combattre l'ennemi avec avantage, il faut commencer par le bien connaître ; je veux dire qu'il faut que vous sachiez en quoi il peut manquer dans la conduite des troupes, & que vous soyez au fait de tous les embarras où il peut se trouver, afin de pouvoir en profiter pour l'exécution de vos desseins. Ainsi lorsque l'ennemi viendra de loin, dans le temps que ses troupes sont le plus fatiguées, avant qu'il ait rangé son armée en bataille, attaquez-le. Vous pouvez l'attaquer encore un peu avant le temps du repos, pendant qu'il se dispose à prendre ses repas : il faut l'attaquer lorsque vous le saurez dans un état de misère ou d'extrême fatigue, lorsqu'il n'aura pas pour lui l'avantage du terrain, lorsqu'il aura laissé passer le temps favorable pour lui, qu'il s'obstinera à poursuivre des projets qu'il devrait abandonner ; lorsqu'ayant à passer par des endroits peu spacieux, la tête de son armée ne saurait être secourue par le reste de ses troupes ; lorsqu'ayant eu une rivière à passer, il n'y a que la moitié de son armée qui soit en-deçà, tandis que le reste cherche encore un passage de l'autre coté ; lorsque leurs drapeaux & leurs étendards sont pêle-mêle & sans distinction ; lorsqu'ils changent la disposition où ils étaient auparavant ; lorsqu'il y a de la mésintelligence entre les généraux & les troupes qu'ils commandent. Dans toutes ces circonstances, allez avec intrépidité contre des ennemis qui ne sauraient vous résister ; ne perdez pas un moment de temps ; il n'y a pas à délibérer ; leur situation, l'état présent où ils se trouvent, tout vous promet un heureux succès.

Article troisième

Du gouvernement des troupes

Ou-heou dit à Ou-tse :

— Dites-moi, je vous prie, par où il faut commencer, & ce qu'il faut faire pour bien gouverner les troupes.

Ou-tse répondit :

— Pour bien gouverner les troupes, il faut avant toutes choses savoir clairement ce que c'est que les quatre sortes de légèretés, les deux sortes de gravités, & l'unique & véritable force.

— Qu'entendez-vous par là, reprit Ou-heou ? donnez-m'en une explication claire.

— Je vais tâcher de vous satisfaire, répondit Ou-tse.

Légèreté des chevaux sur la surface de la terre, légèreté des chars sur les chevaux, légèreté des hommes dans les chars, légèreté des soldats dans le combat ; telles sont les quatre sortes de légèretés qu'il faut connaître & se procurer.

Savoir quels sont les lieux difficiles & scabreux, pour les éviter ; connaître les chemins pleins & unis, pour les suivre, c'est rendre la terre aisée sous les pieds des chevaux.

Avoir un grand soin des chevaux, ne manquer jamais de leur donner la paille & les grains dans les temps convenables, c'est rendre les chars légers sur leurs corps ; graisser à propos les roues, c'est rendre le poids des hommes moins pesant sur les chars.

Les armes bien affilées, les cuirasses à l'épreuve de tous les traits, rendent le soldat léger dans le combat. Récompenser à propos le mérite, punir les fautes, & les punir suivant leur grièveté, & sans acception de personne, voilà les deux sortes de gravités. Vous les posséderez au point qu'il faut, si les récompenses sont données avec libéralité, si les châtiments sont distribués avec rigueur. Être ferme & inébranlable quand il s'agit de faire observer la discipline, voilà l'unique & véritable force. Si vous avez toutes ces qualités, vous serez à la tête d'une armée invincible.

— Que faut-il faire encore, dit Ou-heou, pour s'assurer de la victoire ?

— Gouvernez bien vos troupes, répondit Ou-tse, & vous vaincrez.

— Quoi ! reprit le prince, ne faut-il pas outre cela avoir une bonne armée ? Ne faut-il pas avoir un grand nombre de gens de guerre, ou tout au moins en avoir autant que les ennemis peuvent en avoir eux-mêmes ?

— Cela n'est pas nécessaire, répondit Ou-tse ; eussiez-vous une armée composée d'un million d'hommes, si vous ne savez pas distinguer & récompenser le mérite, si vous n'employez pas les châtiments, si lorsque vous faites battre sur les bassins, vos troupes ne s'arrêtent pas, si elles n'avancent pas au signal que leur en donneront les tambours, ne comptez pas sur elles, vous n'avez rien à en espérer, vous serez vaincu.

Bien gouverner les troupes, c'est pouvoir les mettre en mouvement, ou les tenir dans l'inaction toutes les fois qu'on le veut ; c'est savoir & pouvoir les faire marcher sans obstacles, les faire reculer sans danger &, soit qu'elles avancent ou qu'elles reculent, les contenir de façon qu'elles gardent toujours leurs rangs ; c'est savoir mettre les différents corps qui composent votre armée dans une telle disposition qu'ils puissent tous, sans en excepter aucun, obéir aux signaux d'un même étendard toutes les fois que vous le jugerez à propos ; c'est, dans un cas de déroute, savoir rallier promptement ceux qui seraient débandés, ou qui auraient fui ; c'est savoir faire rentrer dans le devoir ceux qui s'en seraient écartés ; c'est savoir maintenir les soldats dans la joie, sans pourtant autoriser le désordre ; c'est savoir leur inspirer la crainte en même temps que la confiance ; c'est savoir les occuper continuellement sans les fatiguer ; c'est faire en sorte de mériter le glorieux titre de leur père, & de leur inspirer les tendres sentiments de fils.

Ou-tse dit : Tout homme de guerre doit regarder le champ de bataille comme le lieu où il doit finir ses jours : s'il cherche à vivre, il périra ; si au contraire il ne craint pas de mourir, sa vie est en sûreté. Des guerriers prêts à combattre peuvent se comparer à des nautoniers qui seraient dans un vaisseau percé, ou à des gens qui se trouveraient dans une maison que le feu serait sur le point de réduire en cendres, s'ils ne se donnent toutes sortes de mouvements pour éteindre l'incendie. Ceux qui sont dans l'un ou l'autre de ces cas, n'attendent pas & ne perdent pas le temps à délibérer sur ce qu'il faudrait faire ; ils agissent, ils travaillent de toutes leurs forces, ils n'espèrent pas qu'il leur vienne des secours extraordinaires pour les tirer d'embarras ; ce n'est que dans leur courage, dans leur adresse & dans leur activité qu'ils espèrent trouver leur salut. Tels doivent être les guerriers au moment du combat ; en attendant l'ennemi il faut tout prévoir ; quand on est en présence il faut faire usage de ce qu'on a prévu, il faut vaincre ou mourir.

Ou-tse dit : Un guerrier sans aucun talent pour son art est un homme mort ; un guerrier sans expérience est un homme vaincu ; c'est pourquoi, instruire les soldats, les exercer souvent, sont les deux points essentiels du gouvernement des troupes. Ayez un homme qui soit parfaitement instruit de tout ce qui concerne l'art militaire, il peut en peu de temps en rendre dix autres aussi habiles que lui ; dix peuvent en former cent ; cent en formeront mille ; mille peuvent facilement en former dix mille. Si dans votre armée il y a dix mille hommes de bonnes troupes, il ne tiendra qu'à vous de la rendre telle qu'elle ne soit composée que d'excellents guerriers, quelque nombreuse qu'elle puisse être. Rapprocher les objets éloignés, & les envisager comme s'ils étaient présents ; dans le temps de l'abondance prévoir celui de la disette & s'y préparer ; faire prendre promptement & sans embarras une forme circulaire à des troupes qui seraient rangées en carré ; savoir les faire arrêter tout à coup lorsqu'elles sont dans le plus fort de l'action ; pouvoir les faire mettre en mouvement avec diligence & sans confusion, dans le temps même qu'elles ne respirent que le repos ; les faire passer quand on le veut & comme on le veut de la droite à la gauche & de la gauche à la droite ; pouvoir changer dans un moment la disposition totale de son armée, sans le moindre désordre, c'est être en état de commander. Ce n'est qu'à ces conditions qu'on peut se flatter d'avoir des soldats bien instruits & bien exercés dans l'art qu'ils professent, & d'avoir d'excellents guerriers.

Ou-tse dit : Tous les hommes dont une armée est composée ne peuvent pas être employés indifféremment à tout : il y a un choix à faire, un général doit y avoir égard. Voici à mon avis, ce qu'il est à propos d'observer.

Les hommes de petite taille peuvent se servir avec avantage de la pertuisane & de la lance : ce sont les armes qui leur conviennent. Les flèches & les javelots doivent être destinés à ceux qui sont d'une taille avantageuse. Ceux qui ont du courage doivent être chargés des drapeaux & des étendards. Ceux qui ne sont susceptibles d'aucune crainte doivent porter les tambours & les bassins. Le soin des chevaux & de tout ce qui les concerne doit être confié à ceux qui sont de complexion faible, ou qui n'ont aucune force de corps ; il faut les envoyer au fourrage & à la découverte des lieux. Ceux qui ont des lumières & un jugement sain doivent être consultés dans tout ce qu'on entreprend, ils doivent traiter les affaires. Outre ce que je viens de dire, il faut encore que vous vous conduisiez de telle façon que tous les habitants des villages qui sont voisins des lieux où vous avez établi votre camp, que tous les paysans des campagnes d'alentour soient dans vos intérêts ; ils peuvent vous être d'un grand secours, ou vous porter un préjudice considérable, par les avis faux ou vrais, par les instructions bonnes ou mauvaises qu'ils sont en état de vous donner. Il faut que votre armée soit tellement rangée que tous les corps qui la composent puissent mutuellement se défendre & se secourir au premier besoin. Il faut que tout le monde soit attentif au son des tambours & des bassins, & obéisse promptement à tous les signaux qui seront donnés.

Les signaux ordinaires du tambour seront, le premier pour ordonner les préparatifs, le second pour obliger chaque corps à se placer dans le quartier qu'on lui aura assigné, le troisième pour inviter au repas, le quatrième pour obliger à endosser la cuirasse & à se revêtir de ses armes ; lorsqu'on entendra le cinquième, on formera les rangs & l'on se tiendra prêt à marcher ; & au sixième on déploiera les étendards, on se mettra en marche, ou on commencera l'action.

Ou-heou demanda à Ou-tse :

— Peut-on savoir sûrement quand il est à propos de faire avancer les troupes & quand il faut les arrêter ?

Ou-tse lui répondit :

— Ne couvrez jamais le foyer du ciel : ne vous élevez point jusques sur la tête du dragon. J'appelle foyer du ciel les vallées profondes ou les gorges qui sont entre des montagnes ; gardez-vous bien d'y conduire jamais votre armée. J'appelle tête du dragon le haut de ces montagnes escarpées dont la cime va se perdre dans les nues ; n'entreprenez point d'y faire monter vos troupes.

Il faut absolument que les dragons noirs soient à la gauche, & les tigres blancs à la droite. Les oiseaux rouges doivent être placés à la tête, & les esprits qui président aux armes à la queue ; le centre est la place des sept étoiles ; par leur influence & par leur arrangement, elles mettront en mouvement tout ce qui les environne. Il faut qu'en les voyant tous les corps de l'armée sachent ce qu'ils doivent faire.

Si, lorsqu'on est sur le point de combattre, le vent souffle du côté qui vous est opposé, ne sortez pas de vos lignes ; ou si vous en êtes déjà sorti, tâchez d'y rentrer pour attendre que le vent ait cessé ou qu'il vous soit devenu favorable. Le vent contraire est un ennemi beaucoup plus dangereux que celui qui est armé de flèches & de dards.

Ou-heou demanda à Ou-tse :

— Comment faut-il pourvoir à la nourriture des hommes & des chevaux, lorsqu'on est en campagne ?

Ou-tse répondit :

— Je vais vous apprendre comment il faut faire pour avoir de bons chevaux : je satisferai dans un autre temps au reste de la demande que vous me faites.

Les chevaux, pour être bons, doivent être entretenus proprement. Il faut qu'ils soient dans des lieux où il y a de bons pâturages. En hiver, il faut les tenir à l'abri des grands froids, & en été ils ne doivent pas être exposés aux excessives chaleurs. En tout temps leur nourriture ne doit être que suffisante. S'il y a du trop, ils deviennent paresseux & indociles ; s'il y a du trop peu, ils deviennent faibles & languissants ;

dans l'un ou l'autre de ces deux excès, ils sont également inutiles. Il faut qu'il y ait un temps réglé pour les faire paître, un temps fixe pour les abreuver. Il ne faut laisser passer aucun jour sans les bouchonner & les étriller. Il faut surtout que leur crinière & leur queue soient toujours en bon état. La propreté sert beaucoup à empêcher qu'ils ne contractent des maladies ; elle les entretient frais & dispos, & les rend propres à tout. Il faut accoutumer leurs oreilles à toute sorte de bruit, & leurs yeux à toute sorte d'objets. Des chevaux indociles & ombrageux causent quelquefois la perte de toute une armée. Ne les faites pas courir hors de propos : donnez-leur un pas qui tienne le milieu entre le trot & le galop ; qu'ils soient formés à prendre tous les mouvements que vous voudrez leur donner : qu'ils puissent avancer ou reculer, tourner à droite ou à gauche selon que vous le leur indiquerez. Il faut que les hommes soient accoutumés aux chevaux, & que les chevaux connaissent les hommes ; qu'un même cheval ait toujours une même bride, une même selle, un même mords. Ne changez aucune de ces choses sans nécessité ; qu'elles soient toujours propres, en bon état & bien assorties. S'il arrive quelquefois que, le jour étant sur son déclin vous vous trouviez encore éloigné du gîte, ne pressez pas pour cela vos chevaux. Il vaut mieux que les hommes souffrent quelque chose, que les chevaux soient harassés. Il est même à propos, dans ces sortes d'occasions, que tout le monde mette pied à terre, & qu'on mène les chevaux par la bride ; car plus vous les ménagerez, mieux ils vous serviront, quand il s'agira de combattre l'ennemi. Si vous observez ce que je viens de dire, les mêmes chevaux pourront vous suffire à traverser le monde entier, s'il est nécessaire.

Article quatrième

Du général d'armée

Ou-tse dit : Pour être en état de commander les armées, il ne faut pas être moins habile dans les lettres que dans les armes ; il faut savoir tirer parti du faible comme du fort. Il n'est personne qui ne se croie en état de donner des avis aux généraux ; il n'est personne qui ne parle des qualités qu'il doit avoir ; mais la plupart le sont sans connaissance de cause, & regardent la valeur comme ce qu'il y a de plus essentiel pour celui qui est à la tête des troupes.

Qu'un général ait de la valeur, à la bonne heure ; mais s'il n'a que cette qualité, je ne crains pas de le dire, il n'est point digne de commander. La valeur seule n'est pas assez prévoyante, elle va toujours en avant, & ne considère pas assez ses véritables intérêts ; elle présume trop d'elle-même, & se met trop aisément au-dessus de toute espèce de crainte ; elle n'est pas assez attentive, & croirait se dégrader si elle prenait de certaines précautions, fussent-elles guidées par la sagesse elle-même. Cependant il y a cinq articles auxquels un général doit toute son attention. Le premier consiste dans la manière de gouverner en général ; le second, dans la manière de faire les dispositions & les préparatifs nécessaires ; le troisième dans la diligence à exécuter ce qu'on entreprend ; le quatrième, dans l'exactitude à employer tous les moyens & à garder tous les usages ; & le cinquième, dans la manière de prendre son parti dans les différentes occasions qui peuvent se présenter.

La manière de gouverner doit être telle qu'on puisse donner ses ordres, les faire exécuter par l'armée entière avec la même facilité qu'on trouverait à ne commander que quelques personnes. Les préparatifs seront tels qu'ils doivent être, si dès le premier jour de votre marche jusqu'à celui qui finira la campagne, vous ne cessez jamais d'être en état de faire face à l'ennemi, de le combattre, quelque part que vous puissiez le rencontrer & dans quelque circonstance que ce puisse être.

Les projets une fois concertés, les mesures une fois prises, il ne faut aucun délai dans l'exécution ; rien ne doit plus arrêter ; on ne doit plus craindre ni les fatigues, ni les peines ni les dangers, ni la mort même.

Par l'exactitude à employer tous les moyens & à garder tous les usages, je n'entends autre chose ici, si ce n'est qu'il faut toujours faire observer exactement la discipline militaire ; qu'il ne faut jamais s'endormir à l'abri de ses prospérités ; qu'après la victoire même la plus complète, il faut être prêt à se mesurer avec de nouveaux ennemis & à recommencer le combat.

La manière de prendre son parti dans les différentes occasions ne saurait se déterminer. C'est aux lumières & à la prudence du général qu'il faut s'en rapporter. Que les châtiments & les récompenses soient fixes ; que les fautes restent rarement impunies ; mais qu'une belle action soit toujours récompensée. Dès qu'un général a reçu de son souverain l'ordre de se mettre à la tête de ses troupes, il ne doit rentrer chez lui qu'après la défaite entière des ennemis. Il n'a plus de maison, il n'a plus ni parents ni amis ; le camp, ses soldats doivent lui tenir lieu de tout. S'il meurt à la tête de ses troupes, le jour de sa mort sera un jour de triomphe pour lui & pour tous ceux qui lui appartiennent.

Ou-tse dit : Il y a quatre sortes d'attentions à faire pour celui qui est à la tête d'une armée. La première regarde le temps, la seconde le lieu, la troisième les circonstances, & la quatrième l'état où les troupes se trouvent actuellement.

Dix mille officiers, cent mille soldats, toute une armée, de quelque nombre qu'elle soit composée, se trouvent à la disposition d'un seul homme ; ce seul homme, c'est le général. Quel temps plus favorable pour montrer ses vertus, pour faire paraître au grand jour ses belles qualités, pour illustrer sa patrie, pour immortaliser son nom & celui de son roi ? C'est le temps de se surpasser lui-même, &, si j'ose le dire, de se mettre au-dessus de l'humanité.

Les chemins ne sont pas toujours unis, les routes ne sont pas toujours sûres ; il y a des plaines & des montagnes, des lieux scabreux & des terrains aisés ; il y a des précipices & des défilés, des lieux arides & des lieux marécageux : un général doit les connaître, pour en tirer tout le parti qui lui paraîtra le plus convenable & le plus avantageux. Rien ne doit lui échapper.

Les circonstances ne doivent point être l'effet du hasard ; un habile général sait les faire naître à point nommé. Il sait l'art de commander & de se faire obéir ; il sait se faire aimer & craindre en même temps ; & comme il a l'estime des siens, on lui suppose les vues les plus profondes dans tout ce qu'il entreprend, n'y eût-il de sa part aucun dessein prémédité ; il sait l'art d'en imposer à l'ennemi, de semer la discorde parmi les officiers généraux tant de l'armée qu'il doit combattre que des villes qu'il veut conquérir, celui de faire en sorte que les subalternes les méprisent, de mettre la division entre leurs soldats, &, en un mot, celui de disposer d'eux tous à son gré.

Un général peut raisonnablement se flatter des plus heureux succès, s'il a fait en sorte que ses troupes soient bien exercées & propres à toutes les évolutions, s'il les a rendu ennemies de l'oisiveté & du repos, s'il les a rendu capables de souffrir la faim, la soif & la plus extrême fatigue sans se décourager ; si les chars, tant ceux qui sont armés que ceux qui sont pour le bagage, sont toujours en bon état ; s'ils ont, par exemple, de bonnes roues, de solides ferrements, & si tout ce qui les compose est assez fort pour résister aux secousses des chemins les plus mauvais ; si les barques, tant celles qui sont pour le transport des vivres & des munitions, que celles qui sont pour combattre, ont de bons avirons & de bons gouvernails, si elles sont fortes & bien lestées, si elles peuvent servir pour les différentes évolutions ; si les chevaux peuvent être d'un bon service, c'est-à-dire, s'ils sont bien dressés, s'ils sont dociles au frein, & s'ils prennent tous les mouvements qu'on voudra leur donner. Celui qui sait avoir toutes ces attentions, & qui entre dans tous ces détails, comme pour se délasser, a quelques-unes des qualités qui constituent un bon général. Mais il ne les a pas toutes encore : il faut de plus qu'il ait de la majesté, de la bravoure, de la vertu & de l'humanité ; s'il est tel, il sera obéi, respecté, estimé, aimé des siens ; il sera craint & redouté des ennemis ; ses moindres volontés seront des ordres ; tous ses combats seront des victoires ; il sera le soutien de son prince, la gloire de son règne, l'auteur de la tranquillité publique, & la terreur de ses ennemis.

Ou-tse dit : Les bassins & les tambours doivent parler aux oreilles, les drapeaux & les étendards doivent parler aux yeux, les récompenses

& les châtiments doivent parler aux cœurs. Si le son des bassins & des tambours ne désigne pas clairement quels sont les ordres de celui à qui tout doit obéir, si les couleurs & les différents arrangements des drapeaux & des étendards n'instruisent pas suffisamment ceux dont ils doivent être suivis, si les châtiments & les récompenses n'ont rien qui puisse piquer l'émulation ou inspirer la crainte, quelque puissant que soit un royaume, quelque nombreuse que soit une armée, on ne doit s'attendre qu'à des défaites & à des malheurs. Un bon général doit donner ses ordres d'une manière claire & précise sans ambiguïté ni confusion : instruite de ses volontés, l'armée entière doit s'ébranler au premier de ses signaux ; tous ceux qui la composent doivent être disposés à toutes sortes de marches & d'évolutions, ils doivent être prêts à affronter la mort & à la recevoir avec joie pour l'honneur de la patrie & la gloire du souverain.

Ou-tse dit : Un des points les plus essentiels pour le bon gouvernement des troupes, lorsqu'elles sont à la veille de quelque grande action, ou lorsqu'elles sont simplement en campagne, est de connaître à fond ceux contre lesquels on doit combattre. Il faut qu'un général soit au fait de toutes les qualités, bonnes ou mauvaises, de son adversaire ; il faut qu'il ait une attention continuelle à observer toutes ses démarches, car c'est sur elles qu'il doit régler sa propre conduite ; il faut qu'il sache mettre à profit la moindre de ses fautes, la plus petite de ses inadvertances.

Si le général ennemi est d'un tempérament qui le porte à la présomption & à l'étourderie, il faut lui tendre des pièges, il faut sans cesse lui donner le change ; s'il est avare, & qu'il préfère les richesses à l'honneur, les petits avantages à la gloire de se faire un nom, il faut le séduire par les promesses & le corrompre par l'argent ; s'il est sans prévoyance, & que son camp ne soit pas abondamment pourvu de tout, il ne faut point en venir aux mains avec lui, il faut le laisser se morfondre & le réduire aux abois ; s'il souffre que les officiers généraux soient orgueilleux & dans l'abondance, tandis que les subalternes gémissent sous le poids de la misère & manquent presque de tout, s'il laisse murmurer impunément & qu'il souffre les dissensions & les inimitiés qui pourraient naître parmi eux, il faut achever de les diviser ; si, lorsqu'il s'agit d'avancer ou de reculer, il est comme en suspens, sans savoir à quoi se déterminer, il faut lui fournir de nouveaux sujets de crainte & l'engager par là à de fausses démarches ; s'il n'est pas aimé des troupes, s'il n'a pas leur confiance, qu'à peine il en soit obéi & respecté, il faut faciliter les moyens de désertion à tous ceux qui pourraient avoir envie de l'abandonner, faire naître cette envie dans le cœur même de ses plus fidèles soldats. S'il est campé dans des lieux unis, tâchez de l'en faire sortir, & conduisez-le, pour ainsi dire, dans des lieux scabreux ; quand vous l'y verrez engagé, donnez sur lui avec toutes vos forces, & ôtez-lui tous les moyens de pouvoir retourner sur ses pas ; s'il est campé dans des lieux bas, d'où l'eau n'ait aucune issue pour pouvoir s'écouler, & qu'il vienne quelque pluie abondante, achevez de l'inonder ; s'il est campé dans de fertiles campagnes où il ait à souhait grains & fourrage, profitez du premier vent pour tout consumer par le feu ; enfin s'il est campé depuis longtemps dans un même lieu, que ce soit la paresse ou la crainte qui l'y retienne, allez le prendre au dépourvu, vous l'enfoncerez sans peine.

— C'est fort bien, dit Ou-heou ; mais si je ne sais point dans quel état sont les ennemis, si j'ignore entièrement quelles sont les qualités bonnes ou mauvaises de leurs généraux, que dois-je faire pour m'en instruire ? Je suppose que les deux armées sont déjà en présence & qu'elles s'observent mutuellement.

— Voici, répondit Ou-tse, comment vous pourrez en venir à bout.

Parmi ceux qui ne sont pas entièrement de l'ordre inférieur, il faut choisir ceux qui auront le plus de courage, le plus d'ardeur, & qui sont prêts à tout entreprendre pour se faire un nom ou pour avancer leur fortune : composez-en un petit corps & envoyez-le contre les ennemis, non dans le dessein de les vaincre par le moyen de ce petit nombre de braves que vous leur opposerez, mais seulement pour les connaître & pour les essayer. De votre coté soyez continuellement sur vos gardes, ayez l'œil à tout, que rien ne vous échappe : il faut que votre petit corps d'élite avance, recule, attaque, se défende & fasse généralement toutes les évolutions nécessaires pour faire développer tous les talents des ennemis, ou pour les mettre dans l'occasion de montrer leur peu d'habileté ; vous pourrez alors faire les observations suivantes.

Si, à la première alarme que vous leur ferez donner, les ennemis ne font pas un bruit tumultueux dans leur camp ; s'ils ne sortent pas de leurs lignes ou de leurs retranchements, s'ils se donnent le temps de pouvoir tout considérer à loisir ; si, lorsque vous leur donnez l'appât de quelque avantage, ils font semblant de ne pas s'en apercevoir ; si lorsqu'ils sont sortis de leurs lignes vous voyez qu'ils marchent en silence & en bon ordre, que leurs rangs sont bien formés & serrés à propos, & que loin de se laisser prendre aux pièges qu'on pourrait leur tendre ils en dressent eux-mêmes pour attirer l'ennemi, soyez sûr que ce sont de bonnes troupes qui ont à leur tête d'excellents généraux : ne vous pressez pas de les attaquer ; vous courriez risque d'avoir du dessous. Si au contraire, dès que vos gens auront paru, les ennemis sont surpris de votre petit nombre, & courent à vous pour tenter de vous vaincre ou de vous enlever ; s'ils ne gardent aucun ordre dans leur marche ; s'ils vont avec une entière sécurité & sans prendre les précautions que la prudence exige, n'hésitez point sur ce que vous avez à faire ; un pareil ennemi ne peut être que vaincu ; eût-il à sa disposition les armées les plus nombreuses, il ne saurait vous résister.

Article cinquième

De la manière de prendre son parti dans les différents changements qui peuvent arriver

Ou-heou dit :

— Si une armée dans laquelle il n'y aurait que de bons chars, d'excellents chevaux, des généraux habiles & des troupes bien aguerries, rencontrant tout à coup l'ennemi, est mise en déroute, & se trouve dans un désordre affreux, sans presque s'en être aperçue ; que faut-il faire dans un cas pareil ?

Ou-tse répondit :

— Il faut distinguer les différents temps où ce malheur peut arriver. Si c'est pendant la nuit que les ennemis soient venus vous surprendre, il faut recourir promptement aux tambours, aux trompettes & aux bassins ; si c'est en plein jour, il n'y a pas à délibérer, c'est aux drapeaux, aux étendards & aux pavillons que vous devez mettre le premier de vos soins ; tous ces instruments doivent vous servir pour donner vos ordres ; il faut par conséquent qu'ils soient à portée d'être vus ou entendus de tout le monde ; il faut qu'ils soient, pour ainsi dire, à vos cotés. Faites donner les différents signaux auxquels vos troupes doivent être accoutumées, ralliez-les promptement ; & s'il se trouve quelqu'un qui montre de la négligence à obéir, qu'il soit mis à mort sur-le-champ : dans une telle circonstance, vous ne devez votre salut qu'à votre sévérité ; l'indulgence à laquelle vous pouvez être porté dans d'autres occasions, causerait ici votre perte. Votre armée une fois ralliée, combattez en bon ordre.

— Je comprends, dit Ou-heou. Mais si, lorsque je m'y attendrai le moins, je vois tout à coup venir contre moi une armée très nombreuse, que faut-il que je fasse pour n'en être pas accablé ?

Ou-tse répondit :

— Il faut distinguer les lieux où vous vous trouverez alors : si vous êtes dans des lieux vastes & spacieux, il faut vous retirer à petit bruit, & aller camper ailleurs : si vous êtes dans des lieux étroits, il faut vous retrancher & attendre que l'ennemi vienne pour vous forcer ; en ce cas, dix contre un combattent à armes égales. En général, ce n'est que dans des lieux étroits, scabreux & de difficile accès, qu'une petite armée peut se mesurer avec une armée nombreuse, & que dix mille hommes peuvent combattre contre cent mille.

— Je suis au fait, reprit Ou-heou. Je me suppose à présent dans une position toute singulière ; la voici : je suis à la tête d'une nombreuse armée, composée d'excellentes troupes ; mais je suis campé de façon que derrière moi sont des montagnes escarpées ; à gauche, je ne vois que des précipices ; à droite, j'ai des fleuves & des rivières, & je n'ai devant moi que des lieux profonds & marécageux, pleins de dangers. Les ennemis ont élevé de fortes redoutes de distance en distance, ils sont bien armés & bien retranchés. Si je veux retourner sur mes pas, c'est comme si je voulais transporter des montagnes : si je veux avancer, c'est comme si je courais à ma perte. Les vivres ne me manquent point encore, mais enfin je ne saurais demeurer longtemps dans une pareille situation sans m'exposer à me voir réduit à ce qu'il y a de plus affreux. Dites-moi, je vous prie, ce qu'il faudrait que je fasse en pareil cas.

Ou-tse dit :

— Il n'est pas aisé, prince, de satisfaire à la question que vous me faites. Vous vous supposez dans les plus terribles embarras où un général puisse jamais se trouver : cependant comme ce que vous venez de dire peut arriver, voici comment vous pourriez vous tirer de ce mauvais pas, si vous aviez le malheur ou l'imprudence de vous y engager.

Il faudrait commencer par faire une revue générale de vos troupes ; vous les partageriez ensuite en cinq corps, qui seraient comme autant de petites armées qu'il faudrait faire défiler en même temps par autant de chemins particuliers. Il est vraisemblable que les ennemis ne sauraient alors à quoi s'en tenir, ni quel parti prendre : ils vous supposeraient des vues que vous n'auriez peut-être pas ; ils craindraient d'être attaqués, & chercheraient à deviner par quel côté ; ils n'oseraient vous attaquer les premiers, parce qu'ils ignoreraient vos desseins ; vous poursuivriez ainsi tranquillement votre route, soit pour aller au combat, soit pour battre en retraite, & vous tirer d'un lieu où vous pourriez si facilement périr vous & toute votre armée.

Dans ces circonstances, si vous croyez pouvoir vous battre avec succès, n'engagez aucun combat sans avoir fait les réflexions suivantes. Si vous devez vaincre, ce ne sera ni par la bonté de votre cavalerie, ni par la valeur de vos troupes ; votre bonne conduite, votre prudence, votre habileté peuvent seules vous donner la victoire ; ainsi, si les ennemis sont continuellement sur leurs gardes, s'ils connaissent toute l'importance des postes qu'ils occupent, s'ils maintiennent une exacte discipline parmi les soldats, contentez-vous d'abord de leur envoyer quelques détachements pour les harceler & les engager par là à vous montrer ce qu'ils peuvent entreprendre. A cette ruse ajoutez-en une autre ; envoyez-leur des députés, écrivez-leur des lettres pour les amuser par la voie des négociations : s'ils se laissent prendre à cet artifice, allez les combattre lorsqu'ils s'y attendront le moins : si au contraire ils sont dans de justes défiances, s'ils refusent d'entrer en pourparler, s'ils ne veulent pas recevoir les lettres que vous leur aurez écrites, s'ils les brûlent sans vouloir même les lire auparavant ; si voyant que les gens que vous leur aurez envoyés ne sont que des espions, ils les traitent comme tels & les font mourir en conséquence ; n'allez pas témérairement contre de tels ennemis, ne précipitez rien, donnez-vous le temps de tout prévoir & de pourvoir à tout. Si le hasard ayant fait naître l'occasion de quelque action particulière, il se trouve que vos gens aient eu du dessous, gardez-vous bien d'en venir à une action générale, évitez même avec un grand soin jusqu'au plus petit combat, jusqu'à l'escarmouche ; si au contraire vos troupes ont été victorieuses, faites aussitôt battre la retraite, empêchez-les d'aller à la poursuite des fuyards : si les ennemis font semblant de prendre la fuite, ou cherchent par d'autres voies à vous attirer au combat, allez à eux en ordre de bataille, mais au petit pas. S'ils viennent à vous dans l'intention de vous forcer au combat, préparez-vous à les bien recevoir ; disposez tellement votre armée, que tous les corps qui la composent puissent se soutenir mutuellement ; alors vous pourrez vous battre en toute sûreté & vous tirer avec honneur du mauvais pas où vous vous trouverez engagé.

— C'est fort bien, reprit Ou-heou : mais voici une autre supposition que je fais. Mon armée se trouve vis-à-vis de celle de l'ennemi qui veut me forcer à un combat que j'ai dessein d'éviter ; la terreur s'est emparée du cœur de mes soldats ; je voudrais me retirer & je ne trouve aucun chemin ; comment sortir de cet embarras ?

— C'est, répondit Ou-tse, en usant de stratagèmes, que vous pouvez, en pareil cas, vous sauver. Les circonstances, votre situation, votre crainte même pourront vous les suggérer ; cependant il faut avoir égard au nombre de vos troupes. Si elles sont supérieures à celles des ennemis, tâchez de vous ouvrir un passage au travers de leurs bataillons ; si au contraire elles sont moins nombreuses, retranchez-vous le mieux que vous pourrez ; usez d'artifices, donnez le change, attendez le reste du temps & des occasions.

— Me voici, dit Ou-heou, dans une situation encore plus fâcheuse. Je me trouve engagé dans mille périls ; je ne vois autour de moi que précipices, que montagnes escarpées, que vallées profondes, que gorges, que défilés ; & par surcroît de malheur une armée beaucoup plus nombreuse que la mienne se montre tout à coup aux environs : que dois-je faire ?

— Ne perdez pas un moment de temps, répondit Ou-tse : précipitez vos pas, soit que vous vouliez atteindre ou éviter l'ennemi. Si la rencontre des deux armées s'est faite subitement, & qu'il faille en venir aux mains, sans qu'il soit possible de l'éviter, faites pousser de grands cris à vos soldats : que le bruit des tambours, des trompettes & de tous les instruments de guerre se joigne aux hennissements des chevaux pour effrayer ou pour faire illusion à l'ennemi ; envoyez vos tireurs de flèches légères & vos arbalétriers pour faire les premières décharges ; soutenez-les, renouvelez-les, ayez sans cesse des gens aux aguets qui observent tout, & qui vous rendent compte de tout ; envoyez-en d'autres pour enlever des vivres & des bagages : faites en sorte que l'ennemi puisse se persuader qu'il y a plusieurs armées à ses trousses ; en l'attaquant de plusieurs côtés à la fois, vous le déconcerterez entièrement.

— Mais, reprit Ou-heou, si mon armée se trouve entre deux montagnes fort élevées & dans un chemin fort étroit, que dois-je faire ?

— Il faut, répondit Ou-tse, que vos meilleures troupes soient à la tête des autres, que votre cavalerie & vos chars armés soient placés séparément & en état de faire face à tout en cas d'attaque, que vos pavillons & vos étendards soient déployés, mais sans être élevés. Dans cette disposition, attendez de pied ferme que l'ennemi veuille entreprendre quelque chose. S'il n'ose avancer & que vous ayez lieu de croire qu'il ne sait à quoi se déterminer, faites marcher promptement l'élite de vos troupes, ne lui donnez pas le temps de se reconnaître ; poussez-le au-delà des montagnes ; alors faites agir votre cavalerie & vos chars pour lui inspirer la crainte & le mettre entièrement en déroute.

— Voilà, dit Ou-heou, la manière de se tirer d'affaire lorsqu'on est engagé dans des défilés. Mais si, me trouvant avec mon armée dans des lieux humides, entrecoupés par des ravines & des ruisseaux, dans des lieux pleins de marais, de vase ou de boue ; si mes chevaux & mes chars sont tellement embourbés qu'ils ne puissent m'être d'aucun secours ; & si, par surcroît de malheur, n'ayant ni bateaux ni radeaux ni autres choses semblables, j'apprends tout à coup que l'ennemi vient à moi, dans la disposition de me combattre ; quel parti dois-je prendre pour me tirer d'embarras ?

— Prince, répondit Ou-tse, laissez alors vos chevaux & vos chars se tirer tranquillement d'affaire du mieux qu'ils le pourront. Pour vous, à la tête de ce que vous aurez de troupes légères, avancez promptement du côté où vous découvrirez quelque hauteur. Si vous n'en apercevez aucune, faites attention au courant des ruisseaux, remontez vers leur source, vous ne tarderez pas à voir quelques coteaux ou quelques lieux plus élevés que les autres ; rendez-vous-y le plus tôt qu'il vous sera possible ; & quand vous y serez arrivé, portez votre vue aussi loin qu'elle pourra s'étendre ; examinez la contenance des ennemis ; donnez les signaux nécessaires à vos troupes, tant à celles qui vous auront suivi, qu'à celles qui seront encore dans l'embarras. Si vous voyez que les ennemis s'engagent dans des lieux semblables à ceux que vous venez de quitter, attendez que la moitié de leur armée se soit mise hors d'état de pouvoir secourir l'autre ; alors allez tailler en pièces celle qui sera le plus à votre portée.

Ou-heou dit :

— Si le ciel constamment couvert se décharge par une si grande abondance de pluie qu'il soit impossible de faire agir les chevaux & les chars, que, dans ces circonstances, l'ennemi venant des quatre côtés, la terreur & la consternation se répandent dans mon armée, quel est le parti que je dois prendre ?

— Il ne faut pas attendre, répondit Ou-tse, que vous soyez inondé pour penser à faire agir les chevaux & les chars : dès les premières pluies mettez les uns & les autres dans une position avantageuse ; faites-leur occuper les lieux élevés. Si vous avez manqué à cette précaution, à une première faute n'en ajoutez pas une seconde, en voulant tirer parti de ce qui ne peut que vous nuire ou vous incommoder ; mettez tous vos soins à dégager vos chevaux & vos chars, & par le moyen des plus forts aidez les plus faibles, afin que tous ensemble vous puissiez gagner les hauteurs ; quand vous y serez parvenu, attendez sans inquiétude jusqu'à ce que ceux que vous aurez envoyés à la découverte des chemins viennent vous rendre compte de leur commission ; alors ou vous irez attaquer l'ennemi, ou vous vous tiendrez simplement sur la défensive, suivant que la prudence vous le suggérera. Si l'ennemi décampe le premier suivez-le pas à pas jusqu'à ce que vous ayez trouvé une occasion favorable pour le combattre avec succès.

— Je n'ai plus qu'une question à vous faire, dit Ou-heou. Ce n'est plus contre une armée entière que je dois combattre, c'est contre une infinité de petits partis ; ce n'est plus contre des troupes aguerries qui m'attaquent à découvert, c'est contre différentes bandes de voleurs qui m'enlèvent tantôt des bestiaux, tantôt des équipages, tantôt des provisions, & toujours quelque chose : comment venir à bout de pareils brigands ?

— Le parti le plus sûr que vous puissiez prendre, répondit Ou-tse, c'est d'être continuellement sur vos gardes ; il faut de plus que vos bestiaux ne s'écartent pas trop loin hors du camp ; il faut que les équipages soient toujours sous les yeux de l'armée entière ; il faut que ceux que vous enverrez au fourrage soient toujours bien soutenus, & que ceux qui les soutiennent soient toujours prêts à tout évènement ; il faut outre cela mettre des troupes en embuscade avec ordre de n'attaquer les partis ennemis que lorsque ceux-ci, chargés de butin, prendront à la débandade le chemin du retour ; vous les mettrez aisément en pièces dans un temps où ils penseront à peine à se défendre, & où ils se trouveront entre deux feux.

Ou-tse dit :

— Après que vous vous serez rendu maître de quelque ville, voici comment vous devez vous conduire. Assemblez les principaux officiers de votre armée, mettez-vous à leur tête, & rendez-vous dans le lieu où s'assemblent les magistrats pour traiter les affaires ou juger les citoyens. Là, avec un air de bonté & d'affabilité propre à gagner les cœurs, donnez vos ordres en présence des chefs & des principaux du lieu ; faites-leur voir que le premier de vos soins est d'empêcher que les soldats ne se livrent au penchant qu'ils ont à commettre les crimes qu'ils se croient comme permis dans ces sortes d'occasions ; défendez sous de rigoureuses peines qu'on ne fasse aucun dégât, qu'on n'enlève rien de force ; que les maisons des citoyens soient comme sacrées, qu'on ne tue pas même leurs animaux domestiques, qu'on n'arrache aucun arbre, qu'on ne détruise aucun bâtiment, qu'on ne brûle aucun magasin. Faites assigner, par les magistrats mêmes du lieu, des logements pour vos troupes ; tenez-vous-en d'abord à ce qu'ils auront déterminé, sauf à vous de faire ensuite les changements qui vous paraîtront nécessaires lorsque vous serez un peu mieux instruit. Dans la distribution des emplois & des grâces, n'oubliez pas entièrement les gens du pays ; en un mot, que les vaincus puissent se féliciter en quelque sorte de vous avoir pour vainqueur.

Article sixième

Des véritables moyens d'avoir de bonnes troupes

Ou-heou demanda :

— Suffit-il pour avoir de bonnes troupes, de faire observer une exacte discipline, de punir sévèrement, de récompenser avec libéralité ?

— Prince, répondit Ou-tse, je n'entreprendrai pas de faire l'énumération de tous les cas & de toutes les circonstances où les récompenses doivent avoir lieu, ni de ceux où vous devez employer les châtiments. Faire usage à propos des uns & des autres est un article très important, auquel vous devez toute votre attention.

Cependant ce n'est pas sur cela seulement que vous devez vous appuyer ; il y a trois points essentiels d'où dépendent également la bonté de vos troupes & tous vos succès.

Le premier : c'est de faire de si bonnes lois que, dès qu'elles seront promulguées, tous ceux qu'elles regardent s'y soumettent avec plaisir.

Le second : c'est de faire en sorte que dès qu'il y aura la moindre apparence de guerre, vos soldats ne soupirent qu'après le moment du départ, & que dès qu'ils seront rassemblés en corps d'armée, ils soient dans la plus grande joie quand ils se croiront à la veille d'un combat.

La troisième enfin : c'est de disposer tellement le cœur de vos guerriers, que ni leur éloignement au-delà des frontières, ni leur séjour dans les lieux où ils pourront manquer de tout, ne puissent leur faire perdre courage ou ralentir leur ardeur, & qu'ils n'envisagent jamais la mort, de quelque part ou de quelque façon qu'elle leur vienne, que comme un sujet de joie & de triomphe pour le prince, pour la patrie, pour le général, pour eux-mêmes & pour tout ce qui leur appartient.

Ou-heou ne répliqua pas ; mais après avoir quitté Ou-tse, il fit donner ordre à tous les gens de guerre qui étaient dans ses États, d'avoir à se rendre dans un certain temps dans le lieu qu'il leur détermina. Il fut obéi ; & quand l'assemblée fut formée, il s'y rendit en personne, & la fit partager en trois classes. La première était de ceux qui s'étaient rendu recommandables par quelque belle action, ou par leur habileté dans l'art militaire. La seconde était composée seulement de ceux qui avaient montré de la bonne volonté, & qui, sans s'être distingués par aucun trait particulier de bravoure ou de capacité, avaient cependant toujours été très assidus à remplir leurs devoir, & n'avaient jamais commis de faute contre le service. La troisième renfermait tous ceux qui n'avaient encore donné aucune preuve de ce qu'ils pouvaient ou savaient faire dans l'exercice de leur profession .

On servit un repas magnifique, auquel le roi ne dédaigna pas d'assister avec toute la cour. Tout y était somptueux, tout y était délicat, tout y inspirait la joie. Il y avait cependant une grande différence dans la manière dont les convives furent placés & servis.

Ceux de la première classe étaient aux tables supérieures, lesquelles dressées sur une estrade fort élevée, & ornées avec beaucoup d'art & de goût, offraient un spectacle des plus brillants : les mets qu'on y servit étaient variés, abondants & délicatement apprêtés.

Au bas de ces premières tables, sur une estrade moins élevée, étaient ceux de la seconde classe. Il s'en fallait bien que leurs tables fussent aussi propres & aussi bien servies que celles de leurs voisins, mais rien ne leur manquait de ce qui pouvait satisfaire leur appétit.

Au bas de ces deux rangs de tables, on avait dressé quelques ais assez mal rangés, où ceux de la troisième classe eurent ordre de se placer. Il n'y avait rien que de très commun dans les mets qu'on leur servit & encore n'y en avait-il pas abondamment.

Pendant tout le temps du festin, le roi allait de table en table, excitant les uns à manger, les autres à boire, disant des paroles obligeantes à tous ceux en particulier qui avaient fait quelques belles actions ; il les leur rappelait agréablement ; il leur demandait des éclaircissements sur leurs familles, sur le nombre de leurs enfants, sur leurs talents, &c. & après leur avoir fait espérer qu'il allait penser sérieusement à leur fortune, il leur fit distribuer, en attendant ces récompenses, de quoi se réjouir avec leurs parents & leurs amis, & leur fit à tous quelques petits présents. Avant que de les renvoyer, il voulut savoir de leurs propres bouches si, depuis qu'ils étaient au service, ils n'avaient pas été oubliés dans la distribution des grâces, s'il n'était jamais arrivé que quelqu'une de leurs belles actions eût été sans récompense. Ceux qui se trouvèrent dans le cas furent sur-le-champ dédommagés avec usure, & tous se retirèrent pénétrés de joie, de satisfaction & de reconnaissance.

La fête n'aurait pas été complète, si les femmes de tous ces braves avaient été oubliées. Le roi y avait pourvu, en ordonnant pour elles un festin particulier, après lequel on leur fit de sa part de petits présents conformes à leur état & à leur sexe.

L'attention de ce grand prince ne se borna pas à honorer les illustres guerriers vivants ; il voulut encore que ceux qui n'étaient plus, eussent ainsi quelque part à ses bienfaits : il se fit donner une liste de tous ceux qui étaient morts au service depuis qu'il était monté sur le trône ; il en fit extraire les noms de ceux en particulier qui avaient perdu la vie ou en défendant la patrie, ou en combattant contre l'ennemi, ou seulement à l'armée, dans le simple exercice de leur emploi ; il voulut avoir une connaissance détaillée de tout ce qui concernait les pères, mères, frères, fils & parents de tous ces braves militaires ; & proportionnément au genre de mérite & à la nature des services rendus, il assigna des titres & des pensions annuelles, non moins utiles à tous ceux qui devaient en jouir, que glorieuses à la mémoire de ceux qui en étaient l'occasion.

Après cette cérémonie & ces beaux règlements, trois années s'étaient à peine écoulées que le roi de Tsin pensa à la guerre : il envoya une armée formidable pour passer la rivière Si ho & attaquer les États de Ouei, qui étaient gouvernés avec tant de sagesse par Ou heou.

Dès que la nouvelle s'en fut répandue, il y eut un empressement général & une joie universelle dans tous les ordres de l'État. Les grands, le peuple, les femmes même, tout était en mouvement, tout était en action ; les uns aiguisaient leurs épées & leurs dards, les autres nettoyaient leurs casques & leurs boucliers, les mères exhortaient leurs enfants, les femmes leurs maris, l'artisan travaillait aux machines & aux instruments ; le simple citoyen préparait les denrées & les provisions ; dans la seule capitale dix mille hommes se trouvèrent en état d'entrer en campagne avant même que le roi eut donné les ordres pour assembler les troupes.

Charmé d'une telle conduite & d'un empressement si universel de la part de ses sujets, Ou-heou fit appeler Ou-tse, & lui dit :

— Général, j'ai profité de vos instructions ; jugez-en par l'ardeur qu'on témoigne partout pour mon service ; mettez-vous promptement à la tête de mes troupes, elles seront de cinquante mille hommes effectifs ; allez combattre les Tsin, & faites-les repentir de leur témérité.

— Prince, répondit Ou-tse, il en est des hommes comme de l'air que nous respirons ; rien n'est plus sujet aux changements & aux vicissitudes, rien ne demande davantage d'être connu & éprouvé. L'air est quelquefois pur & léger, quelquefois pesant & malsain ; il est tantôt froid & tantôt chaud, suivant les saisons & les vents qui soufflent. Les hommes sont pleins d'ardeur, de courage & de bonne volonté dans un temps ; ils sont paresseux, timides & indolents dans un autre. Un feu subit qui paraît d'abord devoir briller longtemps, s'éteint quelquefois bien vite & ne laisse pour tout vestige qu'une fumée obscure. S'habiller d'une même manière dans toutes les saisons, aller & venir, voyager ou se tenir tranquille chez soi, indifféremment en hiver comme en été, sans avoir égard au temps ni aux circonstances, c'est ce que les personnes sensées ne font jamais : vouloir mener à l'ennemi, sans faire aucun choix, tous ceux qui montrent de la bonne volonté, c'est être imprudent, c'est être téméraire. Voudriez-vous, prince, que votre général se rendît la fable du royaume de Ouei, qu'il devînt l'objet des railleries de vos ennemis, qu'il se perdît de réputation à la face de tout l'univers, qu'il exposât vos États à devenir la proie de ceux qui n'ont rien tant à cœur que de les envahir ? Non ; ce n'est certainement pas ce que vous prétendez. Attendons une autre occasion pour mettre à l'épreuve la bonne volonté de ceux de vos sujets qui n'ont point encore porté les armes ; attendons que nous ayons le temps de les former dans l'exercice de plusieurs campagnes, dans l'attaque ou la défense de quelque ville, ou dans l'enceinte d'un camp. Il faut aujourd'hui tout brusquer : les ennemis entrent dans vos États ; ne leur donnez pas le temps de faire des conquêtes : ce n'est point avec cette multitude d'hommes sans expérience, dont la plupart ignorent peut-être encore les premiers éléments de la discipline militaire & de l'art des guerriers, que vous pourrez en venir à bout. S'ils veulent me suivre, j'y consens ; mais qu'il me soit permis d'emmener encore avec eux quelques corps de vieux soldats accoutumés à braver les dangers & la mort : un seul d'entre eux en vaut cent des autres, il peut devenir formidable à un millier d'ennemis ; & l'exemple de ce petit nombre peut vous former autant de héros que vous aurez de soldats.

Ou-heou fit attention à ce discours du général, & lui permit de faire tout ce qu'il jugerait à propos.

Ou-tse se contenta d'ajouter aux troupes que le roi avait déjà désignées, & qui étaient actuellement sur pied, cinq cents chars bien armés, & trois mille hommes de cavalerie ; il se met à la tête de l'armée, part, atteint l'ennemi, le combat & remporte sur lui une victoire complète. Son armée n'était que de cinquante & quelques mille hommes, tandis que celle des Tsin, ses ennemis, était de cinq cent mille. De pareils succès, avec des forces si disproportionnées, ne sont dus qu'à l'art sublime de savoir gagner les cœurs.

Avant le combat Ou-tse harangua son armée en ces termes :

— Officiers, soldats, vous tous qui êtes rangés sous mes étendards, écoutez-moi. Vous allez vaincre, mais pour vaincre suivez l'ordre que je vais vous prescrire. Vous qui combattez dans les chars, ne vous attaquez qu'aux chars des ennemis, pour les briser ou pour les enlever. Cavaliers, ne taillez en pièces d'autres corps ennemis que ceux qui seront à cheval. Fantassins, n'enfoncez d'autres bataillons que ceux qui combattront comme vous à pied. Si vous renversez cet ordre, nulle gloire particulière à attendre, nul avantage à espérer.

Ou-tse fut obéi, la victoire qu'il remporta fut célébrée dans tout l'univers , qui en parle encore aujourd'hui avec admiration.

MIYAMOTO MUSASHI

LE LIVRE DES CINQ ANNEAUX

Go Rin No Sho

Préface

Didier Hallépée

L'impensé radical

L'esprit de Soixante-huit soufflait encore sur Paris lorsque Luc Thanassecos ouvrit rue de Médicis, face au Sénat une petite boutique fort confidentielle, l'Impensé Radical. C'est là qu'il allait régner pendant vingt ans comme éditeur spécialisé dans les œuvres de stratégie et les jeux de stratégie.

Plus d'un sénateur poussa la porte en voisin et c'est là que nombre d'entre eux découvrit les trésors des meilleurs stratèges de tous les temps, notamment les 13 articles de Sun Tzu (Sun Tse, comme l'on écrivait encore à l'époque) et les cinq anneaux de Musashi Miyamoto. Ces livres eurent un grand succès parmi les joueurs de go qui justement hantaient cette boutique où le premier club de go de France avait été créé en juillet 1969. Ils eurent aussi un grand succès auprès des assidus du palais du Luxembourg qui pouvaient constater que la stratégie militaire et l'art de gouverner avaient beaucoup en commun ainsi que l'écrivit un jour Clausewitz (*la guerre est la continuation de la politique par d'autres moyens*). Plus d'un homme politique plus tard, tel Charles Hernu, citerait Sun Tzu parmi ses livres de chevet, souvenir de ses fréquentations de l'Impensé Radical.

Luc Thanassecos accueillait toujours avec un large sourire tous ceux qui poussaient la porte de sa boutique. Mais les curieux ou ceux qui n'avaient pas l'air dignes d'œuvres aussi précieuses étaient rapidement aiguillés vers des librairies plus classiques... Au terme d'une longue discussion, les passionnés qui en étaient jugés dignes avaient accès à l'arrière-boutique où l'on pouvait trouver des trésors gardés bien à l'abri des convoitises du vulgus pecus parisianensis. C'est là qu'un jour le découvris l'Arthashastra de Kautilya, l'autre grand classique asiatique de la stratégie et de l'art de gouverner.

C'est en souvenir de cette époque que j'ai voulu promouvoir ces 3 incontournables classiques de la stratégie : *les 13 articles* de **Sun**

Tzu, *l'Arthashastra* de **Kautilya** et *les cinq anneaux* de **Musashi Miyamoto**.

La pensée asiatique

Il y a environ quatre mille ans commençait en Egypte la grande aventure de la domestication du chat. A peu près au moment en Chine était inventé le jeu de Go.

Le jeu de Go, le jeu d'échec et l'awari (ou awélé) sont les 3 grands jeux fondateurs. D'une manière ou d'une autre, tous les jeux de tactique et de stratégie trouvent leur origine dans l'un de ces jeux. Chacun d'entre eux est représentatif d'un mode de pensée typique de ses origines.
- Les échecs et la pensée cartésienne
- Le go et la pensée asiatique
- L'awari et la pensée africaine

La pensée cartésienne se concentre sur le but à atteindre. Je veux aller là-bas, par où dois-je passer ? La fin justifie les moyens. Ainsi aux échecs, le but est de tuer le roi adverse. C'est ainsi qu'une approche des échecs est d'analyser l'ensemble des possibilités pour réaliser ce but.

La pensée asiatique est plus pragmatique. Elle est basée sur l'utilisation des possibles. Par où sais-je aller ? Où cela me mène-t-il ? Ainsi au go, le joueur essaie d'exploiter au mieux une situation donnée. L'analyse de l'ensemble des possibilités est hors de portée des ordinateurs les plus puissants, aussi étudie-t-on les positions auxquelles mènes les meilleurs coups afin de choisir celui qui est le plus prometteur.

La pensée Africaine s'exprime dans le moment présent. Voilà où je suis, comment en tirer le meilleur parti ? L'avenir est moins important que le présent. Ainsi, l'awari est un jeu où dans chaque position on peut trouver le meilleur coup.

Ces approches différentes se retrouvent dans les grandes œuvres de la pensée stratégique. Ainsi peut-on distinguer les œuvres des grands écrivains stratèges occidentaux comme Jomini, Clausewitz ou Machiavel des œuvres classiques de la stratégie orientale comme

Sun Tzu, Kautilya ou Musashi Miyamoto. Les stratèges asiatiques insistent sur le fait qu'il ne faut pas oublier que la victoire est l'objectif de la guerre tandis que les stratèges occidentaux insistent sur la mise en œuvre de ces moyens pour atteindre le but recherché. Ainsi, ces deux modes de pensées se complètent et convergent vers des principes comparables. Rien d'étonnant que la redécouverte de ces grands classiques ait un tel succès.

Musashi Miyamoto

Musashi Miyamoto (1584-1645) est le samouraï le plus célèbre du Japon. Il vécut à l'époque de l'unification du Japon qui donna naissance au shogunat des Tokugawa.

Dans une époque aussi troublée, le rônin, samouraï sans attaches, allait à l'aventure et vivait de son sabre. Musashi Miyamoto se distingue par un nombre impressionnant de victoires en combat singulier. Ses aventures ont été racontées par Eiji Yoshikawa dans « la pierre et le sabre ».

A la fin de sa vie, Musashi Miyamoto fonda une école pour enseigner l'art du combat et mit ses enseignements par écrit.

Les cinq anneaux

« Les cinq anneaux » est le manuel le plus célèbre du bushido, la Voie du Guerrier.

Il décrit l'accomplissement du samouraï à travers la pratique du sabre long, le tashi.

Mais la pratique du sabre long n'est pas seulement une question de dextérité, mais plus un état d'esprit, une volonté tendue vers le but à atteindre : la victoire sur l'adversaire, et à travers cela, la maîtrise de soi-même et la maîtrise du monde. Pour cela, la dextérité est certes utile, mais la compréhension des forces de l'adversaire, le changement de méthode lorsque l'adversaire est coriace, l'adaptation au terrain et aux circonstances : tout cela font du guerrier un stratège.

Cette stratégie s'applique au combat singulier. Mais c'est la même stratégie qui fait du samouraï un Officier capable de mener ses troupes et d'arracher la victoire dans un combat entre armées.

Les principes que l'on trouve dans ce livre sont encore utilisés de nos jours par de grandes firmes japonaises dans le cadre des affrontements économiques que celles-ci doivent livrer au quotidien.

Avant-Propos

Je m'entraîne depuis de nombreuses années dans la Voie de la stratégie nommée Ni Ten Ichi Ryû, et je crois que je vais l'expliquer maintenant par écrit pour la première fois. Nous sommes dans les dix premiers jours du dixième mois de la cinquième année de Manei (1645). J'ai escaladé la montagne Iwato de Higo, en Kyû-shû, pour rendre hommage au ciel, prier Kwannon, et m'agenouiller devant Bouddha. Je suis un guerrier de la province de Harima, Shinmen Musashi No Kami Fujiwara No Genshin, âgé de soixante ans.

Depuis ma jeunesse, mon cœur a été attiré par la Voie de la stratégie. J'avais treize ans lors de mon premier combat singulier ; j'ai abattu un stratège de l'école Shintô, un certain Arima Kihei. À seize ans, j'ai abattu un stratège compétent, Akiyama de la province de Tajima. À vingt et un ans, je suis allé dans la capitale et j'ai affronté toutes sortes de stratèges, sans perdre une seule de ces nombreuses luttes.

Ensuite, je suis allé de province en province, me battant en combat singulier avec des stratèges de diverses des écoles, sans jamais être vaincu bien que j'ai lutté dans soixante rencontres, entre treize ans et vingt-huit ou vingt-neuf ans.

À trente ans, j'ai réfléchi à mon passé. Les victoires que j'avais remportées n'était pas dues à la maîtrise de la stratégie. Peut-être étaient-elles le fait d'un don naturel, ou d'un ordre du ciel, ou de l'infériorité de la stratégie des autres écoles. Alors j'ai cherché matin et soir quel était le principe de ces victoires, et compris la Voie de la stratégie à l'âge de cinquante ans.

Depuis lors, j'ai vécu sans suivre une Voie particulière. Ainsi, la stratégie me permet de pratiquer de nombreux arts et d'acquérir des compétences variées : sans aucun maître.

Pour écrire ce livre, je n'ai pas suivi la loi de Bouddha ni l'enseignement de Confucius, pas plus que les chroniques guerrières d'autrefois ou les livres sur les arts martiaux. Je prends mon pinceau pour expliquer le véritable esprit de cette « école », telle qu'elle se reflète dans la Voie du ciel et de Kwannon. J'écris ceci la nuit du dixième jour du dixième mois, à l'heure du tigre (entre trois et cinq heures du matin).

Le livre de la terre

La stratégie est l'art du guerrier. Les chefs doivent pratiquer cet art, et les simples soldats le connaître. Il n'y a pas un seul guerrier du monde contemporain qui comprenne vraiment la Voie de la stratégie.

Il y a plusieurs Voies : la Voie du salut par la loi de Bouddha, la Voie de Confucius qui guide la Voie du savoir, la Voie de la guérison pour les médecins, la Voie de Waka pour les poètes, celle du thé, du tir à l'arc et autre arts et métiers. Chacun agit suivant son indication.

On dit que la Voie du guerrier est la double Voie des lettres et du sabre, et qu'il doit aimer ces deux Voies. Même si un homme n'a pas de don naturel, il peut devenir guerrier en s'appliquant assidûment à ces deux divisions de la Voie. D'une manière générale, la Voie du guerrier est l'acceptation résolue de la mort.

Bien que non seulement des guerriers mais des moines, des femmes, des paysans et de petites gens soient morts volontiers par devoir ou par honte, la mort des guerriers est chose différente. Le guerrier n'est pas comme les autres parce que l'étude de la Voie de la stratégie est fondée sur le fait de vaincre des hommes. Par la victoire gagnée en croisant le sabre avec d'autres, ou en imposant la bataille en masse, nous atteignons pouvoir et célébrité pour nous et notre seigneur. C'est l'avantage de la stratégie.

La Voie de la stratégie

En Chine et au Japon, ceux qui pratiquent la Voie se nomment « maîtres de la stratégie ». Les guerriers doivent apprendre cette Voie

Il y a eu récemment des gens qui ont réussi comme stratèges, mais ce ne sont généralement que des escrimeurs au sabre. Les gardiens des sanctuaires Kashima et Katori de la province Hitachi ont reçu des instructions des dieux et ont fondé des écoles d'après ces enseignements ; ils voyageaient de province en province, instruisant le peuple. Voilà la signification nouvelle de la stratégie. Dans les temps anciens, la stratégie était comptée parmi les Dix Talents et les

Sept Arts comme une pratique bienfaisante. C'était, certes, un art, mais en tant que pratique bienfaisante elle n'était pas limitée à l'escrime au sabre. La valeur véritable de l'escrime ne se borne pas à sa technique.

En considérant le monde, nous voyons des arts à vendre. Les hommes se sont servis de leurs objets d'équipement pour se vendre. Comme pour la noix et la fleur, la noix est devenue moins que la fleur. Dans cette Voie de la stratégie, ceux qui l'enseignent et ceux qui l'apprennent se soucient de mettre leur technique en valeur, pour essayer de hâter l'épanouissement de la fleur. Ils évoquent « ce Dôjô-ci » et « ce Dôjô-là ». Ils cherchent le profit. Quelqu'un a dit un jour : « la stratégie qui n'est pas suffisamment mûre est cause de chagrin. » C'est vrai.

Il y a quatre Voies par où passent les hommes au cours de leur vie : ils peuvent être gentilshommes, paysans, artisans et marchands.

La Voie du paysan : il se sert d'instruments agraires et du printemps à l'automne il est attentif aux changements de saison.

En second lieu vient la Voie du commerçant. Celui qui fabrique l'alcool réunit ses ingrédients et s'en sert pour gagner sa vie. La Voie du guerrier consiste à maîtriser la force de ses armes. Le gentilhomme qui n'aime pas la stratégie n'appréciera pas les bienfaits des armes ; il doit donc en avoir un peu le goût.

Quatrièmement, la Voie de l'artisan. La Voie du charpentier est de devenir expert dans l'art de se servir de ses outils, de faire ses plans avec mesure et d'agir selon ses plans. Ainsi se passe sa vie.

Voici donc les quatre Voies du gentilhomme, du paysan, de l'artisan et du commerçant.

Comparaison entre la Voie du charpentier et la stratégie

La comparaison avec le métier de charpentier est en rapport avec les maisons : celles de la noblesse, des guerriers, les quatre autres maisons, la ruine des maisons, leur prospérité, leur style, leurs traditions, leur nom. Le charpentier utilise un plan principal de l'édifice ; la Voie de la stratégie, pareillement, utilise un plan de campagne. Si vous voulez apprendre l'art de la guerre, réfléchissez aux ouvrages qui en traitent. Le maître est une aiguille, le disciple un fil. Vous devez pratiquer constamment.

Comme le chat charpentier, le chef des guerriers doit connaître les règles naturelles, celles du pays et celles des maisons. C'est la Voie du contremaître. Celui-ci doit connaître la théorie architecturale des tours et des temples, les plans des palais ; il doit employer des ouvriers pour construire les maisons. La Voie du contremaître est la même que celle du chef qui entraîne un groupe de guerriers.

Pour construire des maisons, on choisit entre différents bois : on choisit le bois droit, sans nœud, de belle apparence pour les piliers extérieurs, et le bois droit avec de petits défauts pour les piliers intérieurs. Le plus beau bois, même s'il n'est pas très solide, sert à faire les seuils, les linteaux, les portes, les portes à glissière, etc. On peut toujours utiliser discrètement, pour construire, le bon bois de charpente, solide, même rugueux et noueux. Le bois, trop faible ou plein de nœuds , doit servir à dresser des échafaudages, puis de bois de chauffage.

Le contremaître distribue le travail à ses hommes selon leur compétence : certains posent des parquets, ou fabriquent des portes à glissière, des seuils, des linteaux, etc. Ceux qui ne savent pas faire grand-chose posent les traverses de plancher, et ceux qui leur sont encore inférieurs taillent des coins ou autres choses de ce genre. Si le contremaître connaît ses ouvriers et répartit bien leurs tâches, l'œuvre terminée sera satisfaisante.

Le contremaître doit tenir compte des compétences et des limites de ses hommes ; il doit circuler parmi eux et ne rien leur demander de déraisonnable. Il doit connaître leur moral et les encourager en cas de besoin. Ce même principe est en vigueur dans la stratégie.

La Voie de la stratégie

Comme un fantassin, le charpentier aiguise ses instruments. Il porte son matériel dans sa boîte à outils et travaille sous la direction de son contremaître. Il fait des colonnes et des poutres avec une hache, façonne les planchers et les rayons avec un rabot, taille avec soin les ouvrages ajourés et les sculptures, qu'il termine aussi parfaitement que sa compétence le lui permet. C'est tout l'art du charpentier.

Quand il devient adroit et comprend les mesures, il peut devenir contremaître.

L'aboutissement de la carrière du charpentier, lorsqu'il a de bons outils, est de fabriquer de petits autels, des tablettes à écrire, des tables, des lanternes en papier, des planches à hacher et des couvercles. Voilà les spécialités du charpentier. Il en va de même pour le fantassin. Vous devriez penser profondément à ce sujet.

Le but du charpentier est que le bois ne gauchisse pas, que les joints ne soient pas mal alignés, et que le travail soit bien raboté pour qu'il soit lisse et non pas simplement fini par tranches. Ceci est essentiel.

Si vous voulez apprendre cette Voie, réfléchissez profondément aux choses contenues dans ce livre, une par une. Faites des recherches suffisantes.

Aperçu des cinq livres de cet ouvrage de stratégie

La Voie est indiquée dans cinq livres concernant différents aspects du cosmos : la Terre, l'Eau, le Feu, le Vent (la tradition) et le Vide.

Du point de vue de l'« école Ichi », la substance de la Voie de la stratégie est expliquée dans le livre de la Terre. Il est difficile de comprendre la vraie Voie uniquement par l'escrime au sabre. Il faut connaître les plus petites et les plus grandes choses, les plus superficielles et les plus profondes. Comme s'il y avait une route droite tracée sur le sol, le premier livre se nomme le livre de la Terre.

Ensuite, vient le livre de l'Eau. Avec l'eau comme base, l'esprit devient comme l'eau. L'eau adopte la forme de son réceptacle : c'est parfois un filet et parfois une mer déchaînée. L'eau à une couleur limpide et bleue. Par sa clarté, ce livre montre les choses de l'« école Ichi ».

Si vous maîtrisez les principes de l'escrime au sabre, lorsque vous êtes librement vainqueur d'un homme, vous êtes vainqueur de tous les hommes du monde. L'esprit qui permet de battre un homme est le même pour dix millions d'hommes. Le stratège transforme les petites choses en grandes, comme d'édifier un grand Bouddha à partir d'un modèle d'un pied de haut. Je ne puis écrire en détail la manière de le faire. Le principe de la stratégie est de considérer une chose pour en connaître dix mille. Dans le livre de l'Eau sont racontées les choses de l'école Ichi.

Le troisième livré celui du Feu, qui traite de combat. L'esprit du feu et violent, que le feu soit petit ou grand ; il en est ainsi avec les combats. La Voie des combats est la même pour les luttes d'homme à homme que pour dix mille batailles. Vous devez vous rendre compte que l'esprit peut devenir grand ou petit. Ce qui est grand et facile, ce qui est petit est difficile à percevoir. En bref, il est difficile à un grand nombre d'hommes de changer de position, de sorte que leurs mouvements peuvent être facilement prévus. Tandis qu'un individu peut facilement changer d'avis, si bien que ses mouvements sont difficiles à prévoir. Pensez-y. Le fond de ce livre, c'est que vous devez vous exercer nuit et jour pour prendre des décisions rapides. En stratégie, il faut considérer l'entraînement comme faisant parti de la vie normale, l'esprit immuable. C'est ainsi que le combat au cours des batailles est décrit dans le livre du Feu.

Quatrièmement, le livre du Vent. Il ne traite pas des choses de mon école Ichi, mais d'autres écoles de stratégie. Par vent, j'entends les traditions anciennes, modernes et familiales. J'explique clairement les stratégies du monde. Voilà ce qu'est la tradition. Il est difficile de vous connaître vous-même si vous ne connaissez pas les autres. Il y a des voies secondaires dans toutes les Voies. Si vous étudiez tous les jours une Voie et que votre esprit vagabonde, vous croyez peut-être que vous êtes sur une bonne Voie, mais objectivement ce n'est pas la vraie.

Si vous suivez la vraie Voie et que vous vous en écartez un peu, cet écart deviendra plus tard une grande divergence. Il faut que vous le compreniez. D'autres stratégies en sont arrivées à être considérées comme de simples combat singuliers au sabre, ce qui n'est pas déraisonnable. Le bienfait de ma stratégie, bien qu'elle englobe l'escrime au sabre, repose sur un principe séparé. J'ai expliqué dans le livre du vent (tradition) ce qu'on entend communément par la stratégie dans d'autres écoles.

Cinquièmement, le livre du Vide. Par Vide, j'entends ce qui n'a ni commencement, ni fin. Atteindre ce principe, c'est ne pas l'atteindre. La Voie de la stratégie est la Voie de la nature. Si vous appréciez la force de la nature, sentant le rythme de n'importe quelle situation, vous serez capable de porter un coup à l'ennemi et de le frapper naturellement. Tout ceci est la Voie du vide. J'ai l'intention de montrer comment suivre la vraie Voie selon la nature dans le livre du Vide.

Ichi Ryû Ni Tô (Ecole des deux sabres)

Les guerriers, qu'ils soient commandants ou fantassins, portent deux sabres à leur ceinture. Autrefois on les nommait le sabre et le sabre court. Qu'il nous suffise de dire que dans notre pays, quelle qu'en soit la raison, un guerrier porte deux sabres à sa ceinture. C'est la Voie du guerrier. « Ni Tô Ichi Ryû » montre qu'il est bon de se servir de deux sabres.

La lance et la hallebarde sont des armes destinées à être portées à l'extérieur.

Ceux qui apprennent la Voie de la stratégie selon l'école Ichi doivent, dès le début, s'entraîner avec le sabre et le sabre long dans chaque main. C'est une vérité : quand vous sacrifiez votre vie, vous devez vous servir pleinement de vos armes. Ne pas le faire est une erreur, ainsi que mourir sans avoir tiré l'épée.

Si vous tenez le sabre des deux mains, il est difficile de le manier librement à droite et à gauche ; aussi ma méthode consiste-t-elle à porter le sabre dans une main. Ceci ne s'applique pas aux grandes armes comme la lance ou la hallebarde ; mais le sabre ou le sabre court peuvent être portés d'une main. Il est encombrant de tenir un sabre à deux mains quand on est à cheval, quand on court sur des chemins raboteux ou marécageux, sur des champs de riz boueux, un sol pierreux, ou au milieu d'une foule. Tenir le sabre long des deux mains n'est pas la vraie Voie, car si vous portez un arc une lance ou d'autres armes dans la main gauche, vous n'avez qu'une main libre pour le sabre long. Cependant, lorsqu'il est difficile d'abattre l'ennemi d'une main, utilisez les deux mains. Il est facile de tenir un sabre d'une main ; pour l'apprendre, il faut s'entraîner avec deux sabres longs, un dans chaque main. Au début, cela semble difficile ; mais rien n'est facile au commencement. Les arcs sont difficiles à tirer, les hallebardes à tenir ; quand vous serez habitué à l'arc, votre traction deviendra plus forte. Quand vous serez habitué à tenir le sabre long, vous atteindrez la puissance de la Voie et le ferez bien.

Comme je l'expliquerai dans le second livre, le livre de l'Eau, il n'y a pas de manière rapide d'apprendre à tenir le sabre long. Il doit être tenu loin du corps, et le sabre court de très près. Voilà la première chose à comprendre.

Selon cette école Ichi, vous pouvez être vainqueur avec une arme longue, mais aussi avec une arme courte. En résumé, la Voie de l'école Ichi consiste à avoir un esprit de vainqueur, quelles que soient l'arme et ses dimensions.

Il vaut mieux utiliser deux sabres qu'un lorsque vous vous battez contre une foule, surtout si vous voulez faire un prisonnier.

On ne peut expliquer ces choses en détail. À partir de l'une d'elles, apprenez-en mille.

Quand vous atteindrez la Voie de la stratégie, il n'y aura pas une seule chose que vous ne verrez pas. Étudiez avec acharnement.

Bienfait des avantages de la stratégie

Les maîtres du sabre long se nomment stratèges. Quant aux autres armes martiaux, ceux qui pratiquent le tir à l'arc se nomment archers, ceux qui utilisent le fusil se nomment tireurs d'élite, et la hallebarde hallebardiers. Mais nous n'appelons pas les maîtres de la Voie du sabre long « guerriers au sabre long », pas plus que nous ne parlons de « guerriers au sabre court ». Parce que les arcs, les fusils, les lances et les hallebardes font tous partie de l'équipement guerrier, ils font aussi partie de la stratégie. Maîtriser la force du sabre long, c'est maîtriser le monde et soi-même, aussi le sabre long est-il la base de la stratégie. Son principe est « la stratégie au moyen du sabre long. » S'il se rend maître de la force du sabre long, un homme seul peut en battre dix, cent hommes peuvent en battre mille, mille peuvent en battre dix mille.

Dans ma stratégie, un homme en vaut dix mille, aussi cette stratégie est-elle l'art complet du guerrier.

La Voie du guerrier n'englobe pas d'autres Voies, telles que le confucianisme, le bouddhisme, certaines traditions, les réalisations artistiques et la danse. Mais bien qu'elles ne fasse pas partie de la

Voie, si vous la connaissez, vous la retrouverez en tout. Il faut que les hommes perfectionnent leur Voie particulière.

Les qualités des armes en stratégie

Il y a un temps et un lieu pour l'usage des armes. Le sabre court convient mieux à un endroit fermé, ou lorsque vous êtes engagé étroitement contre l'adversaire.

Le sabre long est efficace dans toutes les situations. La hallebarde est inférieure à la lance sur le champ de bataille. Avec la lance, vous pouvez prendre l'initiative ; la hallebarde est défensive. Entre les mains d'un homme qui se bat contre un autre aussi compétent que lui, la lance donne un peu plus de force. Lance et hallebarde ont toutes deux leur emploi, mais ni l'une ni l'autre ne sont très utiles dans un endroit clos. On ne peut s'en servir pour la capture d'un prisonnier. Ce sont essentiellement des armes de plein air.

D'ailleurs, si vous apprenez les techniques destinées à « l'intérieur », vos pensées seront limitées et vous oublierez la vraie Voie. Vous éprouverez donc des difficultés dans les combat singuliers.

L'arc est tactiquement fort au commencement de la bataille, surtout en cas de bataille sur la lande, car il est impossible de tirer rapidement lorsqu'on est au milieu d'hommes armés d'une lance. Il est cependant peu satisfaisant lors des sièges, ou quand l'ennemi se trouve à plus de trente-six mètres. Pour cette raison, il y a maintenant peu d'écoles traditionnelles de tir à l'arc. Cet art est assez inutile de nos jours.

De l'intérieur des fortifications, le fusil n'a pas d'égal. C'est l'arme suprême du champ de bataille avant le choc des fantassins, mais lorsque les sabres s'entrecroisent le fusil devient inutile. L'une des qualités de l'arc est que vous pouvez voir les flèches en vol et corriger votre tir en conséquence, alors que les coups de fusil sont invisibles. Il faut estimer l'importance de ce fait.

Un cheval doit avoir de l'endurance et être sans défaut, il en va de même pour les armes. De même que les chevaux doivent avancer fermement, les sabres longs et courts doivent trancher fermement. Lance et hallebarde doive être résistantes pour frapper des coups lourds ; il faut que les arcs et les fusils soient robustes. Les armes, plutôt que décoratives, doivent être résistantes.

N'ayez pas d'arme préférée. Trop se familiariser avec une arme est une faute aussi regrettable que de ne pas la connaître suffisamment. N'imitez pas les autres, mais servez-vous d'armes que vous pouvez manier convenablement. Il n'est pas bon que les chefs ou les fantassins aient des préférences ou des répugnances ; apprenez ces choses à fond.

Le rythme dans la stratégie

Il existe un rythme en tout. En stratégie, le rythme ne peut être contrôlé sans beaucoup d'entraînement.

Le temps est important dans la danse et la musique à cordes ou à flûte, car elle ne sont rythmées que si l'on garde la mesure. La cadence et le rythme comptent aussi dans les arts martiaux, le tir à l'arc et au fusil, l'art de monter à cheval. Il y a rythme dans tous les métiers et les arts, et aussi dans le Vide ; dans la vie entière du guerrier, dans sa réussite et son déclin, son harmonie et ses discordes. De même, le rythme existe dans la Voie du commerce, la montée et la chute du capital. Tout implique un rythme ascendant et un rythme déclinant. Vous devez pouvoir le percevoir. Dès le début, il faut connaître le rythme opportun et inopportun et, d'après les grandes et les petites choses et les rythmes rapides ou lents, trouver celui qui convient, calculant d'abord les distances et les arrière-plans. C'est la chose essentielle en stratégie. Il est particulièrement important de connaître le rythme selon le lieu, autrement votre stratégie ne sera pas fondée sur des bases solides.

On gagne les batailles par le rythme « vide » né de la connaissance du rythme inattendu de l'ennemi.

Les cinq livres se préoccupent surtout du temps. Il faut s'entraîner suffisamment pour comprendre tout cela.

Si vous pratiquez jour et nuit la stratégie de l'école Ichi, votre esprit s'épanouira naturellement. C'est ainsi que la stratégie de masse et celle du combat corps à corps se propagent dans le monde. Ceci est exprimé pour la première fois dans les cinq livres de la Terre, de l'Eau, du Feu, du Vent (de la tradition) et du Vide. Voici la Voie des hommes qui veulent apprendre ma stratégie :

1. N'ayez pas de pensées perverses
2. La Voie c'est la formation pratique
3. Apprenez tous les arts
4. Connaissez les Voies de toutes les professions
5. Distinguer entre profit et perte dans les choses de ce monde
6. Développer un jugement intuitif et une compréhension de tout
7. Percevez les choses invisibles
8. Soyez attentifs même aux choses importantes
9. Ne faites rien d'inutile

il importe de commencer par graver ces larges principes dans votre cœur, et de vous entraîner dans la Voie de la stratégie. Si vous ne regardez pas les choses avec largeur d'esprit, il vous sera difficile d'apprendre la stratégie. Si vous apprenez cette stratégie et en devenez maître, vous ne serez jamais vaincu, même par vingt ou trente ennemis.

Au début, plus que tout, vous devez vous appliquer à la stratégie et persévérer sérieusement dans la Voie. Vous en viendrez à être capable de vaincre dans les luttes et votre vue sera supérieure à celle des autres. Vous pourrez aussi maîtriser à volonté votre corps, conquérir les autres avec votre corps et, après une formation suffisante, vous serez capable de battre dix hommes par votre courage. Arrivé à ce point, cela ne voudra-t-il pas dire que vous êtes invincible ?

De plus, la stratégie de masse permet à l'homme supérieur de dominer habilement de nombreux subordonnés, de se conduire correctement, de gouverner le pays et de protéger le peuple, préservant ainsi une discipline de chef.

S'il existe une Voie qui implique l'esprit de victoire, la promotion de l'être et le gain de l'honneur, c'est la Voie de la stratégie.

Douzième jour du cinquième mois,
deuxième année du Shôhô (1645)

*Pour Teruo Maganojô
Shinmen Musashi*

le livre de l'eau

L'esprit de l'école de stratégie Ni Ten Ichi est fondée sur l'eau, et ce livre de l'Eau explique les méthodes victorieuses de la lutte au sabre long de cette école.

Le langage n'expose pas la Voie en détail, mais on peut la saisir intuitivement. Étudier ce livre ; lisez un mot et réfléchissez y. Si vous interprétez le sens d'une façon vague, vous comprendrez mal la Voie.

Les principes de la stratégie sont écrits en termes de combat singulier, mais vous devez penser largement pour arriver à comprendre comment il s'applique à dix mille individus opposés à dix mille autres.

La stratégie diffère du reste en ce que si vous vous méprenez sur la Voie, même un peu, vous serez désorienté et agirez mal.

Si vous lisez simplement ce livre, vous n'atteindrez pas la Voie de la stratégie. Imprégnez-vous des choses écrites dans cet ouvrage. Ne vous contentez pas de le lire, de l'apprendre par cœur, ni de l'imiter, mais, pour comprendre ces principes du fond du cœur, étudiez sérieusement pour en imprégner votre corps.

Attitude spirituelle dans l'art de la stratégie

En stratégie, votre attitude ne doit pas être différente de la normale. À la fois pendant le combat et dans la vie de tous les jours, soyez résolu mais calme. Faites face à la situation, sans tension ni insouciance, l'esprit ferme mais sans parti pris. Même si votre esprit est calme, ne laissez pas votre corps se détendre et, quand votre corps se détend, ne laissez pas votre esprit se relâcher. Que votre esprit ne soit pas influencé par votre corps, ni votre corps par votre esprit. Ne soyez ni insuffisamment ni trop intrépide. Un esprit ardent est faible, et un esprit découragé l'est aussi. Ne laissez pas l'adversaire voir votre humeur.

Les gens de petite taille doivent être au courant de l'esprit des gens de haute taille, et vice versa. Quelle que soit votre taille, ne soyez pas induit en erreur par les réactions de votre corps. L'esprit ouvert et détendu, regarder les choses d'un point de vue élevé. Cultivez la sagesse : apprenez la justice publique, distinguez le bien du mal, étudiez une par une les Voies des divers arts. Quand les hommes ne pourront plus vous tromper, vous aurez compris l'art de la stratégie.

La sagesse de la stratégie est différente du reste. Sur le champ de bataille, même si vous êtes serré de près, il faut sans cesse penser aux principes afin de garder l'esprit ferme.

Position de combat

Adoptez une posture avec la tête droite, ni penchée, ni levée, ni rejetée en arrière. Votre front et vos sourcils ne doivent pas être français. Ne roulez pas les yeux, ne cillez pas, mais fermez-les à demi. Les traits calmes, gardez votre profil droit tout en renflant légèrement les narines. Votre nuque doit être droite : infiltrez de l'énergie à votre tête et, de la même manière, des épaules à tout votre corps. Dégagez vos épaules et, sans avancer le bas des reins, instillez de la force dans vos jambes, des genoux à l'extrémité des doigts de pied. Tendez votre abdomen pour ne pas avoir les reins courbés. Assujettissez votre sabre court contre votre abdomen, pour que votre ceinture ne se relâche pas : cela s'appelle « fixer la clavette ».

Il faut, dans toutes les formes de stratégie, maintenir la position de combat dans la vie quotidienne et faire de votre posture de tous les jours une position de combat. Cherchez bien cela.

Le regard en stratégie

Le regard doit être large et vaste. Il s'agit à la fois de « voir et regarder ». Il est plus important de voir que de regarder.

En stratégie, il est important de voir les objets lointains comme s'ils étaient proches et de prendre une vue lointaine des choses proches il faut voir le sabre de l'ennemi et n'être pas distrait par les mouvements insignifiants de son sabre. Vous devez étudier ceci. Le regard est le même pour le combat singulier et pour la stratégie sur le champ de bataille.

En stratégie, il faut pouvoir regarder des deux côtés sans remuer les pupilles. Il vous faudra du temps pour le faire. Apprenez ce qui est écrit ici ; regardez de cette manière dans la vie quotidienne et ne changez pas quoi qu'il arrive.

Port du sabre long

Prenez le sabre long entre le pouce et l'index assez souples, le médius ni crispé ni mou, et les deux derniers droits serrés.

Il n'est pas bon d'avoir du flottement.

Quand vous étreignez un sabre, pensez toujours qu'il doit couper l'ennemi. Lorsque vous le pourfendez, ne changez pas la tenue de vos mains et qu'elles ne « tremblent » pas

Si vous écartez violemment le sabre de l'ennemi, ou que vous parez un coup ou le forcez à tomber, changez légèrement la position de votre pouce et de votre index.

Soyez, par-dessus tout, attentif à pourfendre l'ennemi selon la manière dont vous tenez le sabre.

La tenue de l'arme pour le combat est la même que pour l'essai des sabres.

Il n'existe pas de « tenue du sabre pour tuer l'ennemi ».

En général, je n'aime pas la rigidité des mains ou des sabres longs. Rigidité signifie main morte. Une main vivante est souple. Gardez cela dans votre esprit.

Jeu de pieds

Avec la pointe des pieds un peu mobile, appuyez fermement les talons sur le sol. Que vous ayez vite ou lentement, à grandes ou petites enjambées, vos pieds doivent toujours se mouvoir comme dans la marche normale. Je n'aime pas les trois méthodes de marche connues sous les noms de « pieds en l'air », « pied mou » et « pied fixe ».

La marche »Yin-Yang » joue un rôle important dans la Voie. Yin-Yang signifie ne pas avancer seulement sur un pied. Cela veut dire remuer les pied gauche-droite et droite-gauche quand vous attaquez, reculez ou parez un coup. Ne vous servez pas d'un pied de préférence à l'autre.

Les cinq façons de se mettre en garde

les cinq façons sont : sabre au-dessus de la tête, sabre en face de soi, sabre vers le bas, côté droit, côté gauche. Bien que l'attitude comporte ces cinq divisions, leur seul but est de pourfendre l'ennemi. Il n'y a aucune autre façon que ces cinq-là de se mettre en garde.

Quelle que soit celle que vous adoptez, ne soyez pas conscient de la prendre ; pensez seulement à pourfendre l'adversaire.

Il faut que votre mise en garde soit grande ou petite selon la situation. Les mises en garde supérieure, inférieure et moyenne sont décisives. Celle du côté droit et du côté gauche sont fluides. Il faut les adopter s'il n'y a aucun espace au-dessus de votre tête, ou latéralement. La décision dépend du lieu.

L'essentiel de la Voie est ceci. Pour comprendre l'attitude, il faut comprendre à fond l'attitude moyenne. Elle est le cœur des attitudes. Si vous considérez la stratégie sur une grande échelle, l'attitude moyenne est l'assise du commandant, et les quatre autres la suivent : il faut bien le comprendre.

la Voie du sabre long

Connaître la Voie du sabre long signifie pouvoir tenir à deux doigts le sabre que nous portons habituellement. Si nous connaissons bien la Voie du sabre, nous le tiendrons facilement.

Si vous essayez de manier rapidement le sabre long, vous vous trompez de Voie. Pour bien faire, il faut agir avec calme. Autrement, si vous en usez avec le sabre long comme avec un éventail, ou avec le sabre court, vous vous écarterez de la bonne méthode en employant le « coup du sabre court ». Vous ne pourrez pas pourfendre un homme de cette façon avec un sabre long.

Quand vous avez frappé de haut en bas avec le sabre long, élevez le tout droit ; quand vous frappez de côté, ramenez le sabre de côté, d'une manière calme, en étendant largement les coudes. Tenez fortement le sabre. Ceci est la Voie du sabre long.

Si vous utilisez les cinq figures de ma stratégie, vous pourrez tenir le sabre correctement. Exercez-vous constamment.

Les Cinq Figures

1. La première figure est la mise en garde moyenne. Faites face à l'ennemi en mettant la pointe de votre sabre contre son visage. Lorsqu'il attaque, envoyez son sabre à droite, d'un coup violent et « forcez-le ». Ou, quand il attaque, déviez la pointe de son sabre d'un coup vers le bas, maintenez votre sabre long où il est et, lorsque l'ennemi renouvelle son assaut, frappez ses bras par en dessous. Ceci est la première figure.

Les cinq figures ressemblent à cela. Il faut s'exercer à plusieurs reprises avec un sabre long pour les apprendre. Lorsque vous serez maître de cette Voie du sabre long, vous pourrez contrôler tous les assauts de l'ennemi. Je vous assure qu'il n'existe pas d'autre attitude que les cinq attitudes du sabre long de Ni Tô.

2. Dans la deuxième figure avec le sabre long, transpercez l'ennemi au moment même où il attaque, en gardant votre sabre dessus de votre tête. Si l'ennemi évite le coup, gardez votre sabre en position et, frappant à partir du bas, pourfendez-le quand il renouvelle son assaut. Il en va de même pour l'attaque qui suivra.

Dans cette méthode, il y a divers nuances et rythmes. Vous pourrez les comprendre en vous exerçant dans l'école Ichi. Vous serez toujours vainqueur avec les cinq méthodes du sabre long. Exercez-vous maintes et maintes fois.

3. Dans la troisième figure, adoptez la posture inférieure, anticipant de porter un coup de bas en haut. Lors de l'assaut de l'ennemi, frappez ses mains d'en bas : pendant que vous le faites, il peut essayer d'abattre votre sabre d'un coup. Si c'est le cas, frappez le haut de ses bras horizontalement pour faire un « barrage ». Ceci signifie que, de la position inférieure, vous frappez l'ennemi à l'instant où il attaque.

Vous rencontrerez souvent cette méthode, à la fois comme débutant et ultérieurement. Exercez-vous à tenir un sabre long.

4. Dans cette quatrième figure, gardez le sabre du côté gauche. Quand l'ennemi attaque, frappez ses mains de bas en haut. Si, pendant ce temps, il tente de faire tomber votre sabre, avec l'intention de frapper ses mains, détournez la trajectoire de son sabre long et assénez un coup de dessus votre épaule.

Ceci est la Voie du sabre long. Par cette méthode, vous vaincrez en détournant la trajectoire du coup de l'ennemi. Cherchez à le faire.

5. Dans la cinquième figure, le sabre est dans la mise en garde du côté droit. Selon l'attaque de l'ennemi, relevez votre sabre long jusqu'au-dessus de votre tête. Puis tranchez droit du haut de votre tête.

Cette méthode est essentielle pour bien connaître la Voie du sabre long. Si vous savez l'utiliser, vous serez capable de bien manier même un sabre lourd.

Je ne peux pas décrire en détail comment employer ces cinq figures. Apprenez à bien connaître les différents maniements du sabre de notre école, à calculer largement le temps, à distinguer la trajectoire du sabre de l'ennemi, à vous habituer dès le début aux cinq figures. Vous serez toujours vainqueur en vous servant de ces cinq figures, avec des rythmes variés pour discerner l'esprit de l'ennemi. Réfléchissez minutieusement à tout ceci.

Prendre garde sans prendre garde

« Prendre garde sans prendre garde » signifie qu'il n'y a pas besoin de mise en garde pour un sabre.

Malgré cela, les cinq positions existent ; ce sont les cinq manières de tenir le sabre long.

Quelle que soit la tenue du sabre, elle doit rendre facile la victoire sur l'ennemi, selon les circonstances, le lieu et vos rapports avec lui. De l'attitude où le sabre est au-dessus de votre tête, à mesure que votre ardeur diminue, vous pouvez passer à l'attitude où le sabre est en face de vous et, de cette attitude, vous pouvez lever un peu le sabre selon votre technique et adopter l'attitude supérieure. De l'attitude inférieure, vous pouvez lever un peu le sabre et adopter l'attitude moyenne selon les circonstances. Suivant les cas, si vous tournez votre sabre de la gauche ou de la droite vers le centre, il en résulte l'attitude moyenne ou inférieure.

On nomme le principe de cette technique : « prendre garde sans prendre garde ».

L'important, quand vous prenez un sabre dans les mains, c'est votre intention d'abattre l'ennemi, par tous les moyens. Lorsque vous détournez ou portez un coup, que vous bondissez, frappez ou touchez le sabre de l'ennemi, faites-le d'un même mouvement. Il est essentiel d'arriver à cela. Si vous pensez seulement à frapper, à bondir, à asséner un coup à l'ennemi ou à le toucher, vous ne pourrez pas vraiment l'abattre. Plus que tout autre pensée, et ayez celle de le transpercer d'un seul mouvement. Rechercher cela minutieusement.

Frapper l'ennemi en un seul rythme
« En un seul rythme » signifie, lorsque vous êtes en contact avec l'ennemi, le frapper aussi rapidement et directement que possible, sans bouger votre corps ni vos idées pendant que vous le voyez encore indécis. Le temps où vous frappez avant que l'ennemi décide de se retirer, de croiser le fer ou de frapper, constituent ce que l'on nomme « en un seul rythme ».

Exercez-vous à acquérir cela, pour pouvoir frapper en un instant.

Le rythme secondaire
Lorsque vous attaquez et que l'ennemi recule aussitôt, pendant qu'il est tendu, vous devez feindre une attaque. Puis lorsqu'il se détend, continuez et frappez-le. C'est le « rythme secondaire ».

Il est très difficile de réussir cela par la simple lecture de ce livre, mais vous comprendrez bientôt avec un peu d'exercice.

Sans réflexion, sans pensée

Dans cette méthode, lorsque l'ennemi attaque et que vous décidez aussi d'attaquer, frappez avec votre corps, avec votre esprit, avec vos mains, en accélérant très fortement le mouvement. C'est le coup « sans réflexion, sans pensée ». C'est la méthode la plus importante pour frapper. Elle est souvent employée. Exercez-vous rigoureusement pour la comprendre.

Le coup de l'eau qui court

« Le coup de l'eau qui court » est employé quand vous luttez lame contre lame avec l'ennemi. Lorsqu'il recule et se retire rapidement pour essayer de bondir avec son sabre long, détendez votre corps et votre esprit, et transpercez-le aussi lentement que possible avec votre sabre long, en suivant votre corps comme le flux. Vous aurez la certitude d'être vainqueur si vous apprenez ce coup. Discernez la qualité de votre ennemi.

Coup continu

Quand vous attaquez en même temps que l'ennemi, et que vos sabres s'entrechoquent, d'un seul mouvement, visez sa tête, ses mains et ses jambes. Lorsque vous atteignez plusieurs endroits d'un seul mouvement circulaire du sabre long, c'est le « coup continu ». Exercez-vous à le faire ; il est souvent employé. En le pratiquant soigneusement, vous devez pouvoir le comprendre.

Coup rapide comme le feu

Ce coup signifie que, lorsque le sabre long de l'ennemi et le vôtre s'entrechoquent, vous frappez aussi fort que possible sans lever, même un peu, votre sabre. Cela implique frapper rapidement avec les mains, le corps et les jambes, tous trois assènent des coups forts. Si vous vous exercez suffisamment bien, vous pouvez frapper vigoureusement.

Coup des feuilles pourpres

Le « coup des feuilles pourpres » consiste à faire tomber le sabre long de l'ennemi. Votre courage doit maîtriser le sabre de l'adversaire. Lorsque l'ennemi est en garde, en face de vous, et se prépare à attaquer, à frapper et à riposter, portez un coup énergique à son sabre long, au moyen du « coup rapide comme le feu », ou du coup « sans réflexion, sans pensée ». Si vous abaissez la pointe de son sabre avec un sentiment agressif, il lâchera forcément son sabre. Si vous vous exercez à réussir ce coup, il devient facile de forcer l'ennemi à laisser tomber son sabre. Exercez-vous maintes et maintes fois.

Le corps qui remplace le sabre long

Ou « le sabre long qui remplace le corps ». En général, nous manœuvrons le corps et le sabre en même temps pour abattre l'ennemi. Cependant, selon la méthode de frappe de l'adversaire, vous pouvez vous précipiter sur lui avec le corps, et ensuite le pourfendre avec le sabre. Si son corps est immobile, vous pouvez l'attaquer d'abord avec le sabre long, mais habituellement lancez-vous d'abord contre lui avec votre corps, puis servez-vous du sabre long. Étudiez bien cela et exercez-vous à porter ces coups

Coups de sabre et éraflures

Porter un coup ou une éraflure sont deux choses différentes. Quelle que soit la forme du coup, il est décisif, porté d'un esprit résolu. L'éraflure n'est rien de plus que le contact avec l'ennemi. Même si vous infligez une éraflure profonde et que l'adversaire meurt aussitôt, ce n'est toujours qu'une touche. Quand vous portez un coup, votre esprit est résolu. Comprenez-le bien. Si vous commencez par taillader les mains ou les jambes de l'ennemi, il faut ensuite les trancher profondément. Faire une estafilade, en esprit, c'est la même chose que toucher. Quand vous l'aurez compris, vous ne distinguerez plus les deux choses. Apprenez bien cela.

Position du singe chinois

La position du singe chinois, c'est le courage de ne pas avancer les bras. Il s'agit de commencer vite, sans du tout étendre les bras, avant que l'ennemi n'attaque. Si vous êtes attentif à ne pas étendre les bras, vous êtes effectivement loin ; il faut attaquer avec tout votre corps. Quand vous serez à portée de l'ennemi, il est facile d'approcher votre corps de lui. Rechercher bien ceci.

Corps adverses comme s'ils étaient collés ou laqués

La position des « corps collés ou laqués » consiste à coller à l'ennemi sans se séparer de lui. Lorsque vous approchez de lui, collez fermement à lui avec votre tête, votre tronc et vos jambes, de sorte qu'il n'y ait pas le moindre interstice entre le corps de votre ennemi est le vôtre. Réfléchissez attentivement à ceci.

Lutte pour la hauteur

Par « lutte pour la hauteur », j'entends, lorsque vous serrez l'ennemi, lutter pour être plus haut que lui sans vous dérober. Tendez vos jambes, tendez vos hanches, tendez votre cou en face de lui. Lorsque vous jugez avoir réussi être plus grand, foncez fermement. Il faut que vous appreniez ceci.

Adhérence

Quand l'ennemi attaque et que vous attaquez aussi avec le sabre long, fixez votre sabre sur le sien auquel il doit adhérer au moment où vous recevez son coup. L'adhérence consiste à ne pas frapper très fort, mais à faire en sorte que les deux sabres longs ne se séparent pas facilement. Il vaut mieux approcher aussi calmement que possible quand vous frappez le sabre long de l'ennemi dans ce dessein. La différence entre « adhérence » et « enchevêtrement », c'est que l'adhérence est ferme, et l'enchevêtrement faible. Il faut apprécier cette différence.

L'attaque corporelle

L'attaque corporelle signifie foncer sur l'ennemi grâce à une faille dans sa garde. Il faut l'attaquer avec votre corps. Tournez votre visage un peu sur le côté et frappez avec votre épaule gauche la poitrine de l'ennemi.

Approchez dans l'intention de faire fuir l'ennemi par intimidation, le frappant aussi fort que possible en suivant la cadence de votre respiration. Si vous réussissez cette méthode d'approcher votre ennemi, vous pourrez le projeter à trois ou six mètres de distance. On peut le frapper à mort. Exercez-vous bien.

Trois façons de parer une attaque

Il est trois méthodes de parer un coup : d'abord, en abattant le sabre long de l'ennemi vers votre droite, comme si vous vouliez atteindre ses yeux, lorsqu'il attaque.

Ou rejeter le sabre long de l'ennemi vers son œil droit comme si vous vouliez lui couper le cou.

Ou, si vous avez un sabre long, sans vous soucier d'écarter celui de l'ennemi, approchez-vous de lui très vite, en frappant son visage de votre main gauche comme pour le fendre.

Ce sont les trois méthodes de parer son attaque.

N'oubliez pas que vous pouvez toujours serrer votre poing gauche et frapper le visage de votre ennemi. Pour cela, il faut bien vous exercer.

Poignarder le visage

Poignarder le visage, quand vous êtes en face de l'ennemi, signifie que votre esprit est tendu vers cet acte, avec la pointe de votre sabre long. Si vous le voulez vraiment, son visage et son corps deviendront accessible. Quand l'ennemi devient accessible, il y a de nombreuses occasions de vaincre. Concentrez votre esprit sur ceci. N'oubliez pas de lui porter un coup au visage. Améliorez la valeur de cette technique par l'exercice.

Percer le cœur

Percer le cœur signifie foncer sur l'ennemi, lors d'une lutte où votre champ d'action est fermé au-dessus ou sur les côtés, et où il est difficile de frapper. Percez la poitrine de l'adversaire sans laisser vaciller la pointe de votre sabre long, en montrant carrément à l'ennemi l'arête de la lame, dans le dessein de faire dévier son sabre long. Ce principe est souvent utile lorsque nous sommes fatigués ou que, pour une raison quelconque, notre sabre long n'est pas tranchant. Vous devez comprendre l'application de cette méthode.

Les cris

« Crier » signifie que, lorsque l'ennemi contre-attaque après votre assaut, vous relevez votre sabre depuis le bas comme si vous le frappiez, puis assénez-lui un second coup. En un temps très bref, vous foncez en criant. Pourfendez-le d'en bas au cri de « Kâtsu ! » et percez en répétant « Tôtsu ! ».

Ces rythmes se rencontrent maintes et maintes fois dans les échanges de coups. Crier, c'est frapper simultanément en levant votre sabre long comme pour transpercer l'ennemi. Apprenez ceci en vous exerçant souvent.

La parade du cliquetis

« La parade du cliquetis » signifie que, lorsque vous entrechoquez votre sabre avec celui de l'ennemi, vous affrontez son coup de façon rythmée, faisant claquer son sabre, puis que vous le transpercez. Le principe de cette parade n'est pas d'éviter ou de frapper vigoureusement, mais de frapper le sabre long de l'ennemi en vous adaptant à son attaque, dans le dessein de le transpercer rapidement. Si vous comprenez à quel moment frapper, quelle que soit la force du cliquetis de vos sabres, la pointe du vôtre ne sera pas du tout touché. Étudiez suffisamment pour le faire.

Dans la mêlée

« Dans la mêlée » s'applique lorsque vous luttez seul contre beaucoup d'adversaires. Dégainez à la fois le sabre long et le sabre court et mettez-vous en garde en présentant vos sabres largement étendus à droite et à gauche. L'objectif est de pourchasser les ennemis d'un côté à l'autre même s'ils arrivent des quatre côtés. Observez l'ordre dans lequel ils attaquent et allez d'abord à la rencontre des premiers. Regardez de long en large pour examiner attentivement le plan d'attaque de vos adversaires, et donnez des coups de sabre à droite et à gauche alternativement. Il est nuisible d'attendre. Reprenez toujours très vite votre mise en garde des deux côtés, abattez les ennemis à mesure qu'il avance, les écrasant dans la direction d'où ils lancent l'assaut. Quoi qu'il arrive, pourchassez les ennemis tous ensemble, comme des poissons enfilés les uns derrière les autres sur un même cordeau et, lorsque vous les voyez ainsi assemblées, transpercez-les avec force sans leur donner le temps de remuer.

L'efficacité des échanges de coups

Vous pouvez apprendre comment vaincre par la stratégie du sabre long, mais il est impossible de l'expliquer clairement par écrit. Il faut vous entraîner assidûment pour comprendre comment vaincre.

Tradition orale : « la véritable Voie de la stratégie se manifeste par le maniement du sabre long. »

Un seul coup

Vous êtes certains de vaincre avec le principe d'« un seul coup ». Il est cependant difficile d'y parvenir sans bien apprendre la stratégie. Si vous vous exercez parfaitement dans cette voie, la stratégie vous deviendra familière et vous vaincrez à volonté. Formez-vous avec application.

Stratégie de la communication directe

la stratégie de « communication directe » consiste à exposer comment la Voie véritable de l'école Ni Tô Ichi est accueillie et transmise.

Tradition orale : « apprenez la stratégie de votre corps. »

Dans ce livre de l'Eau est exposée une exquise de l'école Ichi de lutte au sabre.

Pour apprendre comment vaincre en stratégie avec le sabre long, apprenez d'abord les cinq mises en garde au moyen des cinq figures, et imprégnez votre corps naturellement de la Voie du sabre long. Vous devez comprendre l'esprit, le rythme de la Voie, manier avec naturel le sabre long et mouvoir corps et jambes en harmonie avec votre esprit. Que vous soyez vainqueur d'un homme ou de deux, vous connaîtrez alors les valeurs stratégiques.

Étudiez le contenu de ce livre, article par article, et, en combattant les ennemis, vous connaîtrez peu à peu le principe de la Voie.

Délibérément, patiemment, absorbez l'efficacité de tout ceci, et de temps à autre levez la main pour combattre. Conservez cet esprit à chaque fois que vous croisez le fer avec un ennemi.

Pas à pas, marchez sur la route la plus longue. Étudiez la stratégie d'année en année est arrivé à avoir l'esprit du guerrier. Aujourd'hui, c'est la victoire sur ce que vous étiez hier ; demain, vous serez vainqueur des hommes qui vous sont inférieurs. Puis, pour battre ceux qui sont plus habiles, exercez-vous selon les principes de ce livre, sans dévier de votre chemin. Même si vous tuez un ennemi, si cet acte n'est pas fondé sur ce que vous avez appris, ce n'est pas la vraie Voie.

Si vous atteignez cette Voie de la victoire, vous serez capable de battre plusieurs dizaines d'hommes. Ce qui demeure, c'est la possibilité de lutter le sabre à la main, et vous y arriverez par des batailles et des combat singuliers.

Douzième jour du cinquième mois,
deuxième année du Shôhô (1645)
Pour Teruo Maganojô
Shinmen Musashi

Le livre du feu

Je décris dans ce livre le livre du Feu de l'école de stratégie Ni Tô Ichi, le combat comparé à un feu. D'abord, les gens se font des idées étroites sur les principes de la stratégie. Ils veulent connaître les mouvements des doigts, et ne connaissent que sept des douze centimètres du poignet. Ils décident de l'issue d'un combat singulier seulement par l'écartement de leurs avant-bras, comme s'il s'agissait d'un éventail pliant.

Ils se spécialisent dans le petit problème de la dextérité, apprenant des choses insignifiantes comme les mouvements de la main et de la jambe avec le sabre d'exercice en bambou.

Dans une stratégie, l'entraînement pour tuer les ennemis se fait au moyen de nombreuses luttes, lutte pour survivre, découverte du sens de la vie et de la mort, instruction dans la Voie du sabre, estimation de la force des attaques et compréhensions de la Voie du « fil et du tranchant » du sabre.

Vous ne pouvez mettre à profit les petites techniques quand vous portez votre armure complète. Ma Voie de la stratégie est la méthode sûre de vaincre quand vous vous battez pour votre vie à un contre cinq ou dix. Le principe « un homme peut en battre dix, donc mille hommes peuvent en battre dix mille », cherchez cela. Certes, il ne vous est pas possible de réunir mille ou dix mille hommes pour votre exercice quotidien. Mais vous pouvez devenir maître en stratégie en vous exerçant seul avec votre sabre, pour comprendre les stratagèmes de l'adversaire, sa force et ses ressources, et en arriver à comprendre la stratégie à appliquer pour vaincre dix mille hommes.

Tous ceux qui veulent maîtriser l'essentiel de cette stratégie doivent étudier assidûment et s'entraîner matin et soir. Ainsi pourront-ils raffiner leur adresse, se libérer d'eux-mêmes et arriver à une habileté extraordinaire. Ils possèderont une force miraculeuse.

Voilà le résultat pratique de la stratégie.

Étude du lieu

Examinez votre environnement.

Choisissez un emplacement où vous aurez le soleil derrière vous. Si la situation ne le permet pas, essayez de garder le soleil à votre droite. Devant des bâtiments, vous devez avoir leur entrée derrière vous ou à votre droite. Assurez-vous que vos arrières sont libres, et que vous avez un espace libre à votre gauche, votre droite étant occupée par la posture de votre sabre.

Le soir, si vous pouvez voir l'ennemi, garder la clarté derrière vous et l'entrée à votre droite ; autrement, prenez l'attitude exposée ci-dessus. Il faut regarder l'ennemi de haut, et occuper des lieux légèrement plus élevés que lui. Par exemple, dans une maison, le Kamiza est considéré comme un lieu élevé.

Au début du combat, essayez toujours de pourchasser l'ennemi jusqu'à ce qu'il soit à votre gauche. Poursuivez-le vers des endroits difficiles et essayez de le garder le dos à ces endroits. Lorsque l'ennemi se trouve dans une position incommode, ne le laissez par regarder autour de lui, mais poursuivez-le consciencieusement et immobilisez-le. À l'intérieur des maisons, pourchassez le sur les seuils, sous les linteaux des portes, les portes, les galeries, les piliers et ainsi de suite, sans lui laisser voir où il est rendu.

Poursuivez le toujours jusqu'aux endroits où il perdra l'équilibre, où il trouvera des obstacles, etc., vous servant de l'agencement des lieux pour vous établir sur des positions avantageuses pour vous. Rechercher cette Voie et exercez-vous assidûment

Les trois méthodes de prendre l'initiative

La première consiste à le devancer en attaquant. Elle est appelée *Ken No Sen* (mise en place).

Une autre méthode consiste à le devancer au moment où il attaque. Elle est appelée *Tai No Sen* (initiative d'attente).

L'autre méthode consiste à attaquer en même temps que l'ennemi. Elle est appelée *Tai Tai No Sen* (initiative mutuelle).

Il n'y a pas d'autre méthode de prendre l'initiative que ces trois-là. Parce que vous pouvez vaincre rapidement en prenant l'initiative, c'est l'une des choses les plus importantes en stratégie. Plusieurs choses sont impliquées lorsqu'on prend l'initiative. Profitez au mieux de la situation, devinez l'esprit de l'adversaire pour comprendre sa stratégie et le vaincre. Il est impossible d'écrire ceci en détail.

Première méthode : Ken No Sen

Lorsque vous décidez d'attaquer, demeurez calme et foncez vite, devançant l'ennemi. Ou avancez avec une force feinte mais avec l'esprit calme, prenant l'initiative par cette réserve même.

Avancez avec un esprit aussi fort que possible et, quand vous arrivez en face de l'ennemi, marchez un peu plus vite qu'habituellement, le déstabilisant et l'écrasant brusquement.

Ou, l'esprit calme, attaquez avec le sentiment d'écraser toujours l'ennemi, du début à la fin. Il s'agit de vaincre jusqu'au plus profond de l'ennemi. Ces méthodes sont toutes les *Ken No Sen*.

Deuxième méthode : Tai No Sen

Quand l'ennemi attaque, demeurez calme mais feignez la faiblesse. Au moment où il vous touche, éloignez-vous soudain, comme si vous vouliez sauter de côté, puis foncez en attaquant vigoureusement dès que vous voyez l'ennemi se détendre. C'est une façon de faire.

Ou, lorsque l'ennemi attaque, attaquez-le encore plus fort, en profitant du désordre résultant de ce qu'il se préparait à vaincre.

C'est le principe *Tai No Sen*.

Troisième méthode : Tai Tai No Sen

Lorsque l'ennemi attaque rapidement, vous devez parer avec force et avec calme, visant son point faible quand il s'approche et lui imposant une défaite complète.

Ou, si l'ennemi attaque calmement, observez ses mouvements et, le corps plutôt détendu, entrez dans la lutte comme lui lorsqu'il se rapproche. Puis déplacez-vous vite et frappez-le vigoureusement.

Ceci est *Tai Tai No Sen*.

On ne peut pas expliquer clairement ces choses en parole. Étudiez ce qui est écrit ici. Vous devez juger la situation qui se présente dans ces trois voies de prendre l'initiative. Ceci ne signifie pas que vous devez toujours attaquer ; mais que, si l'ennemi attaque le premier, vous pouvez le manœuvrer. En stratégie, la victoire est effective lorsque vous devancez l'ennemi, aussi devez-vous bien vous exercer pour y arriver.

Maintenir sur l'oreiller

« Maintenir sur l'oreiller » signifie empêcher l'ennemi de relever la tête.

Dans les luttes stratégiques, il est défavorable d'être mené par l'ennemi. Vous devez toujours pouvoir le manœuvrer ou vous voulez. Évidemment, l'ennemi pensera aussi à le faire, mais il ne pourra vous devancer si vous ne lui permettez pas de se découvrir le premier. En stratégie, il faut battre l'ennemi lorsqu'il tente de vous battre ; abattez son coup, rejetez son étreinte quand il s'efforce de s'accrocher à vous. Voilà ce que signifie « maintenir sur l'oreiller ». Lorsque vous comprenez ce principe, vous verrez d'avance tout ce que l'ennemi essaiera d'inventer dans la lutte et vous le supprimerez.

Contrez son attaque à la lettre « a... » (du mot attaque) ; quand il saute, empêcher le de sauter à la lettre « s... » (du mot saut) et parez son coup à « c... » (du mot coup).

En stratégie, l'important est d'empêcher les gestes utiles de l'adversaire mais de permettre ceux qui sont inutiles. Toutefois, si vous faites seulement cela, votre action et défensive. Il faut d'abord agir selon la Voie : supprimer les techniques adverses, faire échouer ses plans, et, par conséquent, le manœuvrer directement. Lorsque vous pourrez le faire, vous serez un maître stratège. Exercez-vous bien et étudiez la technique « maintenir sur l'oreiller ».

Passer le gué

« Passer le gué » signifie, par exemple, traverser la mer à un détroit, où traverser cent milles marins de pleine mer à un passage balisé. Je crois que ce « passage du gué » se produit souvent dans une vie d'homme. Cela implique voguer même si vos amis demeurent au port, connaître la route, le bon état de votre bateau et le temps favorable. Quand toutes ces conditions sont remplies, et qu'il y a un vent propice ou un vent arrière, hissez les voiles. Si le vent change à quelques milles de votre destination, ramez sans voile.

Cet esprit s'applique à la vie quotidienne. Pensez toujours à traverser à un gué.

En stratégie aussi, c'est important. Discernez la compétence de l'ennemi et, connaissant vos propres points forts, « passez le gué » à l'endroit favorable, comme un bon capitaine traverse une route maritime. Si vous réussissez à le faire, prenez votre temps. Passer le gué signifie attaquer le point faible de l'ennemi, et vous placer en position avantageuse. Voilà comment réussir une stratégie de masse. L'esprit de passer le gué est nécessaire dans les stratégies de masse ou individuelle.

Étudiez bien cela.

Deviner les moments

« Deviner les moments » signifie connaître les dispositions de l'ennemi pendant la lutte. Sont-elles florissantes ou déclinantes ? En observant l'esprit des hommes de l'adversaire et en prenant la meilleure position, on peut estimer les dispositions de l'ennemi et placer ses hommes en conséquence. Vous pourrez vaincre par ce principe stratégique, en combattant à partir d'une position avantageuse.

En combat singulier, devancez l'ennemi et attaquez dès que vous avez reconnu quelle est son école de stratégie, perçu ses qualités et ses points forts et faibles. Attaquez à son insu, connaissant son rythme, sa cadence et son caractère.

Fouler le sabre

« Fouler le sabre » correspond à un principe souvent employé en stratégie. D'abord, dans la stratégie de masse, lorsque les ennemis tirent aux arcs et aux fusils puis attaquent, il nous est difficile de le faire aussi si nous sommes occupés à charger la poudre dans nos canons ou ajuster nos flèches. Il faut attaquer rapidement pendant que l'ennemi tire à l'arc ou au canon. Il faut vaincre en « foulant » l'attaque ennemie.

En combat singulier, nous n'aurons pas de victoire décisive en frappant l'ennemi à la suite de son attaque au sabre long. Il faut le vaincre au début avec, en esprit, l'idée de piétiner, pour qu'il ne puisse plus se relever et se battre.

« Piétiner » ne signifie pas seulement écraser sous les pieds, mais avec tout le corps, l'esprit et, naturellement, le sabre long. Vous devez vouloir ne pas laisser l'ennemi attaquer une deuxième fois. Voilà, dans tous les sens du terme, l'esprit qui permet de prendre l'initiative. Accroché à l'ennemi, ne vous contentez pas de le frapper, mais cramponnez-vous à lui après l'attaque. Étudiez bien ceci.

L'effondrement

Tout peut s'effondrer : les maisons, les corps, les ennemis s'effondrent quand leur rythme est dérangé.

Dans la stratégie de masse, lorsque l'ennemi commence à s'effondrer, vous devez le poursuivre sans perdre de temps. Sinon, vos ennemis peuvent se reprendre.

En combat singulier, l'adversaire perd parfois le rythme et s'effondre. Si vous ne profitez pas de l'occasion, il peut se reprendre et ne plus être ensuite aussi négligent. Observez l'effondrement de votre ennemi, poursuivez-le, attaquez-le sans le laisser retrouver sa position. Vous devez comprendre comment abattre complètement votre ennemi.

Devenez l'ennemi

« Devenez l'ennemi » signifie vous mettre à la place de votre ennemi. Dans la vie quotidienne, les gens ont tendance à considérer bon qu'un voleur soit enfermé dans une bâtisse après son méfait. Cependant, si nous « nous mettons à la place du voleur », nous sentons que le monde entier est contre nous et que nous sommes piégés. Celui qui est enfermé est comme un faisan. Celui qui entre pour l'agresser est comme un faucon. Vous devez le comprendre.

En stratégie de masse, les gens ont toujours l'impression que l'ennemi est fort, aussi tendent-ils à devenir prudents. Mais si vous avez de bons soldats et si vous comprenez les principes de la stratégie et savez comment vaincre l'ennemi, il n'y a rien à craindre.

En combat singulier aussi, vous devez vous mettre à la place de l'ennemi. Si vous pensez « c'est un maître de la Voie, qui connaît les principe stratégique », vous serez sûrement vaincu. Réfléchissez-y bien.

Séparer les quatre mains

« Séparer les quatre mains » doit être employé lorsque vous et votre ennemi luttez avec le même courage et que l'issue ne vient pas. Abandonneez cet état d'esprit et gagnez par un autre moyen.

Dans la stratégie de masse, quand « les quatre mains » ont la même ardeur, n'abandonnez pas et soyez vainqueur grâce à une technique à laquelle ne s'attend pas l'ennemi.

En combat singulier aussi, lorsque nous pensons-nous trouver dans la situation à « quatre mains immobiles », il faut vaincre l'ennemi en changeant notre état d'esprit et en appliquant une technique appropriée à la condition de l'adversaire. Vous devez pouvoir discerner ceci.

Déplacer l'ombre

« Déplacer l'ombre » s'emploie lorsque vous ne pouvez discerner les intentions de l'adversaire.

En stratégie de masse, quand il vous est impossible de voir la position de l'ennemi, montrez que vous êtes sur le point d'attaquer vigoureusement pour connaître les ressources adverses.

Il sera alors facile de le vaincre avec des moyens différents quand vous connaîtrez les siens.

En combat singulier, si l'ennemi maintient son sabre derrière lui ou latéralement de sorte que vous ne pouvez pas percevoir ses intentions, faites une feinte, et l'ennemi découvrira son sabre long, croyant connaître vos intentions. Profitant de ce qu'il se découvre, vous serez sûrement vainqueur. Si vous êtes négligent, vous laisserez passer le moment précis. Étudiez bien cela.

Maintenir une ombre à terre

« Maintenir une ombre à terre » s'emploie quand vous sentez que l'adversaire à l'intention d'agir.

Dans la stratégie de masse, lorsque l'ennemi se lance dans une attaque, si vous faites montre de supprimer vigoureusement sa technique, il changera d'avis. Puis infligez-lui une défaite en prenant l'initiative.

Ou, en combat singulier, écrasez la forte volonté de l'ennemi et faites échouer ses plans en les devançant. Étudiez bien cela.

Transmettre

De nombreuses choses se transmettent. La somnolence, les bâillements peuvent se transmettre. Le temps aussi succède au temps.

Dans la stratégie de masse, quand l'ennemi est agité et se montre enclin à la précipitation, ne vous en préoccupez pas le moins du monde. Manifestez un grand calme, et l'ennemi, trompé par cela, se relâchera. Quand vous verrez que cet esprit est transmis, vous pourrez provoquer la défaite de l'ennemi en attaquant fortement.

En combat singulier, vous pouvez vaincre en feignant la nonchalance, et, profitant de l'instant où l'ennemi lui aussi se détend, attaquez vigoureusement et vite, pour le devancer. C'est un procédé analogue à celui qui consiste à « enivrer l'adversaire ». Vous pouvez aussi communiquer à l'ennemi un esprit las, négligent ou faible. Etudiez bien cela.

Provoquer une perte d'équilibre mental

De nombreuses causes peuvent provoquer une perte d'équilibre mental. L'une est le danger, l'autre l'épreuve ou la surprise. Réfléchissez-y.

Dans la stratégie de masse, il importe de provoquer une perte d'équilibre mental chez les ennemis. Attaquez sans avertir là où l'ennemi ne s'y attend pas et, pendant qu'il demeure indécis, poursuivez votre avantage et, ayant l'initiative, battez-le.

Ou, en combat singulier, commencez par manifester de la lenteur puis soudain attaquez fortement. Sans permettre l'adversaire de reprendre souffle pour faire cesser son hésitation, saisissez l'occasion de vaincre. Percevez bien ceci.

La Peur

La peur existe, provoqué par l'inattendu.

Dans la stratégie de masse, vous pouvez effrayer l'ennemi non seulement par l'aspect que vous présentez à ses yeux, mais en criant, en lui faisant croire qu'un petit nombre de combattants est plus important qu'il ne l'est, ou en le menaçant de côté, par surprise. Toutes ces choses font peur. Vous pouvez vaincre en utilisant au mieux la peur de votre ennemi.

En combat singulier aussi, vous pouvez prendre l'ennemi au dépourvu en effrayant avec votre corps, votre sabre long, votre voix. Approfondissez bien ceci.

Corps à corps

Quand vous en êtes venus aux mains, que vous luttez avec l'ennemi et que vous ne pouvez pas progresser, enchevêtrez-vous avec l'adversaire. Vous ne pouvez vaincre en appliquant une technique appropriée pendant que vous êtes empêtrés l'un dans l'autre.

Dans les combats impliquant un grand nombre d'hommes comme dans ceux où sont engagés peu d'adversaires, vous pouvez souvent gagner une victoire décisive si vous savez vous enchevêtrer avec l'ennemi, tandis que, si vous vous écartez, vous perdrez l'occasion de vaincre. Étudiez bien ceci.

Toucher l'adversaire dans un angle

Il est difficile de mouvoir les objets lourds par une action directe, aussi faut-il les pousser de biais.

Dans la stratégie de masse, il est bon de frapper aux angles les forces ennemies. Si les angles sont enfoncés, l'esprit de tout l'ensemble le sera. Pour vaincre l'ennemi, poursuivez l'attaque quand les angles seront enfoncés.

En combat singulier, il est facile de vaincre lorsque l'ennemi s'effondre. Ceci se produit quand vous blessez son corps de biais et que vous l'affaiblissez par ce moyen. Il importe de savoir comment y parvenir, aussi devez-vous étudier attentivement.

Semer la confusion

Cela signifie faire perdre à l'ennemi sa résolution. Dans la stratégie de masse, nous pouvons nous servir de nos troupes pour introduire le désordre chez l'ennemi, sur le champ de bataille. Par observation de l'esprit adverse, nous pouvons l'amener à penser : « Ici ? Là ? Comme ceci ? Comme cela ? Lentement ? Vite ? » La victoire est certaine lorsque l'ennemi est pris dans un rythme qui trouble son esprit.

En combat singulier, nous pouvons y parvenir en usant diverses techniques d'attaque quand les circonstances le permettent. Feintez un coup ou attaquez, faites croire à l'ennemi que vous allez en venir aux mains avec lui, et, lorsqu'il est tendu, vous vaincrez facilement. C'est l'essentiel de la lutte, et vous devez bien l'étudier.

Les trois cris

Les trois cris sont ainsi divisés : avant, pendant et après.

Criez selon la situation. La voix fait partie de la vie. Nous crions devant le feu, devant le vent et les vagues. La voix manifeste notre énergie.

Dans la stratégie de masse, nous poussons un cri aussi fort que possible au début du combat. Pendant la bataille, la voix est grave, s'amplifiant avec l'attaque. Après, nous crions lorsque nous avons vaincu. Voilà les trois cris.

En combat singulier, nous faisons comme si nous allions pourfendre l'adversaire et crions : « Ei », en même temps pour le troubler, puis nous attaquons au sabre long. Nous crions quand nous avons abattu l'ennemi, pour annoncer notre victoire. Ceci se nomme *« sen go no koe »* (donner de la voix avant et après). Nous ne crions pas en même temps que nous brandissons le sabre long ; nous crions pendant la lutte pour trouver le rythme. Approfondissez cela.

Attaque en zigzag

Au cours des batailles, quand les armées sont face à face, attaquez les points forts de l'ennemi et, lorsqu'il recule, séparez-vous vite de lui et attaquez un autre point fort de ses forces. Cette stratégie ressemble à un sentier qui s'enroule autour de la montagne.

C'est une méthode important de lutte lorsqu'un seul homme doit faire face à plusieurs adversaires.

Frappez les ennemis en un point, ou forcez-les à reculer, puis, selon leur rythme, attaquez d'autres points forts à droite et à gauche, comme si vous montiez un sentier sinueux, tout en évaluant les dispositions adverses. Lorsque vous aurez découvert le degré de force de l'ennemi, attaquez vigoureusement sans trace d'esprit de recul.

En combat singulier aussi, employez cet esprit pour battre les points forts de l'ennemi.

On entend par « zigzag » l'esprit qui pousse à avancer et à engager le combat avec l'ennemi, sans reculer d'un pas. Comprenez bien ceci

Écraser

Cela signifie écraser l'ennemi, le considérant comme un adversaire faible.

Dans la stratégie de base, lorsque nous voyons que l'ennemi n'a que quelques hommes, ou qu'il en a beaucoup mais que son esprit est faible et confus, nous le neutralisons en l'écrasant entièrement. Si nous l'écrasons légèrement, il peut se remettre. Vous devez apprendre la méthode de l'écraser aussi sûrement qu'on le fait d'un insecte entre les doigts.

En combat singulier, si l'ennemi est moins adroit que vous, si son rythme est troublé ou s'il montre des intentions d'évasion ou de retraite, il faut l'écraser aussitôt, sans lui laisser le temps de respirer. Il est essentiel de l'écraser d'un seul coup. Il est primordial de ne pas le laisser, si peu que ce soit, reprendre sa position. Recherchez cela attentivement.

Passage de la montagne à la mer

Passer « de la montagne à la mer » signifie qu'il n'est pas bon, en combattant l'ennemi, de répéter plusieurs fois la même chose. On peut être obligé de faire deux fois le même coup, mais n'essayez pas une troisième fois. Si vous attaquez et échouez une fois, il y a peu de chances que vous réussissiez en recommençant une seconde fois. Si vous essayez une technique que vous avez déjà utilisée sans succès et qu'elle s'avère être un nouvel échec, il faut que vous changiez votre façon d'attaquer.

Si l'ennemi pense aux montagnes, appliquez la technique de la mer ; s'il pense à la mer, appliquez la technique des montagnes.

Étudiez attentivement ceci.

Pénétrer dans les profondeurs

Lorsque vous luttez contre l'ennemi, même lorsqu'il est évident que vous pouvez gagner en apparence grâce à la Voie, si l'esprit de l'adversaire n'est pas abattu, il peut être vaincu superficiellement tout en étant invaincu dans les profondeurs de son âme. Le principe de « pénétrer dans les profondeurs » nous amène à écraser son esprit en profondeur, en le démoralisant par des changements subits. Cela se produit souvent.

Pénétrer dans les profondeurs signifient pénétrer avec le sabre long, avec le corps et avec l'esprit.

Une généralisation ne suffit pas à le faire comprendre. Dès que nous avons écrasé l'ennemi en profondeur, il est inutile de demeurer plein de fougue : autrement, il le faut. Si l'ennemi demeure courageux, il est difficile de l'abattre. Exercez-vous à « pénétrer dans les profondeurs » pour la stratégie de masse et aussi pour le combat singulier.

Se renouveler

« Se renouveler », quand nous luttons contre l'ennemi et qu'il se produit une mêlée sans solution possible, signifie l'abandon de nos efforts, l'observation de la situation avec un esprit nouveau qui nous permettra de vaincre au moyen de ce nouveau rythme.

Se renouveler, lorsque nous aboutissons à une impasse avec l'ennemi, signifie que sans changer d'attitude nous changeons d'esprits et vaincrons au moyen d'une technique différente.

Il faut réfléchir à la façon dont « se renouveler » s'applique à la stratégie de masse. Recherchez la assidûment.

Tête de rat, tête de bœuf

« Tête de rat, tête de bœuf » signifie que, lorsque nous luttons contre l'ennemi et que nous sommes tous deux absorbés par des points secondaires, l'esprit confus, nous devons toujours évoquer la Voie de la stratégie comme étant à la fois une tête de rat et une tête de bœuf. À chaque fois que nous nous préoccupons de petits détails, nous devons tout à coup élargir notre esprit, mettant ce qui est grand à la place de ce qui est petit.

C'est un des objectifs essentiels de la stratégie. Il faut que le guerrier évoque cet esprit dans la vie quotidienne. Ne vous éloignez pas de cette manière de voir dans la stratégie de masse ni en combat singulier.

Le chef connaît ses troupes

« Le chef connaît ses troupes » s'applique partout dans les combats, dans la Voie de la stratégie.

Servez-vous de la sagesse de la stratégie et pensez à votre ennemi comme s'il s'agissait de vos propres troupes. Lorsque vous l'envisagez ainsi, vous pouvez le déplacer à volonté et le pourchasser. Vous devenez le général et l'ennemi devient vos troupes. Maîtrisez cela.

Lâcher la garde du sabre

Divers états d'esprit sont impliqués dans le fait de lâcher la garde du sabre.

Il y a le courage de vaincre sans sabre. Il y a aussi celui de tenir le sabre long sans gagner. Ces diverses méthodes ne peuvent s'exprimer par écrit. Entraînez-vous bien.

Le corps comme un roc

Quand vous aurez compris la Voie de la stratégie, vous pourrez tout à coup changer votre corps en pierre, et dix mille choses seront incapables de vous atteindre. Voilà le « corps comme un roc ».

Tradition orale : « vous ne serez pas affecté. »

Ce que j'ai écrit plus haut a toujours été présent à mon esprit au sujet de l'escrime pratiquée à l'école Ichi, et je l'ai rédigé comme cela m'est venu. C'est la première fois que je décris ma technique, et l'ordre des choses est quelque peu confus. Il est difficile de l'exprimer clairement.

Ce livre est un guide spirituel pour celui qui désire apprendre la Voie.

Mon cœur est allé vers la Voie de la stratégie dès ma jeunesse. Je me suis consacré à discipliner mes mains, à maîtriser mon corps, à atteindre les nombreuses attitudes spirituelles de l'escrime. En observant les hommes d'autres écoles qui discutent la théorie et se concentrent sur les techniques manuelles, même s'ils semblent adroits, l'on voit qu'ils ne possèdent absolument pas le véritable esprit.

Naturellement, ceux qui étudient de cette façon croient qu'ils exercent le corps et l'esprit, mais c'est un obstacle à la vraie Voie, et sa mauvaise influence demeure à jamais. C'est ainsi que la vraie Voie de la stratégie tombe en décadence et meurt.

La vraie Voie de l'escrime au sabre est l'art de vaincre l'ennemi au cours d'une lutte et rien d'autre. Si vous atteignez la sagesse de ma stratégie et que vous y adhérez ne doutez jamais que vous vaincrez.

Douzième jour du cinquième mois,
deuxième année du Shôhô (1645)
Pour Teruo Maganojô
Shinmen Musashi

le livre du vent

En stratégie, vous devez connaître les Voies des autres écoles, aussi ai-je écrit sur diverses autres traditions stratégiques dans ce livre, le livre du Vent.

Sans connaître les Voie des autres écoles, il est difficile de comprendre l'essentiel de mon école Ichi.

Si nous observons les autres écoles, nous en trouvons qui se spécialisent dans des techniques de force et emploient des sabres extra-longs. Certaines écoles étudient la Voie du sabre court connu sous le nom de *kodachi*. D'autres enseignent la dextérité dans un grand nombre de techniques du sabre, elles divisent la garde du sabre en superficielle et profonde.

Je montre clairement, dans ce livre, qu'aucune de ces techniques ne constitue la vraie Voie : j'explique aussi ce qu'elles ont de bons et de mauvais. Mon école Ichi est différente. D'autres écoles font des arts qu'elle enseignent un moyen de gagner leur vie ; elles donnent de l'éclat à leur apparence et commercialisent leurs tactiques. Ce n'est absolument pas la Voie de la stratégie.

Certains stratèges ne s'intéressent qu'à l'escrime au sabre et limitent leur entraînement à brandir leur sabre long et à la posture de leur corps. Mais la dextérité seule suffit-elle pour vaincre ? Ce n'est pas l'essentiel de la Voie.

J'ai expliqué un par un, dans ce livre, les points peu satisfaisants des autres écoles. Étudiez-les attentivement pour apprécier le bienfait de mon école Ni Tô Ichi.

Autres écoles utilisant les sabres extra-longs

Certaines autres écoles aiment les sabres extra-longs. Du point de vue de ma stratégie, elles doivent être considérées comme des écoles faibles, parce qu'elles n'estiment pas la valeur du principe d'abattre l'ennemi par tous les moyens. Elles préfèrent les sabres extra-longs et, s'appuyant sur leur longueur, croient vaincre l'ennemi de loin.

Selon un dicton, « un centimètre de plus suffit pour rendre la main plus efficace » : ce sont les paroles oiseuses de ceux qui ne connaissent pas la stratégie. Elles montrent la stratégie inférieure d'un esprit faible, cette dépendance de l'homme de la longueur de son sabre, luttant à distance sans user des avantages de la stratégie.

Je suppose qu'il y a une raison pour que l'école en question préconise des sabres extra-longs et en fasse une doctrine, mais, si nous comparons cette doctrine à la vie réelle, elle ne repose sur rien. Il n'est sûrement pas fatal d'être vaincu si nous nous servons d'un sabre court, parce que nous n'avons pas de sabre long.

Il est difficile à ceux qui pratiquent cette doctrine d'abattre l'ennemi quand il est tout proche, à cause de la longueur de leur sabre. La lame est grande, aussi le sabre long est-il encombrant, et ils sont désavantagés par rapport à l'homme armé d'un sabre court.

Depuis les temps anciens, on dit : « qui peut le plus, peut le moins. » Aussi ne détestez pas sans réserve les sabres extra-longs. Ce que je trouve mauvais, c'est l'attrait pour le sabre long. Si nous considérons la stratégie de masse, nous pouvons penser à de vastes forces en termes de sabres longs, et de petites forces en termes de sabres courts. Un petit nombre d'hommes ne peut-il se battre contre un grand nombre ? Il y a beaucoup d'exemples de quelques hommes venant à bout d'adversaires plus nombreux.

Votre stratégie est nulle si, quand vous êtes appelé à vous battre dans un lieu clos, ou si vous êtes dans une maison armé seulement de votre sabre court, votre cœur est attiré par le sabre long. En outre, certains hommes ne sont pas aussi fort que d'autres.

Je n'aime pas, dans ma doctrine, les esprits étroits et plein d'idées préconçues. Étudiez bien cela.

L'esprit du sabre fort dans les autres écoles.

Ne portez pas de sabres forts, ou faibles. Si vous tenez le sabre long et avez une volonté forte, votre lutte sera grossière, et si vous vous servez lourdement du sabre, vous vaincrez difficilement.

Si vous vous préoccupez de la force de votre sabre, vous vous efforcerez de trancher trop fort et ne serez capables de rien faire. Il est également mauvais de trancher fort quand vous essayez votre sabre. À chaque fois que vous croisez le fer avec un ennemi, ne pensez pas à le pourfendre vigoureusement ou faiblement ; pensez seulement à le tuer. N'essayez pas de le faire puissamment ni, naturellement, faiblement. Votre seul souci doit être de le tuer.

Si vous vous appuyez sur la force, vous frapperez inévitablement trop fort quand vous croiserez le fer avec l'ennemi. Si vous le faites, votre propre sabre sera entraîné. Aussi le dicton : « la main la plus forte gagne » ne signifie-t-il rien.

Dans la stratégie de masse, si vous avez une armée forte et que vous vous appuyez sur la force pour vaincre, mais que l'ennemi, lui aussi, à une armée forte, le combat sera violent. Ceci vaut pour les deux parties : les choses seront identiques des deux côtés.

La bataille ne peut être gagnée sans des principes justes.

L'esprit de mon école est de vaincre grâce à la sagesse de la stratégie sans s'occuper de choses insignifiantes. Étudiez bien ceci.

<u>Emploi du sabre court dans d'autres écoles</u>
Le vrai moyen de vaincre ne consiste pas à employer un sabre court.

Autrefois, *tachi* et *katana* signifiaient sabres long et court. Les hommes physiquement forts peuvent tenir légèrement même un sabre long, aussi n'ont-ils aucune raison d'aimer le sabre court. Ils emploient aussi des lances et des hallebardes s'ils veulent utiliser la longueur. Certains se servent d'un sabre moins long dans l'intention de bondir sur l'ennemi et de le poignarder pendant l'instant d'inattention où il brandit son sabre. Cette pratique est mauvaise.

Attendre l'instant d'inattention de l'ennemi est un procédé totalement défensif et indésirable lorsqu'on est en prise avec l'adversaire. De plus, vous ne pouvez pas employer la méthode qui consiste à bondir sur sa défense avec un sabre court, si l'ennemi est nombreux. Certains croient qu'en luttant contre beaucoup d'ennemi avec un sabre moins long ils peuvent sans réserve bondir tout autour de l'adversaire et porter des coups, mais ils doivent continuellement détourner ceux qui leur sont destinés et finalement se trouvent aux prises avec l'ennemi. Ceci est incompatible avec la vraie Voie de la stratégie.

La voie sûre de vaincre ainsi est de poursuivre l'ennemi dans tous les sens, le forçant à sauter de côté, tenant le corps ferme et droit. Le même principe s'applique à la stratégie de masse. L'essence de la stratégie, c'est de tomber en grand nombre sur l'ennemi et de provoquer sa chute rapide. Lorsqu'ils étudient la stratégie, les gens s'habituent à contre-attaquer, a éluder et à reculer comme si c'étaient des choses normales. Ils en prennent l'habitude et peuvent facilement être encerclés par l'ennemi. La Voie de la stratégie est droite et vraie. Pourchassez l'ennemi et obligez-le à obéir à vos décisions.

Autres écoles ayant de nombreuses techniques du sabre long

Je crois que l'on prétend, dans d'autres écoles, qu'il y a de nombreuses méthodes de se servir du sabre long pour gagner l'admiration des débutants. C'est comme si l'on commercialisait la Voie. C'est faire montre d'un esprit vil, en stratégie.

La raison en est que réfléchir aux nombreuses manières d'abattre un homme est une erreur. D'abord, tuer n'est pas la vocation de l'humanité. Tuer est la même chose pour ceux qui savent combattre et ceux qui ne le savent pas, pour les femmes et les enfants, et il n'y a pas de nombreuses manières de donner la mort. Nous pouvons évoquer différentes tactiques, telles que poignarder ou abattre, mais pas d'autres.

D'ailleurs, pourfendre l'ennemi est la Voie de la stratégie et il est inutile de raffiner pour le faire.

Malgré tout, selon le lieu, le mouvement de votre sabre long peut-être gêné latéralement, aussi devez-vous tenir votre sabre de telle sorte que vous puissiez vous en servir. Il existe cinq méthodes, dans cinq directions.

En dehors de ces méthodes, tordre les mains, courber le corps, bondir, etc., pour abattre l'ennemi, ne sont pas la vraie Voie de la stratégie et se révèlent complètement inutiles. Dans ma stratégie, je tiens droits mon corps et mon esprit, et j'agis pour faire dévier l'adversaire. L'esprit indispensable, c'est de vaincre en attaquant l'ennemi quand sa résolution est faussée. Étudiez bien ceci.

Garde du sabre long dans d'autres écoles

Attacher beaucoup d'importance à la garde du sabre long est une erreur, car ce que l'on nomme « garde » dans le monde s'applique quand il n'y a pas d'ennemi. Depuis les temps anciens, il en est ainsi, il ne devrait pas y avoir de « méthodes modernes d'agir » en combat singulier. Vous devez placer l'ennemi dans des situations gênantes.

La garde convient aux situations dans lesquelles vous ne devez pas vous déplacer, c'est-à-dire pour les garnisons de châteaux, pour une position de combat, etc. Dans ces situations, garder manifeste la résolution de demeurer immobile, même sous une attaque violente. Dans la Voie du combat singulier, toutefois, soyez toujours attentif à prendre l'offensive et à attaquer. La garde, c'est l'attente d'un assaut. Comprenez bien ceci.

Dans les combat singuliers stratégiques, vous devez amener l'adversaire à changer de garde. Attaquez quand son esprit est distrait, précipitez-le dans la confusion, irritez-le et terrifiez-le. Profitez du rythme de l'ennemi quand il est déstabilisé et vous pourrez vaincre.

Je n'aime pas l'esprit défensif nommé « garde ». Par conséquent, dans ma Voie, il faut être sur ses gardes mais sans garde.

Dans la stratégie de masse, nous déployons nos troupes en ligne de combat en gardant en esprit notre force, en observant le nombre des ennemis, en notant les détails du champ de bataille. Ceci, au début du combat.

L'esprit qui prévaut lorsqu'on attaque en premier est totalement différent de celui qui règne quand on est attaqué. Bien supporter un assaut, avec force, et bien le détourner équivalent à élever un mur de lances et de hallebardes. Quand vous attaquez l'ennemi, votre courage doit aller jusqu'à arracher les pieux d'un mur et les utiliser comme lances et hallebardes. Examinez bien ceci.

Le regard dans les autres écoles

Certaines écoles prétendent qu'il faut fixer les yeux sur le sabre long de l'ennemi. D'autres, qu'il faut regarder ses mains, d'autres encore son visage ou ses pieds et ainsi de suite. Si vous le faites, votre esprit peut s'égarer et votre stratégie être déjouée.

J'expliquerai ceci en détail. Les joueurs de football ne fixent pas les yeux sur le ballon, mais par un jeu habile sur le terrain ils peuvent gagner. Quand vous vous habituez à une chose, vous n'êtes pas limité à l'usage de vos yeux. Les maîtres musiciens ont la partition devant eux, ou brandissent l'épée de diverses manières lorsqu'ils ont maîtrisé la Voie, mais cela ne signifie pas qu'ils fixent particulièrement leurs yeux sur ces choses ou qu'ils fassent des mouvements incohérents avec leurs sabres. Cela signifie qu'ils voient naturellement.

Dans la Voie de la stratégie, après de nombreux combats, vous pourrez facilement évaluer la rapidité et la position du sabre de l'ennemi et, ayant maîtrisé la Voie, vous percevrez l'étendue de son courage. En stratégie, fixer les yeux sur un homme signifie connaître ses pensées.

Dans la stratégie de masse, ce qu'il faut observer, c'est la force de l'ennemi. « Voir » et « regarder » sont deux choses différentes. Voir consiste à se concentrer fortement sur l'esprit de l'ennemi, à observer la condition du champ de bataille, à fixer le regard avec pénétration, à voir le cours du combat et les fluctuations de la victoire. C'est une manière de vaincre.

En combat singulier, ne regardez pas les détails. Comme je l'ai déjà dit, si vous fixez vos yeux sur les détails et négligez les choses importantes, votre esprit s'égara et la victoire vous échappera. Étudiez bien ce principe et entraînez-vous avec application.

Position des pieds dans les autres écoles

Il y a diverses méthodes d'utiliser les pieds : pieds mobiles, pieds bondissants, pieds souples, pieds posés sur le sol et autres méthodes simple de marcher. Du point de vue de ma stratégie, elles sont toutes peu satisfaisantes.

Je n'aime pas les pieds mobiles parce qu'il tendent à être indécis pendant le combat. La Voie doit être parcourue avec fermeté.

Je n'aime pas davantage les pieds bondissants parce qu'ils encouragent le saut et communique un esprit analogue. Il n'y a pas de véritable justification pour le saut ; aussi est-il mauvais.

L'élasticité provoque une souplesse d'esprit qui est à rejeter.

La simple pose du pied est une méthode d'« attente » et je la déteste particulièrement.

À part ces méthodes, il en existe plusieurs de marche rapide telle que le « pied de corneille », etc.

Parfois, cependant, vous pouvez rencontrer l'ennemi sur des marais, des terres marécageuses, des vallées fluviales, un sol pierreux ou des routes étroites ; vous ne pouvez alors sauter ou vous déplacez rapidement.

Dans ma stratégie, le jeu de pieds ne diffère pas des moments ordinaires. Je marche toujours comme si j'étais dans la rue. Ne perdez jamais le contrôle de vos pieds. Selon le rythme de l'ennemi, déplacez-vous vite ou lentement et n'adaptez votre corps ni trop ni pas assez.

La tenue des pieds est également importante dans la stratégie de masse. Parce que, si vous attaquez vite et à la légère, sans connaître l'esprit de l'ennemi, votre rythme sera déstabilisé et vous ne pourrez être victorieux. Ou, si vous avancez trop lentement, vous serez incapable de profiter de l'effondrement de l'ennemi, l'occasion de vaincre vous échappera, et vous ne pourrez terminer rapidement le combat. Vous devez gagner en profitant du désordre et de la déstabilisation de l'ennemi, et sans lui laisser le moindre espoir de se reprendre. Entraînez-vous bien pour y arriver.

La rapidité dans les autres écoles

La rapidité ne fait pas partie de la vraie Voie de la stratégie. La rapidité implique que les choses paraissent rapides ou lentes selon le fait qu'elles sont, ou non, dans le rythme. Quelle que soit la Voie, le maître stratège n'a pas l'air rapide.

Certains hommes peuvent faire cent ou cent vingt kilomètres en un jour, mais cela ne signifie pas qu'il courent vite du matin au soir. Les coureurs novices peuvent avoir l'air d'avoir couru toute la journée, mais leur rendement est pauvre.

Dans la Voie de la danse, des artistes accomplis peuvent chanter en dansant, mais quand des débutants essaient de le faire ils ralentissent et leur esprit est absorbé. La mélodie du « vieux pin », frapper sur le cuir d'un tambour, est calme, mais quand des débutants s'y essayent ils ralentissent et leur esprit devient absorbé par ce qu'ils font. Des gens très compétents peuvent réussir un rythme rapide mais il est mauvais de le faire avec précipitation. Si vous vous y efforcez, vos battements seront à contretemps. Certes, la lenteur est mauvaise. Les gens vraiment compétents ne sont jamais à contretemps ; ils sont toujours mesurés, et n'ont jamais l'air absorbés.

Vous pouvez comprendre le principe, à partir de cet exemple.

La rapidité est spécialement mauvaise dans la Voie de la stratégie. La raison en est que, dépendant du lieu, marais ou marécage, etc., Il peut être impossible de se déplacer vite, encore moins de trancher rapidement si vous avez un sabre long. Si vous essayez de le faire, vous n'arriverez pas, en fait, à infliger la moindre blessure à l'adversaire. Vous devez le comprendre.

Dans la stratégie de grand envergure, aussi, il est indésirable de manifester de la précipitation. Agissez comme si vous mainteniez un oreiller à terre ; alors, vous ne serez pas du tout en retard sur l'adversaire.

Quand votre adversaire agit avec précipitation, faites le contraire et demeurez calme. Vous ne devez pas être influencé par lui. Entraînez-vous assidûment pour arriver à cet esprit.

Profondeur et superficialité dans d'autres écoles

En stratégie, il n'y a pas de profondeur ni de superficialité. Les œuvres artistiques prétendent généralement avoir une signification intérieure et une tradition secrète, un « intérieur » et « une porte » mais, dans la lutte, il ne s'agit pas de lutter en surface ni de trancher en profondeur.

Lorsque j'enseigne ma Voie, je commence par entraîner l'élève dans des techniques et une doctrine faciles à comprendre. Je m'efforce peu à peu d'expliquer, selon les progrès de l'élève, le principe profond, les points presque impossibles à saisir. En tout cas, comme la voie de la compréhension passe par l'expérience, je ne parle pas de profondeur ni de « porte ».

En ce monde, si vous allez en montagne et décidez de vous y enfoncer de plus en plus profondément, au lieu de cela, vous vous retrouvez dans la même situation qu'au début. Quelle que soit la Voie, il y a des cas où la profondeur est valable, et d'autres où c'est l'état du début. En stratégie, l'on ne peut pas dire ce qui est caché et ce qui est révélé.

Aussi, je n'aime pas transmettre ma Voie par le moyen de règles et d'engagements écrits. Selon la compétence de mes élèves, j'enseigne la Voie directe, j'efface la mauvaise influence des autres écoles et j'apprends graduellement à mes élèves la vraie Voie du guerrier.

La manière d'enseigner ma stratégie et de le faire avec un esprit digne de foi. Exercez-vous assidûment.

Je me suis efforcé, dans les neuf chapitres précédents, d'esquisser la stratégie des autres écoles en décrivant spécifiquement ces écoles une par une, depuis ce qu'elles sont de plus simple jusqu'à l'« intérieur » ; mais je me suis volontairement abstenu de nommer les écoles ou leurs principales caractéristiques. La raison en est que les différentes écoles donnent des interprétations variées des doctrines. Dans la mesure où les opinions des hommes diffèrent, il doit y avoir des idées variées sur le même sujet. Donc la conception personnelle d'un seul homme n'est valable pour aucune école.

J'ai présenté les tendances générales des autres écoles sur neuf points. Si nous les regardons d'un point de vue honnête, nous voyons que les gens ont toujours tendance à aimer les sabres longs ou courts, et s'intéressent à la force dans les petites et les grandes choses.

Dans mon école Ichi du sabre long, il n'y a ni « porte » ni profondeur. Il n'existe pas de sens caché dans les manières de tenir le sabre. Gardez simplement votre esprit vrai pour parvenir à la vertu de la stratégie.

Douzième jour du cinquième mois,
deuxième année du Shôhô (1645)
Pour Teruo Maganojô
Shinmen Musashi

le livre du vide

La Voie Ni Tô Ichi de la stratégie est exposée dans le livre du Vide.

Ce que l'on nomme l'esprit du vide c'est le néant. Ce n'est pas inclus dans la connaissance humaine. Naturellement, le vide, c'est le néant. En connaissant les choses qui existent, vous pouvez connaître celles qui existent pas. C'est cela le vide.

En ce monde, les gens considèrent les choses de façon erronée et croient que ce qu'ils ne comprennent pas doit être le vide. Ce n'est pas le véritable vide : c'est l'égarement.

Dans la Voie de la stratégie, aussi, ceux qui étudient pour devenir des guerriers pensent que ce qu'ils ne comprennent pas dans leur art, c'est le vide. Ce n'est pas le véritable vide.

Le guerrier qui veut atteindre la Voie de la stratégie doit étudier pleinement les autres arts martiaux et ne pas s'écarter du tout de la Voie du guerrier. L'esprit ferme, accumulé les exercices, jour après jour. Polissez ces deux vertus, sagesse et volonté, aiguisez le double regard, perception et vue. Quand votre esprit n'est pas du tout trouble, que les nuages de confusion s'éloignent, le vrai vide s'instaure.

Jusqu'à ce que vous compreniez la véritable Voie, qu'il s'agisse de bouddhisme ou de bon sens, vous pouvez penser que les choses sont correctes et en ordre. Cependant, si nous les regardons objectivement, du point de vue des lois de ce monde, nous voyons que diverses doctrines s'écartent de la Voie véritable. Connaissez bien cet esprit, avec la droiture comme base et l'esprit vrai comme Voie. Mettez la stratégie en pratique largement, correctement et ouvertement.

Vous arriverez alors à penser aux choses avec largeur et, choisissant le Vide comme Voie, vous verrez la Voie comme étant le Vide.

Dans le vide est la force, sans le mal. La sagesse existe, les principes existent, la Voie existe, l'esprit est le néant.

*Douzième jour du cinquième mois,
deuxième année du Shôhô (1645)
Pour Teruo Maganojô
Shinmen Musashi*

TABLE DES MATIÈRES

PRÉFACE	**9**
SUN TZU	**15**
Préface	17
Article premier De l'évaluation	19
Article deuxième De l'engagement	25
Article troisième Des propositions de la victoire et de la défaite	29
Article quatrième De la mesure dans la disposition des moyens	36
Article cinquième De la contenance	42
Article sixième Du plein et du vide	46
Article septième De l'affrontement direct et indirect	54
Article huitième Des neuf changements	60
Article neuvième De la distribution des moyens	68
Article dixième De la topologie	76
Article onzième Des neuf sortes de terrain	84
Article douzième De l'art d'attaquer par le feu	98
Article treizième De la concorde et de la discorde	102
SE MA YANG KIN	**109**
Préface	111
Article premier De l'humanité	113
Article deuxième Précis des devoirs particuliers de l'empereur	122
Article troisième Précis des devoirs particuliers de ceux qui commandent	131
Article quatrième De la majesté des troupes	146
Article cinquième Idée générale de la manière dont il faut employer les troupes	160
OU TSE	**167**

Préface   169

Article premier Du gouvernement de l'État par rapport aux troupes   171

Article deuxième Combien il est important de bien connaître ses ennemis 180

Article troisième Du gouvernement des troupes   190

Article quatrième Du général d'armée   196

Article cinquième   De la manière de prendre son parti dans les différents changements qui peuvent arriver   202

Article sixième Des véritables moyens d'avoir de bonnes troupes   209

MIYAMOTO MUSASHI   215

Préface   217

Avant-Propos   221

Le livre de la terre   223

le livre de l'eau   235

Le livre du feu   249

le livre du vent   263

le livre du vide   273

SECRETS DE CHAT

Plus de 1000 citations

Didier HALLÉPÉE

Les écrivains de
FONDCOMBE

Collection Animaux

SECRETS DE CHIEN

Plus de 1000 citations

Didier HALLÉPÉE

Collection Animaux

les écrivains de
FONDCOMBE

MON CHAT M'A CONTÉ

Contes et légendes de la gent féline

Didier HALLÉPÉE

Collection Animaux

MON CHIEN M'A CONTÉ

Contes et légendes de la gent canine

Didier HALLÉPÉE

les écrivains de
FONDCOMBE

Collection Animaux

MON COQ M'A CONTÉ

Contes et légendes de la gent gallinacée

Didier HALLÉPÉE

Les écrivains de FONDCOMBE

Collection Animaux

MOT A MAU

MAU MEWS

Les pensées du chat mau – Mau thoughts

Viens, mon beau chat, sur mon cœur amoureux

Come, superb cat, on my amorous heart

Didier HALLÉPÉE

FONDCOMBE

Collection Bandes Dessinées

Collection Animaux

PENSÉES ROYALES CANINES

KING BARKS

Les pensées du King Charles – King thoughts

> Le chien apprend à l'enfant la fidélité, la persévérance...
>
> ... et l'obligation de tourner trois fois sur lui-même avant de se coucher.

A boy can learn a lot from a dog: obedience, loyalty, and the importance of turning around three times before lying down
Robert Benchley

Didier HALLÉPÉE

les écrivains de **FONDCOMBE**

Collection Bandes Dessinées

Collection Animaux

GÉNÉRAL F. DE BRACK

AVANT-POSTES DE CAVALERIE LÉGÈRE

Souvenirs

Présenté par Didier HALLÉPÉE

COLLECTION ARC-EN-CIEL

Stratégie

SAINT-SIMON

MEMOIRES

TOME 1 : 1691-1699

Présenté par Didier HALLÉPÉE

Texte intégral de la première édition Chéruel (1856)

Carrefour du net Éditions

ebooks

COLLECTION ARC-EN-CIEL
Stratégie

MON OPERATEUR TELECOM ME VOLE-T-IL ?

Didier HALLÉPÉE

Didier HALLÉPÉE

ebooks

COLLECTION ARC-EN-CIEL

Faits de société

LEWIS CARROLL

LES AVENTURES D'ALICE
ALICE AU PAYS DES MERVEILLES
DE L'AUTRE COTE DU MIROIR

Présenté par Didier HALLÉPÉE

Les écrivains de **FONDCOMBE**

Collection Lettres Classiques

MIGUEL DE CERVANTES SAAVEDRA

DON QUICHOTTE

Première partie et deuxième partie

Présenté par Didier HALLÉPÉE

les écrivains de
FONDCOMBE

Collection Lettres Classiques

ALPHONSE DAUDET

LES AVENTURES DE TARTARIN DE TARASCON

Présenté par Didier HALLÉPÉE

les écrivains de
FONDCOMBE

Collection Lettres Classiques

LOUIS PERGAUD

LA GUERRE DES BOUTONS

Suivi de « Le roman de Miraut » et de « Les rustiques »

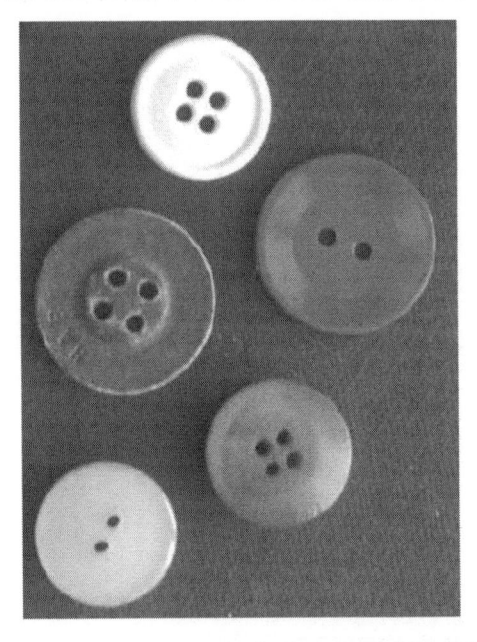

Présenté par Didier HALLÉPÉE

les écrivains de
FONDCOMBE

Collection Lettres Classiques

TROIS GRANDS STRATEGES

SUN TZU – LES TREIZE ARTICLES
MIYAMOTO MUSASHI – LE LIVRE DES CINQ ANNEAUX
MACHIAVEL – LE PRINCE

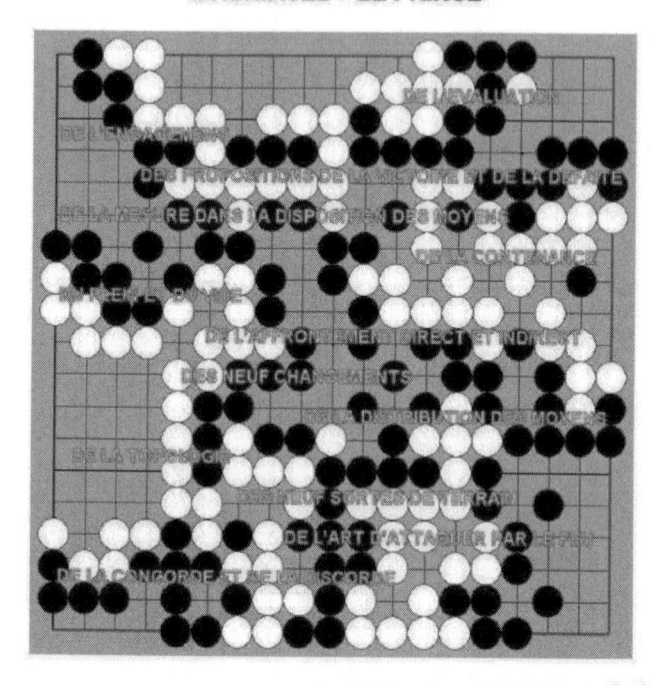

Présenté par Didier HALLÉPÉE

les écrivains de
FONDCOMBE

Collection Stratégie

JULES CESAR

LA GUERRE DES GAULES - LA GUERRE CIVILE - LA GUERRE D'ALEXANDRIE - LA GUERRE D'AFRIQUE - LA GUERRE D'ESPAGNE

Présenté par Didier HALLÉPÉE

Collection Lettres Latines

Collection Stratégie

Sun Tzu est un général chinois du VIe siècle avant notre ère (544–496 av. JC).

Les treize articles de Sun Tzu sont le manuel le plus réputé de la stratégie asiatique. Cette œuvre échappa à la grande destruction des livres ordonnée par l'empereur Chehouangti des T'sin en 293 ap. JC et resta longtemps la grande référence des généraux chinois. Elle fut en particulier la doctrine de l'ensemble des généraux des royaumes combattants à l'époque des guerres des Trois Royaumes.

Se Ma Yang Kin a vécu au IVe siècle avant notre ère et nous a laissé ses principes sur l'art militaire, le Se Ma Fa

---

Ou Tse a vécu au IVe siècle avant notre ère. Il dirigea victorieusement les armées du royaume d'Oe et ses exploits militaires ont laissé de nombreuses traces dans les chroniques chinoise.
S'appuyant sur les travaux de Sun Tse, Ou Tse rédigea son traité d'art militaire. Seuls six articles nous sont parvenus. Ces articles étaient très réputés auprès des lettrés chinois et mandchous et ils furent l'objet de nombreux commentaires.

Musashi Miyamoto (1584-1645) est le samouraï le plus célèbre du Japon. Il vécut à l'époque de l'unification du Japon qui donna naissance au shogunat des Tokugawa.

« Les cinq anneaux » est le manuel le plus célèbre du bushido, la Voie du Guerrier. Il décrit l'accomplissement du samouraï à travers la pratique du sabre long, le tashi.

Les principes que l'on trouve dans cette œuvre sont encore utilisés de nos jours par de grandes firmes japonaises dans le cadre des affrontements économiques que celles-ci doivent livrer au quotidien.

Ces œuvres peuvent être considérées comme la base de toute stratégie moderne. **Didier HALLÉPÉE**, érudit passionné de stratégie et officier en retraite a sélectionné ces textes pour vous.

Les écrivains de
FONDCOMBE

Printed in Germany
by Amazon Distribution
GmbH, Leipzig